異文化間葛藤と
教育価値観

日本人教師と留学生の葛藤解決に向けた
社会心理学的研究

加賀美常美代
KAGAMI Tomiyo

明石書店

はじめに

　本書は 2007 年 3 月にナカニシヤ出版から『多文化社会の葛藤解決と教育価値観』(2006 年度科学研究費補助金研究成果公開促進費の交付) を出版したものに、その後の国際比較研究を加え改めて明石書店から出版したものである。本研究を実施した 2004 年 (平成 16 年度) 当時の在留外国人数は 197 万人であったが (法務省入国管理局, 2004)、その後、リーマンショック、東日本大震災を経て外国人数の増減はあったものの、2018 年 6 月末の在留外国人数は 263 万 7,251 人で過去最高となった (法務省入国管理局, 2018)。また、文化庁の調査 (2016) によると、国内の外国人に日本語を教える教師は 2016 年 11 月で 3 万 7,962 人となっており、前年度より増加している。一方、国内の日本語学習者も 21 万 7,881 人となっており、東日本大震災の影響を受けた 2011 年度は大幅に減少したが、翌年の 2012 年度からは連続して増加している。ちなみに 2003 年には、日本語教師が 2 万 8,511 人、日本語学習者は 13 万 5,146 人であった (文化庁, 2003)。

　このように日本社会のグローバル化と留学生受入れの量的拡大が進行する中で、日本人日本語教師と留学生が接触する教育場面では、様々な解決困難な葛藤が散見されている。こうした葛藤解決を困難にしている一因には、教師の授業スタイルや留学生への接し方などが留学生の母国の方法と異なることが考えられる。異文化間葛藤では、価値観や慣習の違いから一方が適切と思って行う行動が他方にとっては我慢できないものと知覚される場合も多い。こうした状況では、日本人同士の場合のように暗黙のルールや期待は通用しないので、しばしばその解決は困難で、その結果、葛藤が教師と留学生の関係に亀裂を生じさせることも少なくない。そこで、本研究の目的は、異文化間の教育場面で生じる日本人教師と留学生との葛藤の原因と解決行動のメカニズムを探り、日本人日本語教師と留学生の葛藤の原因帰属と葛藤解決方略との関連、葛藤解決方略と教育価値観との関連について、実証的に検討

することである。本研究では、異文化間の教育場面の葛藤の背後に教育価値観が存在することを仮定しているため、葛藤問題を分析するにあたり、現実場面で収集した事例をもとに作成したシナリオ法を用いたこと、さらに、教育価値観尺度の開発と測定をもとに実証的な調査方法を用いて分析していることが特徴である。さらに、継続した発展研究としてその後、教育価値観尺度及び一般的価値尺度（Swartz の価値尺度）を用いて国際比較研究を行ったのでそれらの研究成果を加えている。

　本論文は、全Ⅲ部、10 章から構成される。第Ⅰ部は異文化接触と葛藤、価値観の研究動向編（1 章から 2 章）、第Ⅱ部は教育価値観の尺度作成、教育価値観と葛藤解決に関する実証研究編（3 章から 8 章）、第Ⅲ部は国際比較研究編（9 章から 10 章）である。

　第Ⅰ部、第 1 章では、日本における留学生政策を含めた留学生の受入れ動向と現状について概観する。留学生研究の背景となる理論として、おもに接触仮説、カルチャー・ショック、異文化適応関連の研究動向を概観し、日本における留学生とホスト社会の日本人との異文化間葛藤研究が僅少であることを論じる。第 2 章では、異文化間葛藤と価値観に関する研究について概観する。本研究の対象者である異文化間の教育場面で起こる葛藤の多くは、日本人教師とアジア系留学生を含むものであるため、解決行動を解明するためには教育価値観を導入する必要性を述べる。教育価値観を領域ごとに概観し、一般的価値観と教育価値観との関連について説明する。

　第Ⅱ部、第 3 章では、教育価値観の 3 領域（教育観、教師観、学生観）について意見項目を収集し、理論的にその構造を検討する。第 4 章では、理論的に選抜された教育価値観尺度を用いて、日本人教師、中国人学生、韓国人学生、日本人学生の教育価値観の比較を行う。また、短縮版教育価値観尺度を作成し、評定法と分析方法を変えて比較を行い、それぞれの集団別特徴を明らかにする。さらに、包括的価値次元を明らかにする。第 5 章では、日本語教育場面での日本人教師の認知している葛藤事例を分析し、その内容を明らかにする。第 6 章は、異文化間葛藤における日本人教師、中国人学生、韓国人学生の原因帰属と解決方略の関連を検討し、また、日本人教師による予測との比較から異文化間の葛藤解決の特徴を明らかにする。第 7 章では、教育

場面における教育価値観と葛藤解決方略の関連を明らかにするために、日本人学生、中国人学生、韓国人学生を対象に、教育価値観の包括的価値次元が葛藤解決方略にどのように影響するか、学生集団の差異を加味して検討する。第8章では、本研究の研究課題である原因帰属、葛藤解決方略、教育的価値観の関連について総合的考察を行う。さらに、本研究の意義を事例研究の視点、教育価値観の視点から述べ、異文化間の教師教育へ向けて提案を述べる。

さらに、第Ⅲ部では後続の調査研究として第9章では留学生と本国の大学生では異なる可能性があるために、日本を含め、留学生受入れの上位国である台湾、中国、韓国、マレーシア、タイ、アメリカの7か国・地域の本国の大学生対象に教育価値観の国際比較調査を行い、教育価値観の異同について検討する。第10章では、同時期に同対象者で行ったShwartzの一般的価値観の調査を行ったため、7か国・地域の大学生の一般的価値観の異同について検討し考察を行う。

・本論文を構成する諸研究と助成

　本論文に含まれる著者自身による研究は、表0-1のとおりである。これらの研究は、（財）東海学術奨励会による2000年度助成金（研究者代表：加賀美常美代）、2003年度から2005年度までは日本学術振興会科学研究費補助金基盤（C2）（研究者代表：加賀美常美代、課題番号15520326）、2008年から2010年度までは日本学術振興会科学研究費補助金（基盤研究（C）研究代表者：加賀美常美代、課題番号20530566）による成果報告の一部である。

表 0-1　研究一覧

	著者	発表年	表題	雑誌名　号　ページ等	調査実施年月	対象
研究 1	加賀美常美代・大渕憲一	2002	教育価値観尺度の開発——異文化間葛藤の研究に向けて	文化 66　1-2 号　131-146	2000.10-11　2001.1-4	日本人大学生 15 名、留学生 25 名　日本人日本語教師 36 名
研究 2	加賀美常美代	2004	教育価値観の異文化間比較——日本人教師と中国人学生、韓国人学生、日本人学生との違い	異文化間教育　19 号　67-84	2001.6	日本人大学生 193 名
研究 3	加賀美常美代	2004	教育価値観の異文化間比較——日本人教師と中国人学生、韓国人学生、日本人学生との違い	異文化間教育　19 号　67-84	2001.6-7	日本人大学生 306 名、中国人学生 214 名、韓国人学生 154 名　日本人教師 84 名
研究 4	加賀美常美代・大渕憲一	2006	教育価値観尺度短縮版の作成	文化 69　3-4 号　96-111	2001.6	日本人大学生 193 名（研究 2 と同じ対象）
研究 5	加賀美常美代・大渕憲一	2004　2006	教育価値観尺度の開発と構造——短縮版を用いた異文化間比較　教育価値観に関する異文化間比較——短縮版尺度開発と包括次元の探索	日本社会心理学会　第 45 回大会発表　文化 69　3-4 号　96-111	2002.11-12　2003.1-5	中国人学生 129 名、韓国人学生 130 名　日本人大学生 165 名
研究 6	加賀美常美代・大渕憲一	2004　2005　2006	教育価値観尺度の開発と構造——上位因子構造と異文化間比較　教育価値観の構造の理論的考察——一般的価値観との関連　教育価値観に関する異文化間比較——短縮版尺度開発と包括次元の探索	日本社会心理学会　第 45 回大会発表　日本心理学会 第 69 回大会発表　人間文化論叢　8 巻　267-276　文化 69　3-4 号　96-111	2002.11-12　2003.1-5　2006.3	中国人学生 129 名、韓国人学生 130 名、日本人大学生 165 名（研究 5 と同じ対象）
研究 7	加賀美常美代	2003	多文化社会における教師と外国人学生の葛藤事例と解決行動の内容分析——コミュニティ心理学的援助へ向けて	コミュニティ心理学研究　7-1 号　1-14	2001.2-3	日本人日本語教師 84 名

	著者	発表年	表題	雑誌名 号 ページ等	調査実施年月	対象
研究8	加賀美常美代・大渕憲一	2004	日本語教育場面における日本人教師と中国人及び韓国人学生の葛藤の原因帰属と解決方略	心理学研究 74-6号 531-539	2001.5-6	中国人学生214名、韓国人学生154名、日本人教師84名（研究3と同じ対象）
研究9	加賀美常美代・大渕憲一	2004	葛藤解決と教育価値観との関連	日本社会心理学会 第45回大会発表	2002.11-12	中国人学生129名、韓国人学生130名、日本人大学生165名（研究5と同じ対象）
		2005	多文化間の教育場面における葛藤解決方略と教育価値観の関連	日本社会心理学会 第46回大会発表	2003.1-5	
研究10	加賀美常美代	2013	教育価値観の国際比較——大学生の教育価値観の国際比較——7か国・地域の質問紙調査から	世界日語教育大会発表（台湾） 人文科学研究 9号 157-169	2006・8-2007.6 2010.7 2013.3	台湾245名、韓国251名、マレーシア199名、中国207名、日本259名、タイ174名、アメリカ106名
研究11	加賀美常美代	2013	一般的価値観の国際比較——大学生の一般的価値観の国際比較——Schwartzの価値尺度を用いた7か国・地域の質問紙調査	第17回多文化間精神医学会大会発表 留学生交流・指導研究 15号 25-38	2006.8-2007.6 2010.3 2013.3	台湾245名、韓国251名、マレーシア199名、中国207名、日本259名、タイ174名、アメリカ106名（研究10と同じ）

目　次

はじめに　3

第Ⅰ部　異文化接触と葛藤、価値観の研究動向　13

第1章　日本における留学生の現状と異文化接触研究動向　14

第1節　留学生の動向と現状　14
第2節　異文化接触研究　16
（1）異文化接触とは　16
（2）カルチャー・ショック、適応の概念　17
（3）接触仮説　19

第3節　異文化接触と留学生　21
（1）相談事例から見た留学生の抱える問題　21
（2）調査研究から見た留学生の抱える問題　22

第4節　結　語　28

第2章　異文化間葛藤と価値観　30

第1節　葛藤と葛藤解決方略とは　30
（1）葛藤とは　30
（2）葛藤解決方略と分類　32
（3）葛藤解決方略と原因認知と帰属　34

第2節　葛藤解決方略における文化差　36
（1）文化とは　36
（2）葛藤解決方略の規定因としての文化差　37
（3）葛藤と文化的価値観に関する比較文化研究　38

第3節　文化的価値観　42
（1）価値観とは　42

第 4 節　教育価値観　53

　　（1）教育価値観とは　53
　　（2）教育価値観と一般的価値観　57

第 5 節　結　語　58

第Ⅱ部　教育価値観の尺度作成、教育価値観と葛藤解決に関する実証研究　61

第 3 章　教育価値観の理論的分析──項目の収集と選抜　62

　第 1 節　教育価値観の理論的分析と項目の作成──研究 1　62

　　（1）意見項目の収集　63
　　（2）下位領域と次元　64
　　（3）教育価値観の理論的カテゴリーと項目の作成　65
　　（4）項目の選抜　69

　第 2 節　結　語　71

第 4 章　教育価値観尺度の作成と異文化間比較　72

　第 1 節　教育価値観尺度の作成と因子構造の検討──研究 2　73

　　（1）目　的　73
　　（2）方　法　73
　　（3）結　果　74

　第 2 節　教育価値観の異文化間比較──日本人教師、中国人学生、韓国人学生、日本人学生との違い──研究 3　80

　　（1）目　的　80
　　（2）方　法　81
　　（3）結　果　82
　　（4）考　察　85

　第 3 節　教育価値観尺度（短縮版）の作成──研究 4　89

　　（1）目　的　89
　　（2）方　法　89
　　（3）結　果　90

第 4 節　教育価値観の異文化間比較——短縮版を用いた中国人学生、韓国人学生、日本人学生の違い——研究 5　93

　（1）目　的　93
　（2）方　法　94
　（3）結果と考察　95

第 5 節　教育価値観の上位因子構造と異文化間比較——研究 6　98

　（1）目　的　98
　（2）方　法　99
　（3）結果と考察　100

第 6 節　教育価値次元と一般的価値次元との関連　104

　（1）先行研究の一般的価値次元と教育価値次元　104

第 7 節　結　語　106

第 5 章　日本人日本語教師と留学生との葛藤事例　108

　第 1 節　日本語教育場面の異文化接触の現状　108

　第 2 節　葛藤事例の内容分析と典型例——研究 7　109

　　（1）目　的　109
　　（2）方　法　110
　　（3）まとめ　123

　第 3 節　結　語　125

第 6 章　日本語教育場面における日本人教師と中国人学生、韓国人学生の葛藤の原因帰属と解決方略　126

　第 1 節　葛藤の原因帰属と葛藤解決方略の関連性及び教師の予測
　　　　　——研究 8　126

　　（1）問題と目的　126
　　（2）方　法　128
　　（3）結　果　131
　　（4）考　察　137

　第 2 節　結　語　141

第7章　日本語教育場面における葛藤解決方略と教育価値観　142

　　第1節　教育価値観の包括的価値次元と葛藤解決方略との関連
　　　　　　──研究9　142

　　　　（1）目　的　142
　　　　（2）方　法　145
　　　　（3）結　果　148
　　　　（4）考　察　152

　　第2節　結　語　156

第8章　葛藤解決と教育価値観の総合的考察　157

　　第1節　研究成果の概要　157
　　第2節　葛藤の帰属と解決方略、教育価値観との関連　160
　　　　（1）葛藤解決方略と教育価値観との関連　161
　　　　（2）葛藤に対する教師の学生への対処　163

　　第3節　本研究の意義と異文化間の教師教育へ向けて　165
　　第4節　今後の課題　167
　　第5節　結　語　168

第Ⅲ部　教育価値観と一般的価値観の国際比較研究　169

　　第9章　大学生の教育価値観の国際比較──7か国・地域の質問紙調査　170

　　　第1節　7か国・地域の大学生の教育価値観の比較──研究10　170

　　　　（1）問題の所在と研究目的　170
　　　　（2）方　法　173
　　　　（3）結　果　174
　　　　（4）考　察　181

　　　第2節　結　語　187

第 10 章　大学生の一般的価値観の国際比較——Schwartz の価値尺度を用いて　189

　　第 1 節　7 か国・地域の大学生の一般的価値観の比較——研究 11　189
　　　（1）問題の所在と研究目的　189
　　　（2）方　法　193
　　　（3）結　果　194
　　　（4）考察と今後の課題　199
　　第 2 節　結　語　202

引用文献　205

おわりに　217

索　引　220

第Ⅰ部
異文化接触と葛藤、価値観の研究動向

第❶章
日本における留学生の現状と異文化接触研究動向

第1節　留学生の動向と現状

　留学生は、遣隋使の時代から現在に至るまで、日本と外国との交流の架け橋の役割を演じ、異文化接触における重要な担い手となってきた。しかし、実際に多くの留学生が来日し日本で学ぶようになったのは、ここ40数年のことである。1969年には、4,000人にも満たなかった留学生が1990年には4万8,000人と急激に増加し、2003年には10万人を超えた理由として考えられるのは、20世紀初頭までに留学生を10万人受け入れようと日本政府が1983年に立てた政策、留学生受入10万人計画によるところが大きい。

　この施策が計画された当時の留学生は1万人程度であったが、米国ではすでに約31万人、フランスでは12万人、ドイツやイギリスでも5万人以上の留学生を受け入れていた。そのため、政府は国際社会の中で、日本も先進国、経済大国に相応しい役割を果たす必要があると考え、途上国の人材育成や知的国際貢献を目指してこの施策を基本方針として打ち出したのである。その結果、2003年には留学生数は10万9,508人に達し、文部科学省は21世紀初頭の10万人受入れの目標を達成したという見解を示している（中央教育審議会, 2003）。

　その後、2008年に留学生30万人計画が提言され、2020年に向けて政府の方向性が打ち出された（文部科学省, 2008）。大学のグローバル化促進、日本人学生の海外留学促進、留学生の就職支援と地域社会への定住化の促進など

新たな改革が示された。留学生数の量的拡大が進む中、2011年の東日本大震災、それに伴う福島第一原発事故が原因で、多くの留学生の一時帰国が加速された結果、一時的に留学生数が低迷化したものの、2017年には26万7,042名となった。

　2017年現在の所属別留学生数の内訳については、大学院が4万6,373人、大学・短大・高専が18万8,384人、専修学校が8万20人等である。出身地域別では、中国が10万7,260人であり、次いでベトナム6万1,671人、ネパール2万1,500人、韓国1万5,740人、台湾8,947人となっており、アジア出身者が全体の93％を占める。

　一方、留学生とは在留資格を異にするが、私費留学生の予備軍とも言える日本語学校等に所属する就学生（2010年に留学生に一本化）の存在も見逃せない（第一東京弁護士会人権擁護委員会, 1990）。1980年後半から日本語学校は「雨後のたけのこ」のように増加した。急増理由としては、第二次大戦後の日本の復興と経済発展を目の当たりにし、この原因を探り先進技術と学問を自国にもたらしたいというアジア諸国の必要性が挙げられる。当時、大学における入学許可については、来日前に母国において入学許可が得られるのは国費留学生だけだったため、私費留学生になるためにとりあえず来日し日本語学校の「就学生」となり、「私費留学生統一試験」、「日本語能力検定試験」及び大学受験を経なければならなかった（馬越, 1991）。従って、大学に在籍する私費留学生となるための最初の窓口は、日本語学校のみであった（第一東京弁護士会, 1990）。その後、2010年には出入国管理及び難民認定法の公布により、在留資格「留学」「就学」が一本化されたことに伴い、日本語教育機関に在籍する学生も在留資格が「留学」となった。

　このように、ここ40年の留学生の量的増加は、留学生政策と関連が深いものの、実際のところ単純にわが国の国際化や人材育成、国際貢献を進展させる要因となっているというわけではない。留学生が日本社会の何をどのように見ているのか、どのような人々との相互作用を行っているのか、また、そこから何を学び、日本人との相互作用をどのように感じているのか、日本社会へどのような影響を及ぼすのかなど、日本で学ぶ留学生たちの認知、情動、行動を多様な側面から見ていく必要がある。

第2節　異文化接触研究

(1) 異文化接触とは

　異文化接触とは、「文化的背景を異にする人々の間でなされる対面的相互作用」(斉藤, 1993) である。異文化接触については、箕浦 (1987) は、その様態を、旅行、留学、駐在、移民、結婚など人の移動によって生じる場合と移動を伴わない環境の変化として起こる場合に分類している。後者は、西欧文明と接することでアメリカン・インデイアンの諸部族がどのように影響を受けたかというような社会変動の研究であるが、本研究では、人の移動を伴う前者の様態、特に、留学生が日本で学ぶという留学を扱うことにする。

　小林 (1983) は、異文化接触とは、一つの文化化複合体と同じ機構をもつもう一つ別の文化化複合体に個人が移行することであり、言い換えれば、異文化接触は、新しい文化学習であるという。従って、異文化の学習は、様々な種類の社会関係を通して、言語及び技術のような思考・行動領域の学習から始まり、次第に深く価値・規範など思想領域の学習へと進み、個人に内面化されていくと述べている。

　関本 (1988) は、文化の違いは個人の違いではなく集団の違いであり、帰属している集団が問題となる。従って、異文化接触では、個人対個人の接触が集団間接触の枠組みに変換され、個人は集団などの社会的脈絡の中で理解されるという。

　小林の異文化接触論では個人に焦点が当てられているのに対し、関本のそれは集団に焦点が当てられている。この二人の異文化接触に関する論説をもとに、筆者は異文化接触とは、ある社会的背景を持った諸個人が、別の文化に所属する諸個人と接触し学習する過程であり、それは集団という脈絡の中で認知される集団間接触でもあると定義する。

(2) カルチャー・ショック、適応の概念

　異文化接触で生じる心理的な問題としてカルチャー・ショックがある。カルチャー・ショックは、Oberg（1960）がこの概念を最初に提起し、「社会的な関わり合いに関するすべての慣れ親しんだサインやシンボルを失うことによって突然生じる不安」と定義した。Furnham & Bochner（1986）は、明確な心理的・物理的な報酬が全般的に不確実でコントロールや予測がしにくい状況におけるストレス反応であると捉えている。一方、Berry（1997）は、否定的な意味合いのあるカルチャー・ショックという語の代わりに、文化的ストレス（acculturative stress）を使うことを提唱している。また、カルチャー・ショックの生じる要因については、異文化接触によるのか、または個人差によるのかという論点があるが、近藤（1981）は、個人が異文化で生活するときに表れるという意味では文化的現象であるが、表れ方が個人によって異なるという意味では個人的現象であると捉えている。つまり、社会、文化的要因と個人的要因の影響し合う力動的作用の結果としてカルチャー・ショックが生じると述べている。

　日本における留学生研究の中で最もトピックとして多いのは文化的適応に関する研究である。Brislin（1981）は、異文化適応概念の中心には、個人が満足すること、現地の人々から受け入れられていると知覚すること、強度のストレスがなく日常生活が機能できることの3つの条件があると分析する。同様に、上原（1992）は、異文化適応を個人が異文化で心身ともにおおむね健康で、強度なストレスもなく、日常生活を送れ、滞在目的が達成でき、自他共にその個人の行動に大幅な逸脱行動がないと知覚する状態を指すとしている。しかしながら、異文化適応の概念は、社会心理学、臨床心理学、精神医学などの学問領域や研究者によって、どのように適応の状態を捉えるかによってその定義は異なる。たとえば、適応を測定する尺度に関しては、ホスト社会への友好的な態度、ストレス尺度（Furnham & Erdmann, 1995）やうつ尺度（Ying & Liese, 1991）などが使用されており、研究者によって様々である。Furnham & Bochner（1986）は、先行研究では適応の指標が不明確である上、留学生の心理的病理的状況が強調され、内面に問題があるとする考え方で、

留学生の母文化と異文化との相互作用という視点が欠落していることを主張する。

　Kim（1989）は、異文化接触を考えるときに時間的段階的変化と類型化の視点があることを主張している。前者は、時間の経過により異文化適応のプロセスが異なり、いくつかの段階を経て適応にいたるという理論的仮説で、後者は、自文化に対する態度と相手文化に対する態度の軸から異文化適応の態度を類型化する理論的仮説である。

　時間的段階的変化に関する異文化適応研究の代表的なものに、Uカーブ仮説（Lysgaard, 1955）、Wカーブ仮説（Gullahorn & Gullahorn, 1963）などの先駆的研究がある。Uカーブ仮説は、Lysgaard（1955）が滞米中のフルブライト奨学生であるノルウェー人留学生の経験を調査した結果、これを提唱したものであり、彼らの異文化適応過程は、ハネムーン（新しい環境に入り意気揚々と熱意を感じる時期）、葛藤（移行前の環境の喪失感と新しい環境への否定的感情）、回復（新しい環境に慣れ落ち着き、帰属意識が芽生える）、二文化並立期（2つの文化に帰属感をもち柔軟に適応できる）の4つの時期があると述べている。また、Gullahorn & Gullahorn（1963）は、異文化滞在中と帰国後に2つの心理的な低調期があるというWカーブ仮説を提唱した。しかし、その後の研究で、Church（1982）やFurnham & Bochner（1986）は、Uカーブ仮説、Wカーブ仮説を過度の一般化に基づくものとしていることや、定義があいまいであること、横断的調査が多く縦断的なデータに基づいていないことを指摘し、いずれも不十分であると批判している。また、近藤（1981）もすべての個人が同様のプロセスをたどらないという批判をしている。しかしながら、異文化適応が時間的経過をたどって達成されるという重要な示唆を与えるものであると上原（1992）はこれらを評価している。

　異文化適応の類型化では、Berry（1997）の異文化受容態度の類型モデルがある。彼は異文化適応を調節のプロセスとみなし、長い期間にわたって2つの文化的集団が接触した結果として生じた変化を表すものとして、文化適応モデルを提起した。そのモデルは、自文化への態度を重視するか、しないか（好意的、否定的）、ホスト文化への態度を重視するか、しないか（好意的、否定的）という組み合わせから適応の類型を4つに分けている。統合（integration）

は、文化移動した人たちが自文化を重視しつつ、ホスト文化に対しても好意的な態度をもつタイプである。同化（assimilation）は、ホスト文化に対しては好意的な態度をもつが、自文化に対してはあまり重視しない態度をもつタイプである。分離（separation）は、自文化に対しては重視する態度をもつが、ホスト文化に対しては否定的な態度をもつタイプで、周辺化（marginalization）は、自文化に対してもホスト文化に対しても否定的な態度をもつタイプである。Berry は、これらの態度が異文化接触過程においてストレスや行動に影響を与える重要な要因であることを示唆している。

(3) 接触仮説

　ホスト社会における人々の偏見などの態度変容を促すために、どのような相互作用が必要かという視点から、アメリカでは多文化多民族社会における人種隔離政策を撤廃する上で、接触仮説（contact theory）が理論的根拠となった。1954 年、G. W. Allport によって書かれた *The Nature of Prejudice*（邦訳：『偏見の心理』）は、アメリカでの公教育分野における白人と黒人の人種隔離の是非が問われた 1954 年のブラウン対教育委員会裁判の審議の際、社会科学の中心的論述（人種隔離の結果、黒人の自尊心を低下させ、学業成績は低下し、白人の黒人に対する偏見が高まるという主張）ともなり、その後も集団間接触関係の基礎研究として重要な役割を果たしている。このブラウン対教育委員会裁判の判決は、学校における人種隔離撤廃を求めた最初の司法上の判決であり、この判決をきっかけとして、人種隔離と差別撤廃を求める公民権法が制定された（Slavin, 1985）のである。

　接触仮説（Allport, 1954; Amir, 1969; Cook, 1985; Pettigrew, 1998）によれば、ある条件が成立しなければ、異文化接触の帰結は必ずしも好意的になるとは言えない。その条件とは、対等な地位での接触、共通目標を目指す協働、制度的支援、表面的接触より親密な接触であり、この 4 条件が満たされなければ、異文化における集団間接触では効果的な作用は果たせないというものである。これらは接触仮説の中核であり、現在でも基本的には変化していない。Amir（1969）は、この 4 条件に集団間接触が好意的態度につながるための 2

条件を追加している。それは、マジョリティ・メンバーがマイノリティの中でより高地位にあるメンバーと接触するときと、集団間接触が愉快で、報酬的であるときである。Cook (1984) は、さらに、集団間接触が好意的態度につながるための条件として、接触の過程で顕在化される非好意的な集団の属性が、その集団に関するステレオタイプ化された信念を打ち砕くときの1条件を追加している。

接触仮説は、集団間接触関係研究において中心的役割を果たしてきたが、集団間接触の効果に関しては論争が続いている (Stephan & Brigham, 1985)。集団間接触が肯定的効果をもたらすとする研究は、前述の集団間接触が好意的態度につながるための条件が満たされる状況下で行われた人種統合の結果、マイノリティ（黒人）の自尊心と学業成績は高められ、マジョリティ（白人）の人種偏見が低減されるという効果があったと主張する (Slavin, 1985)。一方、集団間接触が否定的効果をもたらすとする研究は、白人中産階級が混住を避け郊外へ脱出したり (White flight)、学校内でも能力別クラス編成 (tracking) が行われたり、結果としてマイノリティ（黒人）の自尊心を低下させ、白人の人種偏見は強まったと主張する (Gerard, 1983)。このように集団間接触が子どもの成績、態度、行動にどのように肯定的効果、あるいは否定的効果をもたらしたかという論議は繰り返されている。

Amir (1969) は、偏見を低減させるか、あるいは、増大させるかという接触の効果は、どんな人と関わっているか、また、どんな関わり方をしているかによって異なると述べる。また、多くの研究は接触が肯定的効果をもたらすという結果となったが、無差別的な一般化や利用可能な証拠から誤った結果を引き出すべきではないことを警告している。Cook (1962) は、集団間接触は偏見を低減させるかという単純な問いかけではなく、いかなる接触状況において、非好意的集団のいかなる代表者と、いかなる相互作用をもつことで態度変容は生じるのか、また、種々の特徴をもつ調査対象によっても異なるのかという問題を取り扱うべきであると述べている。

以上のようにアメリカでの実証研究における接触仮説は、日本における留学生と彼らを取り巻く日本人との異文化接触や交流を考える上で参考にすべき点があり、接触の頻度や接触の相手、どのような関わり方がよいかなど、

その接触のあり方を考える必要がある（Amir, 1969; Cook, 1962）。次節では、日本における留学生相談の実態から彼らが抱える問題について検討する。

第3節　異文化接触と留学生

(1) 相談事例から見た留学生の抱える問題

　留学生の抱える問題は、その相談内容から捉えることができる。松原・石隈（1993）は、大学のカウンセラーを対象に、留学生への相談活動の実態と事例を調査し、相談内容の特徴として言語の問題、経済問題が心理的問題より多いことを指摘した。

　田中（1993）は、大学留学生センターの3年間にわたる相談内容を第一種相談、第二種相談に分類し、前者を異文化間カウンセリング、心理相談、健康相談、話し相手、進路相談とし、後者を語学、学業、問い合わせ、要望等の周辺的相談に分類している。同様に、加賀美（1998）は、留学生宿舎の相談室における相談内容を分類した。その内容は経済的問題、住居問題、日本語学習、研究関連、進路相談、在留関連、情報提供、健康心理、対人関係、トラブル相談と対処等であり、それらを、マクロレベル、メゾレベル、ミクロレベルの問題と整理している（加賀美, 2002）。マクロレベルの問題は、環境的、物理的な原因で生じる経済的問題、住居問題である。ミクロレベルの問題は、日本語学習、健康心理であり、メゾレベルの問題は、マクロとミクロをつなぐような問題で、情報提供、対人関係に関連する。

　白土（1998）は、相談事例の中の対人関係において、授業理解ができないこと（これは日本語力の問題と入学審査時の学力評価の問題が考えられる）、自分の研究したいことができないという研究テーマのミスマッチの問題、大学院の研究が特殊分野に偏りすぎているという不満、指導教授との意思疎通がうまくいかない、感情的軋轢が生じるというものを挙げており、慎重な対応が望まれることを述べている。

　一方、アメリカのLeong & Chou（1996）は、43万8,000人の在米留学生の

問題を、カルチャー・ショック、言語問題、孤立、外国暮らしによる孤独など、全般的な適応問題と見なしており、推定ではその2割に心理的な問題があるという。Church（1982）は、言語、経済的問題、新しい教育システムへの適応、ホームシック、社会的習慣や規範への適応、人種差別を挙げている。また、Furnham & Bochner（1986）は、留学生は自国の学生より付加的なストレスがあり、留学生の問題を外国に居住する人の普遍的な問題、青年期の問題、学問的なストレス、留学生が自国の代表として感じる役割上のストレスの4タイプに分けている。Thomas & Althen（1989）は、留学生の主要な問題を、カルチャー・ショック、教育システムの斬新さから生じる学問的困難性、学生間の政治的、宗教、社会的コンフリクト、母国の発展の影響、異文化間の異性関係、社会的孤立、抑うつ状態、パラノイア、経済的問題、入国管理局による恐れや不安、アメリカ人とのストレスフルな対人関係、新しく発見した自由の問題、期待はずれ、自国で親戚や友人の死の問題、卒業の後の進路、帰国後の不安などを挙げている。

　以上のことから、日本でもアメリカでも、受入れ社会の文化的な背景は異なるものの、留学生の問題は概して、青年期の発達課題、大学生としてキャンパスで生活する上での問題など、ネイティヴな学生と共通する点も多いことが指摘されている。

(2) 調査研究から見た留学生の抱える問題

　留学生の調査研究は、その動向から、留学生自身と彼らを取り巻くホスト社会の人々に関連する研究と留学生の問題解決や適応、援助に関する研究に大別される。前者については、留学生がどのようにホスト社会の日本人を見ているかという視点とホスト側の日本人が留学生をどのように見ているかという視点がある。後者は、留学生が異文化に直面しどのように適応し、問題対処をしているか、どのようにソーシャル・サポートを求めているかといった援助的視点や同化訓練法などの教育的視点がある。

留学生側の視点――どのようにホスト社会の日本人を見ているか

　まず、はじめに留学生自身がホスト社会の日本人に対してどのような態度を持っているかということから述べる。日本における留学生研究の先駆は、岩男・萩原（1988）の 1975 年から 10 年に亙って調査された一連の留学生の対日イメージに関する横断的及び縦断的研究である。この研究では、親和性、勤勉性、信頼性、先進性の 4 つの側面から構成された SD 法で日本人イメージを測定している。調査結果は、日本に長期滞在し日本語能力が高い人ほど、親和性に関連する項目が否定的であるということを示している。また、帰国者に関しては、全体としてイメージが好転したものの、偏見がある、男女不平等という点では否定的な評価となった。これらの調査結果から、留学生と日本人との対人関係のあり方が問題としてクローズアップされ、さらに、日本人の外国人に対する態度や行動、あるいは日本社会の閉鎖性という点が批判されている。山崎（1993）は、横断的調査から対日態度と滞在期間の関連を述べており、留学生は来日直後から 2 年間は日本人に対してやや好意的であるが、その後、徐々に非好意的になり 4 年目に最も否定的になり、再び好意的になるという U カーブ仮説を支持する結果を見出した。

　また、留学生がそもそも日本人学生との接点がないことも問題として挙げられる。中国人就学生を対象とした研究では、ホスト社会の日本人との接触そのものがないことが示唆された（加賀美 , 1992, 1994a）。さらに、接触の質的側面の検討の結果、接触なし群、接触親密度低群、接触親密度高群の比較では、接触なし群が最も日本人イメージが好意的で、ついで接触親密度高群となり、最も対日本人イメージの否定的なのは接触親密度低群という結果が示されている（加賀美 , 1994b）。このことから、接触が不可避な状況なら、表面的な接触よりも親密度の高い接触のほうが対日本人イメージは好意的になる傾向が見出された。

　さらに、加賀美（1992, 1994a）は、中国人就学生を対象にアルバイト先での不満を Crosby（1976, 1982）の相対的欠乏（剥奪）理論（relative deprivation theory）の 4 要因モデルに基づいて分析した。重回帰分析の結果、アルバイト先での不満は、①欲している仕事が得られないとき、②自分より優秀な中国人就学生と比較し、自分が劣勢であると感じたとき、③ 2 〜 3 年先の就労状況が今

より悪化するだろうと予測したとき、④望ましくない結果は自分の責任ではないと知覚したときに、最も高まることが明らかになった。さらに、質問紙の自由回答を分類した結果、彼らは、時間給、就労時間、職種、アルバイト先での処遇や差別的な日本人の態度に不満を感じることが見出された。

専門分野における教育研究上の問題を扱った岡山県留学生交流推進協議会（1993）の実態調査では、指導教官の指導の満足度については 8 割以上が満足しているが、自由回答として、自分の研究テーマについてもっと深くコミュニケーションをしたい、批判ではなく具体的な助言が欲しいという要望が提出された。また、花見・西谷（1997）は交換留学生の面接を通して、ゼミのテーマと学生の専攻との不一致について不満が生じていることを述べている。

対人関係の視点——日本人ホスト側は留学生をどのように見ているか

一方、留学生を取り巻く日本人ホスト側は、どのように留学生を捉えているのだろうか。加賀美（1995）は、担当者や教職員などの留学生と関わる人々を対象に、頻繁に起こるトラブル事例と日本語能力や滞在期間との関係を検討した結果、日本人担当者は、日本語中・上級の留学生ほどトラブルが多いと認知しているという結果が得られた。また、トラブルの発生時点を見ると、最初の 3 か月間と 6 か月から 3 年までの 2 つにハイリスク期があることが見出された。

留学生の対人関係については、日本人ホスト側が留学生をどのように見ているか、また、留学生が日本人ホスト側をどのように見ているかという双方の視点からの研究も必要である。横田（1990）は、日本人学生と留学生の自己開示度の調査をした結果、留学生は留学生に、日本人学生は日本人学生により深く自己開示している基本構造が見られ、両者はあまり親しくなっていないことが示唆された。さらに、横田（1991）は、留学生と日本人学生との親密化について調査し、それを妨げる阻害要因として、留学生側は、日本の慣習、言葉の障壁、関係づくりへの抵抗感、興味なし・余裕なし、希薄な主張という 5 因子を挙げた。一方、日本人学生側は、無力な暗黙のルール（日本的なコミュニケーション・スタイルや暗黙のルールが通用しないことへの不安感や警戒

感)、漠然とした不安と遠慮（なれていないための漠然とした不安やいらぬお節介になるのではないかという遠慮)、言葉の障壁、日本人集団への消極的アプローチの4因子を挙げている。このように、留学生と日本人ホスト側との関係は希薄な現状であることが浮き彫りにされた。

留学生の問題に対する解決、対処法

留学生の困難な問題に対処するために、異文化教育の訓練としてのTriandis（1975）の文化的同化訓練法（異文化の人と同型の帰属の仕方を身につける方法）を適用したものや、田中（1991）のFurnham & Bochner（1986）の問題解決アプローチを応用したものが挙げられる。田中は問題解決アプローチを単なる問題解決をさせるだけでなく、予防としての効果をもちカルチャー・ショックへの最も効果的な対処療法であり、留学生が日本の価値や習慣などを学習し訓練することで、対人関係が円滑になり、ソーシャル・ネットワークの拡大を可能にすると述べている。

Triandis（1975）は、異文化で生活するとき、相手文化の内在する基本的な考え方や態度、役割期待などの文化的な意味が理解できないために文化摩擦が生じると考え、相手文化の社会的状況や人間行動を相手の視点から理由付けができるように理解することによって異文化適応を促進させ、異文化を学習する文化的同化訓練法（カルチャー・アシミュレーター）を開発した。これは異文化での困難な出来事（危機事例：critical incidents）の内容やその出来事がなぜ起こったかという質問を読んだ後、その質問に対する4つの選択肢の中から解答させ、その解答を分析し解説を加える方法である。このことから、異文化理解の促進や適応教育を試みている。日本のこの種の先駆的研究としては、タイへ赴任する日本企業の日本人派遣社員向けのカルチャー・アシミュレーターの作成が挙げられる（佐野・萩原・高根・南, 1977)。また、全国社会福祉協議会（1987）は、中国からの日本人帰国者が日本社会に適応するためのトレーニングとして、「入郷随俗」を著し、彼らが日本でトラブルにあった場合の対処法を問題形式で説明している。全国社会福祉協議会は、同書をまとめるにあたり、1,000人の中国帰国者に対する質問紙調査を実施し、日本語習得の問題以上に文化的差異に基づく誤解や衝突が彼らの日本社会への

適応を阻む大きな要因であることを明らかにした。具体的には、日常生活習慣、対人関係とコミュニケーション、労働場面での問題、その他の領域について 38 例に及ぶ適応のための方略が示されている。

在日留学生に関しても、大橋・近藤・秦・横田・堀江（1993）は、留学生が様々な場面で出遭うトラブルをカルチャー・アシミュレーターの形で解答し、解説を加えており、留学生たちが異文化間で生じるトラブルから解決法を学習することと同時に、異文化理解を促すことを目指している。また、外国人留学生百のトラブル解決マニュアルグループ（1996）は、トラブルを頻繁に起こるトラブルと解決困難なトラブルに分類し、事例の内容の記述、原因と考えられる要因、対応策などを全国の大学の留学生の担当者や教職員などにむけて、解説している。これらは異文化接触で生じた摩擦や様々な不測の事態に備え、留学生担当者が混乱しないように、経験から得た知見や解決法を蓄積し共有しようという教育的試みである。

適応と援助

留学生研究の動向としては適応過程とその援助に関連する研究が多い。適応について、山本（1986）は、Baker & Siryk（1986）の新入生適応尺度（the freshman's scale of adjustment）をもとに学習、対人関係、情緒の側面について留学生の適応を測定した。さらに、上原（1992）は、この山本（1986）の尺度をもとに、学習・研究、心身健康、対人関係、文化、住居環境・経済領域の適応尺度を開発した。これらは、その後の適応研究に踏襲されている（Jou & Fukuda, 1995; 周, 1995）。Tanaka, Takai, Kohyama, & Fujihara（1994）は、因子分析によって抽出した適応因子を用いて滞在期間が 3 年以上の留学生は 1 年未満、2 年から 3 年の留学生より適応得点が高いことを見出した。井上・伊藤（1995）は、日本語教育機関の留学生を対象に異文化適応と精神的健康との関連を調査した。その結果、1 年後の健康度が最も低いことが示された。しかし、この研究の対象者は、1 年の大学進学準備プログラムの参加者であるため、過度の一般化はできないものと考えられる。

また、留学生におけるソーシャル・サポートと適応についても一定の関連が認められている（田中, 2000）。適応を促進させる要因を探るために、田中・

高井・南・藤原（1990）は 18 人の在日留学生を対象に、異文化適応とソーシャル・ネットワークの関連について半年間の縦断研究をしている。クラスター分析をした結果、ネットワーク形成や積極的態度と適応に関連があり、対人ストレスと体の不調、ソーシャル・スキルに相関が認められた。また、適応に有効なサポートはホスト社会の人々との接触であるとしている研究もある。Takai（1991）は、異文化適応における接触仮説を検証するために測定された尺度を検討した。その結果、日本人と多くの関係をもつ留学生は、日本人をより理解しており、好意的に認知する傾向が見られた。また、Bochner, Mcleod, & Lin（1977）の留学生の友人機能分化モデルでは、3 つの友人集団（同国出身者の親密な関係からなる第一次集団、受入れ国の人々からなる第二次集団、他国からの留学生など多文化の成員からなる第三次集団）を区別している。これらの集団はそれぞれ異なる機能があり、留学生は、第一次集団には文化的価値を共有する機能を、第二次集団には勉学遂行上必要な道具的な機能を、第三次集団にはレジャーなど娯楽的な機能を求めていることが示された。異文化適応と日本人との交流に焦点を当てた研究（高井, 1994）では、留学生にとって日本人の役割は勉学上のサポートが最も重要であるという結果になり、Bochner たちのモデルを実証する結果となった。

　留学生援助については、問題解決へ導くために多様な援助者が必要である。水野（2003）は、留学生の適応と被援助志向性（preference of help seeking behavior: だれに援助を求めるか）について調査した。水野・石隈（1998）は、学校カウンセリングの実践において、専門的ヘルパー（保健管理センター・留学生相談カウンセラーなど）、役割的ヘルパー（日本語教員、指導教員、事務職員など）、ボランティア・ヘルパー（同国人の留学生、日本人学生、地域社会の人々など）が効果的に機能し、連携することが重要であると述べている。大学コミュニティにおいても、高松・白土（1997）、加賀美（2002）は、コミュニティ心理学的発想のもとで、大学における非専門家であるボランティア・ヘルパーによる学内支援ネットワーク・システムの構築をめざしている。また、留学生宿舎においても、非専門家である居住する日本人学生チューターが、カウンセラーと留学生のつなぎ役として相談支援活動を展開させた実践報告もなされている（加賀美・箕口, 1997; 加賀美, 1998）。このように、適応とソーシャル・

サポートに関連した研究は最も蓄積されている。

留学生が日本人ホスト側にどのように影響を与えるかという視点

　日本における急速なグローバル化や多文化接触の増大を反映し、留学生と日本人学生との相互交流が日本人学生にどのように影響を与えているか、また、ホスト社会にどのような変化をもたらしたかという視点にも関心が高まってきている（加賀美, 1999; 箕浦, 1998; 横田, 1998）。特に、地域社会では外国人との共生をテーマとした公開ボランティア養成講座、学校教育現場では国際理解や総合学習、日本語教育現場では日本事情などの授業科目を通して、留学生をリソースとした参加型の実践活動が数多く展開されてきている。しかしながら、こうした実践活動においては、理論的裏付けとの関連が弱く、その評価を検証する研究は僅少である。一方、定住化や国際結婚による複数の文化的背景をもつ児童生徒の増加、複数文化で社会化された留学生や就労者など多様化する在日外国人に対し、事例や面接などの質的分析から社会構築主義的研究も蓄積されてきており（星野, 2003; 箕浦, 1999）、研究方法も多様化している。

第4節　結　語

　上記の通り、第1節では、日本における留学生政策を含めた留学生の受入動向と現状を概観した。第2節では、留学生研究の背景となる理論として、おもに接触仮説、カルチャー・ショック、異文化適応関連の研究動向を概観した。第3節では、留学生研究で扱う留学生の抱える問題を相談事例、調査研究、適応と対処、援助という視点から概観した。これらの研究においては、日本社会への適応と援助に関するものが大半を占め、対人関係の研究が僅少である。留学生が現在、どのような接触状況におかれているか、また、彼らを取り巻く日本人との相互作用の結果、どのような葛藤が生起され、葛藤にどう対処しているかという研究はほとんど見当たらない。外国人登録者数が過去最高となり、急速なグローバル化の進展する中で、日本における留学生とホスト社会の日本人との異文化間葛藤研究は、日本社会で外国人と日

本人がどのように共存し生きていくかという多文化社会における重要な社会心理学的課題でもある。そこで次章では、異文化間葛藤と価値観に関する研究について概観する。

第❷章

異文化間葛藤と価値観

　前章では、留学生の異文化接触に関する先行研究を概観した。その研究の大半は適応と援助に関するものであった。このことは、マイノリティ（留学生）が異文化に接触したとき、ホスト社会のマジョリティ文化にどのように適応（同化）していくか、または、マジョリティ文化がマイノリティを適応させていくかという視点が研究の主流であることを物語る。一方、ホスト社会のマジョリティとマイノリティ（留学生）がどのような異文化接触を行い、その結果、生じた葛藤をどのように解決していくか、また、その背景には、どのような要因が関連しているのかという視点からの研究は極めて少ないことが示唆された。そこで本研究では、留学生と彼らを取り巻く日本人ホストとの異文化間葛藤とその背景要因としての教育に関する価値観を扱うことにする。そのため、本章では葛藤解決方略と文化的価値観に関連する先行研究に焦点を当てて概観する。

第1節　葛藤と葛藤解決方略とは

（1）葛藤とは

　葛藤は人間社会の中で避けられないものである。特に、異なる文化的背景をもつ人々は、相手の期待やコミュニケーション方略、取り巻く状況が理解

できないために、様々な葛藤が生じる。ここでいう葛藤とは、期待していることが妨害されていると、関係者が認知する状態のことである（Thomas, 1976; Kelley, 1987）。葛藤には、一般的に個人と個人の間で生じる対人葛藤と集団と集団の間で生じる集団間葛藤がある。Shelif（1962）は、集団間関係を、2つないしそれ以上の集団及びそれぞれの成員間の関係のことを指し、1つの集団に属している個人が、集合的あるいは個々に、別の集団あるいはその成員とその集団のアイデンティティを持って相互作用している場合は、集団間行動であるという。従って、集団間葛藤とは、2つ以上の集団と集団の衝突という側面だけでなく、社会的カテゴリーの差異が存在するとき、または顕著であるとき、ある集団に所属しその集団に同一視する個人と、別の集団に所属しその集団に同一視する個人という人間同士で生じた認知的不一致の状態という側面ももつ。

　Landis & Boucher（1987）は、集団間葛藤の特徴を次のように述べている。第1に、集団間葛藤は社会的アイデンティティやステレオタイプを活性化させる集団の認知した差異に関連する。第2に、集団間葛藤はしばしば領土（territory）への要求に関連する。第3に、集団間葛藤は勢力と資源における集団の差異に関連する。第4に、集団間葛藤は言語使用や言語政策の不一致に関連する。第5に、集団間葛藤は好まれる葛藤解決過程が集団により異なることから悪化する。第6に、集団間葛藤は宗教的違いによって悪化する。以上のような集団間葛藤の特徴は、集団を文化に置き換えると異文化間葛藤の特徴とも考えられる。Ting-Toomey（1998）は、異文化間葛藤を、内容（contents）、アイデンティティ、関係的問題、手続き的問題において、価値観、規範、過程、目標が2つ以上の文化集団の間で相反すると知覚された状態、または、現実に相反する状態と定義しているが、この定義は異文化間葛藤を包括した見解と考えられる。

　Sherif（2003）は、葛藤の生起過程に関してDonohue（1993）を引用し次の4側面から論じている。第1に、いったん葛藤が生じるとすでに関連する人々と問題があるときにはそれが継続し、うまく対処しないとさらに葛藤を生むことになる。第2に、葛藤は文脈の中で起こるが、見知らぬ人々との葛藤ではどのように文脈が関連するか気づいていないため、葛藤対処においては文

脈を理解しなければならない。第3に、葛藤が終結すると、当事者の関係は変化する。葛藤に対しどのように対処するか、葛藤が関係にどのように影響するかが重大なことであるということを人々は認識していないことがある。第4に、顕在化された葛藤が我々の人生に多くの肯定的機能をもたらすことを認識していないために、葛藤を制御できなくなることがある。このように、葛藤の生起過程においては、関連する人々、集団間における過去の問題の有無、葛藤発生における文脈の理解、葛藤の終結後の関係への影響、顕在化された葛藤の肯定的機能など多様な側面からの理解が必要である。

(2) 葛藤解決方略と分類

　葛藤解決方略は、多様な対立する相互作用の状況における一般的傾向、または類型化された反応の型を示すものである（Ting-Toomey, 1998）。また、自己と他者の人間関係の調整を行うとともに、体面（face）を保護するために使われる重要なコミュニケーションの行動の一つでもある（Ting-Toomey & Oetzel, 2003）。

　葛藤解決方略の分類については、多くの分類法がある（大渕, 1997）。大別すると、次元モデルと類型モデルがある。前者は、次元に基づいて個々の方略を配置する方法で、後者は、個々の方略間の類似性によって類型化をはかるモデルである（福島・大渕, 1997）。

　次元モデルに関しては、妥当性の高いものとして2つの次元に基づいたモデル（Thomas, 1976; Rahim, 1986）がある。Falbo & Peplau（1980）は、夫婦や親しい人間同士の葛藤研究から、直接性と双方向性という2次元モデルを提示した。直接性の次元では、間接方略、直接方略があるが、自分の願望をどのくらい相手に直接的に伝えるか、ほのめかすか、全く伝えないかという次元である。双方向性の次元は、相手の立場や気持ちを配慮する程度を表す次元であり、一方向方略、双方向方略がある。前者は自分の要求や感情を押し付けるが、後者は相手の気持ちを考えながら、自発的に相手の感情を変えるように促すものである。これらの次元から、直接・双方向方略（説得、交換取引など）、間接・双方向方略（宥和、暗示、印象操作など）、直接・一方向方略（依頼、

主張、強要など)、間接・一方向方略(一時的撤退、無視、怒りなど)の4タイプに分類した。

　Rahim (1986) は、自己と他者の利害に関する2つの概念的次元に基づき、自己利益への関心(自己主張性)と他者利益への関心(協力性)の高さの度合を表している。この2次元から統合的、妥協的、支配的、譲歩的、回避的の5つの方略を仮定した。同様に、Rubin & Kim (1994) は、2つの概念的次元を設定し、理論的に個別方略を定義する演繹的方法である二重関心モデルを用いた。このモデルは、Rahim (1986) のモデルと同様、自己利害への関心と他者利害への関心の2軸を設定し、その強弱によって方略を4タイプに分類し、それらが使用される条件を特定した。自己利害の関心と相手利害の関心がいずれも強い場合は、問題解決方略が選択され、自己利害の関心は強いが、相手利害の関心が弱い場合、対決的な強制方略が使用される。自己利害の関心が弱く、相手利害の関心が強い場合は服従が選択され、自己利害の関心と相手利害の関心がいずれも弱い場合は回避方略が用いられるというものである。

　類型モデルに関しては、代表的なものとして Sillars & Willmot (1994) の対人葛藤の分析から発展させた分類図式がある。この分類では7つの方略があげられている。否定・あいまい化は葛藤回避的な反応であり、話題操作は、原因となっている話題を転換したり、意味がないとみなしたりすることである。非関与は葛藤があることを肯定も否定もせず、葛藤から心理的距離を置くこと、無関係な発言は冗談を言ったり、笑わせようとしたりすること、懐柔は、譲歩や賞賛など関係修復的な言明である。分析は、自己の情報開示、客観意的な事実の確認、対決は批判、要求などである。

　Fukushima & Ohbuchi (1996) は、上記に挙げたような次元モデルや類型モデルの分類図式を統一するために、表2-1のとおり、方略を整理し統合を試みた。

表 2-1　方略行動の統合的な分類図式　（大渕, 1997）

カテゴリー	方略行動	定義
統合方略	説明・説得	自分の事情を相手に理解してもらいたい
	質問	相手の要求や事情を詳しく知りたい
	交換取引	別の選択肢に相手を惹きつけたい
	妥協	相手の抵抗感を減らしたい
	他の提案	双方の利害を両立させる方法を採りたい
懐柔方略	間接的主張	自分の事情や気持ちを相手に察してもらいたい
	宥和	相手の事情を自分が理解していることを伝えたい
	哀願	相手の同情を喚起したい
分配方略	明確な主張	自分の主張と正当性を相手にわからせたい
	疑問	相手の主張の正当性を否定したい
攻撃方略	批判	相手の非を責めたい
	威嚇	相手を脅かしたい
	怒り	不快感を伝えたい
同調	同調	相手の言いなりになる
回避	回避	相手と直接対立することを避けたい
第三者介入	第三者援助	第三者に支援してもらいたい
	第三者仲裁	第三者に解決してもらいたい

　以上のような統合モデルが提出され、その後の葛藤研究の分類の基礎となっている。

(3) 葛藤解決方略と原因認知と帰属

　葛藤解決方略を規定する心理学的要因として認知的なものがある。葛藤状況の原因をどのように知覚するか、葛藤相手の動機をどのように帰属させるかによって、方略の選択は影響を受ける。原因の認知について、大渕・小嶋(1998)は、葛藤原因を日本人学生とアメリカ人学生で比較し、日本人学生は意思疎通の不足が、アメリカ人学生は個人的攻撃・軽視が主要な葛藤原因であると見出した。このことから、著者たちはアメリカ人学生が葛藤に含まれている対決的要素に敏感で、相手が加害者、自分が被害者という二項対立的な見方をする傾向があるが、日本人学生は対決的な見方を避け、葛藤の発生においてお互いに責任があるという責任の共有意識をもつ傾向があると解釈している。また、アメリカ人学生は日本人学生よりも意見・慣習の不一致を

原因とする葛藤の経験が相対的に多く、日本人学生はアメリカ人学生より身体的危害、生理的不快を含む葛藤を経験することが相対的に多かった。

葛藤の原因帰属について、加賀美（1997）は、日本語教育の葛藤場面のシナリオから日本人教師とアジア系留学生（中国、韓国、台湾、マレーシア）との葛藤の原因帰属様式の差異を検討した。場面ごとに教師と学生との内的帰属度（教師は教師に、学生は学生に原因を帰属させる傾向を示す度合）と外的帰属度（教師は学生に、学生は教師に原因を帰属させる傾向を示す度合）の差異を分析した結果、発音矯正や母国に関する例文を提示する場面では、教師は学生より内的帰属傾向が高く自己批判的であった。一方、プレースメント試験結果の判定のように、客観的な基準がある場面以外において、学生は教師より外的帰属傾向が高く教師に対し批判的であった。これは、学生が自国の理想的な教師像と比較し日本人教師を評価する傾向があること、職業経験をもつ高学歴な成人学生が多いことなどが理由ではないかと考えられる。

解決行動を促す要因として帰属様式と解決方略の関連性もある（Sillars, 1980; Wittenman, 1992）。夫婦など親密な男女関係における対人葛藤を分析したWittenman（1992）は、パートナーが互いに相手の行動を不誠実さや不道徳さなど負の内的要因（安定的で制御不能な要因）に帰属すると、対決的あるいは回避的な葛藤行動が増えることを見いだした。また、大渕・小嶋（1999）は、葛藤時の対立者に関する動機帰属を測定し、解決方略に与える影響を実験的に検討した。その結果、彼らは利他心帰属（正の情緒的動機の推測：相手が自分に対し、好意的な感情をもち、好意から対立的な行動を行っていると解釈する）をする人々は間接的方略を選択する場合が多く、利己心帰属（負の問題解決の動機の推測：対立相手が個人的利益と結び付けて目的達成をしようと知覚する）や敵意帰属（負の情緒的動機の推測：対立者が自分に対して敵意を持っていると知覚する）をする人々は主張的方略と攻撃方略を選択することが多いことを見出した。また、敵意帰属をする人々は統合的方略を選択することが少なく、役割帰属（正の問題解決動機の推測：対立相手は個人的な好意もなく敵意もない。ただ役割を遂行しているだけだと知覚する）をする人々は、方略に対する影響は不明確であった。以上のように、葛藤の原因認知の差異、原因帰属の差異、帰属様式と解決方略の差異が関連することが示唆されたが、葛藤の背景と考えられる価値観など

の要因については、まだ明らかにされていない。

第2節　葛藤解決方略における文化差

(1) 文化とは

　本研究で扱う文化とは何かについて論じる。文化については、多くの定義がなされているが、文化人類学のTylor (1871) の古典的定義がその基本となっている。Tylorは文化を「特定の社会の人々によって取得され、共有され、伝達される行動様式の体系（システム）であり、知識、信仰、芸術、道徳、法律、慣習などの複合総体」とする。Kroeber & Kluckhorn (1952) は、「文化とはシンボルによって獲得され、伝達される、明示的・目次的な行動の型である。文化体系は、行為の所産であると同時に、次の行為を条件付ける要因となる」と述べ、文化を行動と価値の複合的システムと捉えている。

　社会心理学においては、Triandis, Vassiliou, Vassiliou, Tanaka & Shanmugan (1972) が、文化を物質文化（道路、建物、道具など）と主観文化（人間によって作られたものに対する主観的な反応で価値、態度、役割などのようなもの）に分け、主観文化は「社会的環境に対するある文化集団の特有の知覚の仕方である」とする。Rohner (1984) は、文化を「特定の人間集団が維持し、世代から世代へと受け継いできた学習によって学んだ意味をもつ事柄の補足、集合体」と捉えている。Ting-Toomey (1998) は、文化をコミュニティの成員が相互作用することによって、世代から世代へ引き継がれ、様々な度合いで集団成員に共有された伝統、信条、価値、規範、シンボルからなる学習された意味体系としており、文化の定義の包括的な見解といえる。一方、Matsumoto (2000) は、上記の定義に、可変性、活動性という特徴を加味し、文化は比較的変化しにくいが静的ではなく、動的 (dynamic) な存在であり、常に行動、態度、価値観、信条、規範との緊張関係の中で存在し、時代と共に変化していくと述べる。このように、上記の種々の文化の定義から、文化は時代や世代に応じた流動性を包含するものの、共有機能（ある特定のコミュニティの人々が共有

していること）、学習機能（生得的なものではなく学習するもの）、伝達機能（世代から世代へと伝達するもの）という3つの機能をもつことが考えられる。それゆえ、文化移動に伴い、異なる文化体系を内在化している成員間の異文化接触では、文化的価値の差異のために葛藤対処反応も異なると仮定できる。

(2) 葛藤解決方略の規定因としての文化差

　葛藤解決方略の規定因としては、性差、社会的勢力、年齢、目標などが挙げられるが（福島・大渕, 1997）、葛藤解決方略は文化や状況によっても異なる。Hall（1976）は、文化を文脈（context）という用語を用いて低文脈文化（low context culture）と高文脈文化（high context culture）に分類した。文脈とはある事柄や個人などを取り巻く全体的な状況、背景のことを指している。低文脈文化では、成員間の価値が多様で相手に関する情報が少ないため、言語によるメッセージや意味内容の依存度が高く、論理的で明瞭なコミュニケーションとなる傾向があるという。一方、高文脈文化におけるコミュニケーションは、成員間の情報の多くが相互に内在化されており、その場の状況や制度、社会的関係、言外の意味などの文脈に依存する度合が高い。従って、高文脈社会では言語によるメッセージの使用が少なくても相手のことが理解できるので、間接的で婉曲的なコミュニケーションを多く用いる傾向があるという。Hallの著書の中における日米比較では、アメリカが前者、日本が後者の文化の典型例とされている。Chua & Gudykunst（1987）の研究では、出身国により高文脈群、低文脈群に分け、葛藤解決方略を比較した。高文脈群は低文脈群に比べて、間接的、婉曲的コミュニケーションである回避方略を用いる傾向があり、低文脈群は直接的なコミュニケーションである統合的方略を使用する傾向が見られた。また、個人主義社会と集団主義社会における葛藤解決方略の比較でも同様の傾向があり、個人主義者は積極的、直接的、主張的、対決的方略を選択する傾向があるのに対し、集団主義者は消極的、対立回避的、協調的方略を選択する傾向があることが支持されている（Ting-Toomey, 1994）。

　大渕・菅原・Tylor・Lind（1996）は、葛藤解決方略の選択に関して、文

化的価値仮説(cultural valence hypothesis)と文化的機能仮説(cultural instrumental hypothesis)の検証を行った。文化的価値仮説は、異なる集団が異なる価値や目標によって動機づけられ、その結果、葛藤の解決方略選択が異なると言われる(Ohbuchi & Takahashi, 1994)。一方、文化的機能仮説は、集団主義者と個人主義者では基本的には同じ価値を志向するが、それを実現するのに適切だと知覚される方略が異なることによって、対処方略に文化差が生じるというものである(Leung, 1987)。大渕たちの研究結果では文化的価値仮説が支持され、方略の選択は文化的差異が動機づけの違いによってもたらされていることを示唆している。

大渕・福島(1997)は、日本人大学生を対象に葛藤解決における多目標理論を検証し、複数の目標達成を志向することを見出した。彼らは関係的目標の達成を最も強く望み、経済的資源を最も望まなかった。

また、Ohbuchi, Fukushima, & Tedeschi(1999)は、264名のアメリカ人と207名の日本人の対人葛藤に関する社会的目標、資源目標の葛藤解決方略を自己報告させた。その結果、社会的な目標は関係、公正、アイデンティティに、資源目標は経済的、個人的利益に関連することを見出した。また、アメリカ人は公正目標を重視していたのに対し、日本人は関係目標を重視していた。このように、葛藤解決方略の違いは文化によって規定され、この背景には文化的価値観が影響しているといえる。

(3) 葛藤と文化的価値観に関する比較文化研究

葛藤解決方略の違いは文化に規定され、この背景には文化的価値観が影響していることが仮定される。葛藤と文化的価値観の比較文化研究の中には、文化的差異を集団主義・個人主義という理論的枠組みで説明しているものが数多くある。そこでは、欧米社会の文化に属する人々の中での葛藤と東洋社会の文化に属する人々の中での葛藤を比較することが多かった(Hofstede, 1980; Triandis, 1995)。たとえば、Schwaltz(1994)は、集団主義者が保守と調和を重視し、個人主義者は独立と自律を重視することを見出した。自己概念の観点から、Markus & Kitayama(1991)は、日本人がアメリカ人よりも集団主

義的で人々の間の相互依存性が高い傾向があることを見出し、人間関係維持に動機づけられていることを示唆した。

　このような枠組みを用いた日本人を含む比較文化的な葛藤方略研究としては、上述した Ohbuchi & Takahashi（1994）のものがあり、この研究では日本人のほうがアメリカ人より葛藤を潜在化させる傾向が見られた。これについて著者たちは集団主義的傾向の強い日本人は、個人主義的なアメリカ人より社会的な調和や秩序を重視するために、葛藤の顕在化を反規範的であるとみなしているからではないかという解釈をしている。同様に、Ohbuchi et al.（1999）は、アメリカ人と日本人の対人葛藤に対する反応を比較し、個人主義者（アメリカ人）は公正を実現することに、一方、集団主義者（日本人）は人間関係を維持することに強く動機づけられているとした。また、日本人はアメリカ人より葛藤方略として回避を多く用い、主張をあまり用いなかったことを報告している。

　以上のように、葛藤の比較文化研究では、これまで集団主義と個人主義の枠組みから葛藤方略の違いを説明するという研究が主流であった。これらの研究では、ほとんどの場合、同文化葛藤間の比較研究で、同じ文化圏の人々同士の葛藤対処を異なる文化間で比較するというやり方が行われてきた。しかし、葛藤の比較研究のもうひとつの意義は、異文化間葛藤、すなわち異なる文化的背景をもつ人々の間で起こる葛藤の分析にある（大渕, 1997）。こうした観点から、アメリカにおける日本人滞米者の葛藤の内容分析をした大渕・潮村（1993）は、彼らが市民生活で知覚する葛藤を人種差別、言葉の不自由さに対する不寛容と侮辱、不親切・粗野、怠慢、責任回避、不当な要求、価値観や生活文化の違い、批判と嫌疑、無理解のカテゴリーに分類した。同様に、アメリカにおける日本人留学生の葛藤の内容分析を行った潮村・大渕（1994）は、人種差別、言葉の不自由さに対する不寛容と侮辱、不親切・粗野、軽視、怠慢、責任回避、不当な要求、習慣や生活文化の違い、批判と嫌疑、ルール違反、激しい自己主張に分類し、日米の異文化間葛藤の内容を整理している。この背後には日本人学生が人間関係維持を重視する集団主義的な文化的価値観をもち、一方、アメリカ人学生が自己主張を重視する個人主義的な文化的価値観をもつことを彼らは理由として説明している。

一方、大渕たち（1995）は、日本における日本人教師と外国人英語教師（以下 ALT とする）の同文化葛藤と異文化間葛藤に関して調査し、同文化葛藤より異文化間葛藤において、日本人教師は対決的にはならないことを見出した。また、方略行動の変化は ALT のほうが顕著で、ALT は異文化間葛藤において同文化葛藤より主張を減少させ、同調を増加させた。これは、ALT がマイノリティであるという日本社会の中での地位を反映したものであり、自文化圏での葛藤とは異なり異文化圏では葛藤を回避しようとしたのではないかと解釈された。この研究から、異文化間葛藤における葛藤解決方略は文化的背景と葛藤状況における勢力関係の両要因によって規定されることが示唆された。

　日本における異文化間葛藤に関する研究はあまり蓄積されているとはいえない。しかし、数少ない葛藤研究の特徴としては、日本人（マジョリティ）と外国人（マイノリティ）との行動規範の不一致を扱ったものが多い。たとえば、マジョリティはマイノリティにマジョリティと同じ行動規範を期待しているにもかかわらず、マイノリティはマジョリティの期待する行動規範から外れる場合に生じた葛藤を扱った研究などである。

　このような研究例として、混乗船（日本人と外国人が混ざって同じ船で職務を行う場合）における日本人幹部のクルーと外国人クルーとの対人葛藤を扱ったものが挙げられる（青木, 1992）。青木は、混乗船の就労場面における葛藤を自由記述させたところ、彼らは生活関連トラブルとして、二国間対立、個人的対立、規則・規律違反、金銭・配分トラブル、食事・食糧トラブル、外国人クルーの性格・態度不良、日本人の性格・資質不良などを、仕事関連トラブルとして、外国人クルーの低い仕事能力、日本人の仕事管理能力、仕事環境トラブルを挙げていた。また、青木はこうした葛藤に対する終結過程を分類し、仕事課題をめぐって発生した課題が個人の人格の問題へと変容していく過程が最も多く見られることを見出した。

　また、加賀美（2000）は、留学生に日本語を教える日本人教師を対象に、授業場面で教師が知覚する葛藤内容の自由記述を収集し、学生の授業中の態度の悪さ、社会的マナーの不遵守、教師に対する否定的態度、自己主張の強さ、言葉やコミュニケーション、留学目的に対する不信感、被差別感や異文

化に対する無理解、その他の教室状況の 8 カテゴリーを抽出した。また、教師が学生の使用する言葉や文の中で不愉快に思う事柄について、社会的状況・関係性を考慮しない、友達言葉で話す、俗な言葉を使う、教師を評価する、発音・イントネーション、日本社会の文脈を考慮しない、学生の態度が悪い、の 7 つに分類した。このような分類は、日本語授業場面における葛藤内容が、マナー違反や社会的関係性など文化的要因に基づくことを示唆している。

　加賀美（1999）は、学位取得を目的とする留学生を指導する教員（以下、指導教員とする）を対象に、専門教育場面における異文化間葛藤の事例収集を行い、その実態を内容、原因、解決方略などの点から内容分析を試みた。その結果、25 名の指導教員が指摘した頻繁に発生する事例は、専門教育における葛藤と社会経済・制度的側面に大別された。前者は、専門分野での指導上の困難、日本語力・コミュニケーション上の意思不疎通、常識・ルールの不遵守、異文化間ギャップなどで、後者は、経済的困難、卒業・修了後の問題、受入れ審査の問題、宿舎・制度上の問題などであった。このように、指導教員は異文化間ギャップの解消と対処、教育指導の難しさ、社会経済・制度的側面の援助の必要性を挙げていた。また、指導教員は、葛藤の原因を留学生側及び状況に帰属させる傾向が強く、解決方略として直接一方向方略を選択していた。以上のようなことから、受入れ審査が未整備で、基礎学力及び日本語力を未判定のまま研究活動へ導いた結果、様々な教育指導上の困難を招き、指導教員が留学生に対し否定的な感情を抱くなど、大学内の受入体制の不備が指導教員と留学生との対人関係に影響をもたらすことが示唆された。また、指導教員は認知面では大学の国際化の重要性を熟知しつつも、専門教育場面での留学生との異文化接触体験によって情動面では否定的となり、行動面では自己防衛的、消極的な受入れをしている様相が認められた。

　以上のように、日本における留学生と日本人ホスト側の異文化接触では、前提となる受入れ態勢などの環境整備、日本人（マジョリティ）が外国人（マイノリティ）に期待する行動規範の不一致、社会的地位や役割による勢力差と関連があり、集団主義と個人主義の文化的価値観の差異だけでは説明できない現状が示唆された。

第3節　文化的価値観

(1) 価値観とは

　葛藤解決方略の差異の背後にある文化的価値観とは、どのようなものであろうか。

　Kluckhohn（1951）は、価値観を明示的または非明示的で、ある個人の特殊性またはある集団の特徴を示す概念（concept）で、行動様式、行動の手段、行動の結末の選択に影響する望ましいものの概念であるとした。また、Rokeach（1973）は、価値観をある行動様式、またはある最終的状態より個人的または社会的に、全く反対の行動様式、または最終的状態のほうが望ましいとする永続的な信条（belief）であると定義している。Schwartz & Bilsky（1987）は、上記に挙げた先行研究（Kluckhohn, 1951; Rokeach, 1973 など）の共通性を踏まえた上で、価値観は、(a) 概念（concept）または信条（beliefs）である、(b) 望ましい結末の状態または行動である、(c) 個々の状況（specific situations）を超越する、(d) 行動や出来事の選択や評価の指標となる、(e) 相対的重要性によって順序付けられるという5つの特徴を要約している。Smith & Schwartz（1997）は、この5つの特徴に次のとおり説明を付加している。まず価値観は、(a) 信条（beliefs）であるが、客観的で知的観念ではなく、活性化されたとき、感性（feeling）とともに呼び起こされる。(b) 望ましい目標（たとえば、平等）を指し、これらの目標（公正、援助）を達成しようとする行動様式を指している。(c) 個々の行為や状況を超越する。たとえば、服従という行動は、職場であろうと学校であろうと、また、スポーツをするときであろうと仕事をするときであろうと、友人や家族、または見知らぬ人などいろいろな人とも関連している。(d) 行動、人々、出来事の選択や評価基準として役立っている。(e) 相対的重要性によって順序づけられる。順位づけられた価値観は優先順位の体系を形成している。これらの特徴から価値観は人間の中核に位置し（Rokeach, 1973）、優先順位によって人間の行動が影響されることを示している。

現代の文化的価値観の社会心理学的研究では、Rokeach（1973）がその基礎となっており、HofstedeやTriandis、Schwartzなど多くの心理学者に影響を与えてきた。Rokeachは、価値観の概念を明らかにし、人生の原則（principle）を示す価値を測定するための道具を開発した。Rokeachの価値尺度（Rokeach Value Survey）は2種類の価値リスト（terminal valuesとinstrumental values）から構成されている。最終的価値（terminal values）は、我々が望ましいと思う最も重要な人生の目標で、道具的価値（instrumental values）は、我々が重要だと考える個人的な特性の種類である。2つの価値リストは、それぞれ18個の価値から構成されており、回答者はその18個の価値リストを読み、個人の価値の重要性を順位づけるように作られている（表2-2）。彼は、この尺度を用いて異なる文化集団において価値の順位づけを行わせ比較検討した。

　さらに、Rokeachは、この価値尺度を用いて価値観の構造や次元に関する研究を進めたところ、個人（personal; 快適な生活など）対社会（social; 平等など）、モラル（moral; 正直など）対能力（competence; 論理的など）の2つの次元を見出した。しかし、その後の研究者たちによる研究では、これを支持する結果にはなっていない（Feather & Peay, 1975）。Bond（1988）は、Ng, Akhtar-Hossain, Ball, Bond, Hayashi, Lim, O'Driscoll, Sinha, & Yang（1982）が行った9か国の学生によるこの価値尺度の順位付けのデータを再分析した。文化的回答のバイアスを取り除き、因子分析を行った結果、競争（competence）対安全（security）、個人的道徳心（personal morality）対成功（success）、社会的信頼性（social reliability）対美（beauty）、政治的調和（poltical harmony）対個人的社交性（personal sociability）の4次元となった。これらの研究は、その後のSchwartzの価値研究の理論と方法に対して影響を及ぼした（Smith & Schwartz, 1997）。

　Hofstede（1980）は、40か国のIBMの社員を対象に価値観に関する調査を行った。因子分析の結果、文化に関連する4つの価値次元からなることを明らかにした。それらの次元は、権力格差、個人主義・集団主義、男性らしさ・女性らしさ、不確実性の回避と名づけられた。権力格差の次元とは、それぞれの国の制度や組織において権力の弱い成員が、権力が不平等に分布している状態を予期し、受け入れている程度である。（制度とは家族、学校、地域社会のように社会を構成する基本的な要素で、組織とは人々の就労する場である）。権

表 2-2　Rokeach の価値尺度（Rokeach Value Survey）

(Rokeach, 1973)

最終的価値：terminal values	
世界平和	: A world at Peace (free of war and conflict)
家族の安全	: Family Security (taking care of loved ones)
自　由	: Freedom (independence, free choice)
平　等	: Equality (brotherhood, equal opportunity for all)
自分の尊重	: Self-respect (self esteem)
幸　福	: Happiness (contentedness)
賢　明	: Wisdom (a mature understanding of life)
国家の安全	: National security (protection from attack)
救　済	: Salvation (saved, eternal life)
真の友情	: True friendship (close companionship)
成就感	: A sense of accomplishment (a lasting contribution)
内的調和	: Inner Harmony (freedom from inner conflict)
快適な生活	: A comfortable life (a prosperous life)
成熟した愛	: Mature love (sexual and spiritual intimacy)
美の世界	: A world of beauty (beauty of nature and the arts)
快　楽	: Pleasure (an enjoyable leisurely life)
社会的承認	: Social recognition (respect, admiration)
刺激的な生活	: An exciting life (a stimulating active life)

道具的価値：instrumental values	
野心がある	: Ambitious (hard-working, aspiring)
視野が広い	: Broadminded (open-minded)
有能な	: Capable (competent, effective)
快活な	: Cheerful (lighthearted, joyful)
清潔な	: Clean (neat, tidy)
勇敢な	: Courageous (standing up for your beliefs)
許容的な	: Forgiving (willing to pardon others)
援助的な	: Helpful (working for the welfare of others)
正直な	: Honest (sincere, truthful)
想像的な	: Imaginative (daring, creative)
独立的な	: Independent (self-reliant, self sufficient)
知的な	: Intellectual (intelligent, reflective)
論理的な	: Logical (consistent, rational)
愛情のある	: Loving (Affectionate, tender)
従順な	: Obedient (dutiful, respectful)
丁寧な	: Polite (courteous, well-mannered)
信頼できる	: Responsible (dependable, reliable)
自制心がある	: Self - controlled (restrained, self discipline)

力格差の大きい社会とは、人々の間に不平等があることが予期され、望まれている。また、権力の弱いものは強いものに依存すべきだと考える特徴をもつ。一方、権力格差の小さい社会とは、人々の間の不平等は最小限にすべきだと考え、権力の弱いものと強いものはお互いに依存すべきであると考える特徴をもつ。

　個人主義・集団主義の次元における個人主義とは、個人の利害が集団の利害よりも優先される価値である。個人主義を特徴とする社会では、個人と個人との結びつきはゆるやかであり、人はそれぞれ、自分自身と肉親の面倒さえ見ればよいと考えている。一方、集団主義とは、集団の利害が個人の利害よりも優先される価値で、集団主義を特徴とする社会では、人は生まれたときから成員同士の結びつきの強い内集団に統合されている。内集団に忠誠を誓う限り、人はその集団から生涯にわたって保護されるという特徴をもつ。

　男性らしさ・女性らしさの次元について、Hofstede は、これを社会文化的に規定された役割という意味で用い、生物学的差異である男性と女性という言葉と区別している。さらに、この言葉は相対的な区別であり絶対的なものではないと述べている。男性らしさとは、給与と昇進、自己主張と競争を重視する男性的な社会的役割に対応している。従って、男性らしさが強調される社会では、社会生活上で男女の性別役割が明確に区別されている。男性は自己主張が強く、たくましく物質的な成功を目指すものだと考えられており、女性は男性より謙虚でやさしく、生活の質に関心を払うものだと考えられている。一方、女らしさとは、上司との関係や仕事仲間との関係を重視する、配慮や社会環境志向の強い女性的な社会的役割に対応している。女らしさが強調される社会では、社会生活の上での男女の性別役割が重なり合っている。男性も女性も謙虚でやさしく生活の質に関心を払うものだと考えられている。

　不確実性の回避の次元について、Hofstede は不確実性を次のように論じている。不確実性が高いということは耐えられないほどの不安に陥ることで、それを和らげるために人間は成文化された規則や慣習的な規則を定めて、予測可能性を高めたいという欲求があるという。従って、不確実性の回避の次元とは、ある文化の成員が不確実な状況や未知の状況に対して脅威を感じる

程度のことである。不確実性の回避の強い社会では、不確実性やあいまいな状況は脅威であり、取り除かなくてはいけないと考え、ストレスが高く不安感が漂っている。一方、不確実性の回避の弱い社会では、確実でないということは自然であり、それを受容している。ストレスは低く、幸福感が漂い不安感が低いという特徴をもつ。

　以上のようなHofstedeの価値研究に対して、中国文化コネクション（Chinese Culture Connection, 1987）は、それが西洋の価値観に偏っていると批判し、中国人や中国の文化伝統についての基本的な40の価値を収集し、中国人価値尺度（Chinese Value Scale）を作成した（表2-3）。その価値尺度を用いて、22か国の学生を対象に価値観を測定した。学生対象群の反応に対し因子分析を行った結果、統合（integation）、儒教的な仕事への原動力（Confusian work dynamism）、人情（human-heartedness）、道徳的規律（moral discipline）の4因子が抽出された。統合は、他者への忍耐、他者との調和、連帯、競争の否定、信用、保護的などの価値で、他者との関係維持を示す因子である。儒教的な仕事への原動力は、上下関係、倹約、耐力、恥知、面子、伝統尊重など儒教的倫理を示す因子である。人情は、親切、忍耐、礼儀、正義感、愛国心など人間の優しさや同情を示す因子である。道徳的規律とは、中庸の徳、高潔、寡欲、環境への適応など道徳的な制限や規律を示す因子である。さらに、中国文化コネクションは、Hofstedeの4つの価値次元と中国人価値尺度の4因子の相関関係を分析した。統合と個人主義、統合と権力格差（小）、人情と男らしさ、道徳的規律と権力格差（大）、道徳的規律と集団主義の間に有意な相関を見出した。中国文化コネクションの研究は、Hofstedeとは異なる尺度と、異なる文化圏内の対象者を用いたものであったにもかかわらず、権力格差、個人主義・集団主義、男性らしさ・女性らしさの次元は共通しており、このことはこれらの価値次元が比較的普遍的であることを表していると考えられる。

表 2-3　中国人価値尺度（Chinese Value Scale and English Equivalents）

(Chinese Culture Connection, 1987)

1	孝（服従父母、尊敬父母、尊崇祖先、贍養父母）	: Final piety（Obedience to parents, respect for parents, honoring of ancestors, financial support of parents）
2	勤　労	: Industry（Working hard）
3	容　認	: Tolerance of others
4	隋　和	: Harmony with others
5	謙　虚	: Humbleness
6	忠於上司	: Loyalty to superiors
7	禮　儀	: Observation of rites and social rituals
8	禮尚往来	: Reciprocation of greetings, favors, and gifts
9	仁愛（恕・人情）	: Kindness（Forgiveness, compassion）
10	学識（教育）	: Knowledge（Education）
11	団　結	: Solidarity with others
12	中庸之道	: Moderation, following the middle way
13	修　養	: Self cultivation
14	尊卑有序	: Ordering relationships by status and observing this order
15	正義感	: Sense of righteousness
16	恩威並施	: Benevolent authority
17	不重競争	: Non-competitiveness
18	穏　重	: Personal steadiness and stability
19	廉　潔	: Resistance to corruption
20	愛　国	: Patriotism
21	誠　懇	: Sincerity
22	清　高	: Keeping oneself disinterested and pure
23	儉	: Thrift
24	耐力（毅力）	: Persistence
25	耐　心	: Patience
26	報恩與報仇	: Repayment of both the good or the evil that another person has caused you.
27	文化優越感	: A sense of cultural superiority
28	適應環境	: Adaptability
29	小心（慎）	: Prudence（Carefulness）
30	信　用	: Trustworthiness
31	知　恥	: Having a sense of shame
32	有禮貌	: Courtesy
33	安分守己	: Contentedness with one's position in life
34	保　守	: Being conservative
35	要面子	: Protecting your "face"
36	知己之交	: A close, intimate friend
37	貞　潔	: Chastity in woman
38	寡　欲	: Having few desires
39	尊敬伝統	: Respect for tradition
40	財富	: Wealth

近年、Schwartzと共同研究者によってさらに大規模な価値研究が行われている。Schwartz & Bilsky（1987）は、既に述べたように個人の価値タイプを示す研究を行い、人類が直面する普遍的なニーズが明らかにされたときにのみ、すべての価値次元が見出されるかどうか判断できると述べている。その普遍的なニーズとは生物学的ニーズ、社会的調整のニーズ、生存・福利のニーズである。これをもとに、Schwartz（1992）は、44か国の97対象群の反応の中から56種類の価値を抽出し、これを質問紙によって測定しようとした。これは、対象者に56の価値を提示し、それぞれがどれだけ人生の道標として役立っているかを尋ねるものであった。そのデータに対する最小空間解析（SSA: Guttman-Lingoes Smallest Space Analysis: それぞれの項目の平均値を多面的な空間に位置づけ、2つの価値の統計的距離によって心理的距離の測定を行う方法）によって、Schwartzは10の価値タイプを見出し、これを個人レベルの価値とした。表2-4は価値タイプとその定義、個別の価値の関係を示したものである。

表2-4　Schwartzの個人レベルの価値タイプの定義と価値
(Schwartz, 1992)

価値タイプ	定義と価値
勢　力 （Power）	社会的地位と威信、人々と資源の制御と支配：社会的勢力、権威、富、公的イメージの保持、社会的承認
達　成 （Achievement）	社会的基準で示された競争を通しての個人的成功：知性、有能、成功、野心、影響
快楽主義 （Hedonism）	個人のための喜び、満足感：喜び、人生の享受
刺激追求 （Stimulation）	興奮、斬新さ、人生における挑戦：活気ある人生、変化に富む人生、勇気
自己志向 （Self-Direction）	独立心と行動――選択的、創造的、探索的：自己尊重、目標選択、創造性、好奇心、自由、独立
普遍主義 （Universalism）	すべての人々の幸福と自然のための理解、感謝、忍耐、保護：知恵、美的世界、自然との調和、寛大さ、環境保護、平等、世界平和、社会的正義、内的調和
思いやり （Benevolence）	個人的に接触する人々の福祉の保護と強化：真の友情、成熟した愛、人生の意味、責任、役に立つこと、忠誠、正直、寛容、精神生活
伝　統 （Tradition）	伝統的文化や宗教が個人に課す習慣や考えを尊重し、関与し、受容すること：運命の受容、穏健さ、敬虔、超然、謙遜、伝統の尊重
同　調 （Conformity）	他者に危害を与え、社会的期待や規範に違反しがちな行動、傾性、衝動の抑制：従順、両親への敬い、自己鍛錬、礼儀正しさ
安　全 （Security）	社会と個人の安全、調和、安定：国の安全、社会的秩序、帰属感、好意の返報、清潔、家庭の安全、健康

表2-4のとおり、10の価値タイプとは勢力、達成、快楽、刺激、自己志向、普遍主義、思いやり、伝統、同調、安全である。これらの個人レベルの価値タイプから、Schwartzたちはさらに価値観の構造や価値次元の探求を試みた。その結果、変化への開放（openess to change: 自己志向、刺激）対保守主義（conservation: 安全、同調、伝統）、自己高揚（self-enhancement: 勢力、達成）対自己超越（self-transcendence: 普遍主義、思いやり）という2つの双極次元が見出された。なお、快楽主義（hedonism）は、変化への開放と自己強化の両方の次元に関連していた。

Schwartz（1994）は、Hofstedeの価値次元よりも自己の価値次元のほうが有効であると述べている。その理由として、第1に、Schwartzの価値次元は社会科学や人文科学の領域で普遍的だと仮定される価値研究のレビューに基づいているので、重要な価値が網羅されていること、第2に、Hofstedeの研究には社会主義国が含まれていなかったが、Schwartzの研究は中国、ポーランド、エストニア、東ドイツ、ハンガリー、スロバキア、スロベニア、ジンバブエなど社会主義に影響を受けた国も含まれており、より広範な視野に立った分析が可能であることがあげられている。

価値の比較研究では、個人レベルと文化レベルの分析が必要である。Smith & Schwartz（1997）は、個人レベルの価値とは個人にとって人生の道標ともいうべき動機的目標によって決定されるという。個人の中にある様々な価値と価値との関係は、それぞれの価値同士が心理的に相反するものか、共存するものか、その個人がどの価値が重要だと思うかによって決定される。たとえば、個人にとって権力追求と倹約追求を同時に求めることは容易ではないが、権力追求と財力追求は同時にできるという。一方、文化レベルの価値は、各文化を特徴づけるものであり、社会または文化集団において、善悪、正誤、望ましさなどその社会で共有された概念である。個人が生活している組織では、どの文化的価値が重要だと思うかによってその社会の目的や運営の仕組みが異なってくる。たとえば、個人の成功が重視される社会では、経済的・法律的システムは競争的になりがちであるが、反対に、集団の福利という文化的価値が重視される社会では、より協力的なシステムになりがちである。

Schwartz & Sagiv（1995）は、価値タイプの文化的特有性と普遍性を検討するために、20か国において個人レベルでの価値タイプの一貫性を調べた。その結果、56の価値のうち45の価値は国が違っても同じ価値タイプに含まれており、一貫性が確認された。たとえば、社会的勢力、権威、富はどの国の対象者もひとつの価値タイプであることを認めたが、自己の公的イメージの保持や社会的承認は、国によって異なる価値タイプに属していた。文化レベルの分析でも、いくつかの価値には一貫性がみられなかった。たとえば、真の友情という価値は日本では安全という価値タイプに含まれたが、他の国では思いやりの価値タイプに含まれていた。

　Schwartz（1994）は、超文化的価値構造を追及するために、さらに、1988年から1992年の期間に38か国の41の文化集団から抽出した30種類の言語、12の宗教をもつ多様な86の対象群のデータを分析し、文化レベルにおいて7個の価値タイプを見出した。それは保守主義（conservatism）、感情的自律（affective autonomy）、知的自律（intellectual autonomy）、支配（mastery）、階層制（hierarchy）、平等主義（egalitarianism）、調和（harmony）である（表2-5）。

　表2-5に示すように、ここには45個の価値が含まれているが、個人レベルにおける11個の価値（真の友情、成熟した愛、人生の意味、超然、精神生活、帰属感、健康、内的調和、自己尊重、社会的承認、知性）は、文化レベルの価値タイ

表2-5　Schwartzの文化レベルの価値タイプと価値

(Schwartz, 1994)

価値タイプ	価値
保守主義 (Conservatism)	寛容、穏健さ、敬虔、伝統の尊重、従順、両親への敬い、自己鍛錬、礼儀正しさ、国の安全、社会的秩序、好意の返報、清潔、家庭の安全、知恵、公的イメージの保持
感情的自律 (Affective Autonomy)	喜び、人生の享受、活気ある人生、変化に富む人生
知的自律 (Intellectual Autonomy)	創造性、好奇心、寛大さ
支配 (Mastery)	独立、有能、成功、野心、目標選択、勇気
階層制 (Hierarchy)	社会的勢力、権威、富、影響、謙遜
平等主義（Egalitarianism）	平等、世界平和、社会的正義、役に立つこと、正直、運命の受容、自由、忠誠、責任
調和 (Harmony)	美的世界、自然との調和、環境保護

プには含まれなかった。文化レベルの価値次元は、個人レベルとほぼ同様で、保守主義対自律、支配と階層制対平等主義の2次元であった。

さらに、Schwartz（1994）は、文化レベルの7価値タイプとHofstedeの4価値次元を比較した。彼は、HofstedeとSchwartzの重複する23か国の教師対象群の反応と22か国の学生対象群の反応の文化レベルの価値次元の相関関係を分析した結果、教師対象群において、個人主義と感情的自律、知的自律、平等主義は、それぞれ正の相関があり、個人主義と保守主義、階層制は負の相関があった。学生対象群においても教師対象群と同様、個人主義と感情的自律、知的自律、平等主義はそれぞれ正の相関があり、保守主義は負の相関があった。権力格差についても、教師対象群の反応は保守主義と正の相関があり、感情的自律は負の相関があった。一方、学生対象群の反応は、権力格差と保守主義に正の相関があり、感情的自律、知的自律、平等主義はそれぞれ負の相関があった。さらに、教師対象群は、不確実性の回避と調和、男性性と支配において正の相関があった。このように、Schwartzの価値次元とHofstedeの価値次元を照らし合わせると、個人主義と自律（感情的自律と知的自律）、平等主義、権力格差（大）と保守主義、権力格差（小）と自律性に関連が見られ、HofstedeとSchwartzの価値次元では多くの関連が見られた。以上のように、Schwartzの価値次元は、Hofstede（1980）の研究と矛盾するわけではなく、価値研究をより洗練したものと考えられる（Smith & Bond, 1998）。

表2-6は、これまでの主要な価値研究をまとめたものである。Hofstede（1980）の価値次元、中国文化コネクション（1987）の価値次元、Schwartzの個人レベルの価値タイプ、文化レベルの価値タイプ、価値次元を示したが、これらの間には共通する価値次元を見出すことができる。表2-6において、第1に、Hofstedeの個人主義は、中国文化コネクションの統合、Schwartzの自律性、平等主義と密接に関連しており、これらはいずれも個人の自律性、自由、達成を強調するもので、自律的で先進的な価値を表す。これに対して、第2に、Hofstedeの集団主義、中国文化コネクションの道徳的規律、Schwartzの保守主義の間にも共通性があり、これらはいずれも、社会的調和と秩序の維持を重視する保守的で伝統的な価値である。第3に、Hofstedeの権力格差（大）は、中国文化コネクションの道徳的規律、Schwartzの保守主

義と支配に密接な関連があり、序列的人間関係、支配・服従という勢力関係を容認する価値を表す。最後に、Hofstedeの権力格差（小）は、中国コネクションの統合、Schwartzの平等主義と関連性があり、平等な人間関係を強調する価値を表すものである。これ以外の価値次元では、Hofstedeの男らしさと中国コネクションの人情に関連が見られるものの、Hofstedeの不確実性の回避（大小）、女らしさ、中国コネクションの儒教的な仕事への原動力、Schwartz個人レベルの快楽主義、Schwartz文化レベルの調和については、価値次元・タイプ間の関連は見られない。

　以上のように、いくつかの価値研究においてみられる共通点を抽出すると、それらは、自律性、保守性、支配性、平等性の4次元に集約できると思われる。すなわち、個人の自主と自由を強調する自律性、社会秩序と調和的人間関係を重視する保守性、序列的人間関係を容認する支配性、それに人々の間の平等を重視する平等性の次元である。次節では、こうした一般的価値次元を念頭に、本研究の主眼である教育価値観の位置づけを試みる。

表2-6　主要な価値研究における価値次元・価値タイプとの関連性

	Hofstede (1980)	Chinese Culture Connection (1987)	Schwartz (1992) 個人レベル	Schwartz (1994) 文化レベル	共通次元 (加賀美, 2005)
価値次元・価値タイプ	個人主義・	統合	変化への開放（刺激、自己志向）	自律（感情的自律、知的自律）平等主義	自律性
	集団主義	道徳的規律	保守（安全、同調、伝統）	保守主義	保守性
	権力格差（大）	道徳的規律	保守（安全、同調、伝統）自己強化（勢力、達成）	保守主義 支配、階層性	支配性
	権力格差（小）	統合	自己超越（普遍主義、思いやり）	平等主義	平等性
	男性らしさ	人情			
	女らしさ				
	不確実性の回避（大）				
	不確実性の回避（小）				
		儒教的な仕事への原動力			
			快楽主義		
				調和	

第4節　教育価値観

　教育は、ある文化の価値をその文化の成員に学習させ、内在化させ、蓄積させるという社会化の機能を持っている。そのため、教育価値観は、その文化、または社会の成員が期待する行動様式に影響を及ぼすことが考えられる。従って、教育価値観には、前節で示した一般的価値次元が反映されていると考えられる。しかし、教育価値観には一般的価値観には明確に表現されていない特殊な側面が含まれている可能性がある。そこで、まず、教育に関する価値観に関して行われてきたこれまでの研究を概観することにする。

(1) 教育価値観とは

　価値観の主要部分は家庭や学校における社会的発達の過程で形成されると考えられている（東, 1994; 塘, 1995; 恒吉・ブーコック, 1997）。箕浦（1997）は学校や家庭を文化的実践が行われている共同体だとし、11歳から15歳までに対人関係領域での文化的意味が自らの内面的世界に組み込まれると述べている。それゆえ、ある文化圏で社会化され、その価値を内在化した教師と、異なる文化圏で社会化され、異なる価値を内在化した学生とでは教育に対する考え方や期待が異なると考えられる。また、Hofstede（1980）は、家庭における親子関係は、教育における教師と生徒間の勢力関係に類似すると述べているが、こうした上下の勢力関係の文化的意味の内在化は、幼少時から家庭、学校、社会において学習され強化されている。従って、教育に関する価値観は、社会化や自文化化と関連し、教育・学習場面で人々が経験する感情や認知、行動様式に影響を及ぼすことが考えられる。
　価値観については、これまで教育学、社会学、心理学などの分野で教育意識（加藤・加瀬・大野・石井, 1987）、価値意識（見田, 1966; 須田, 1999）という用語を用いて論じられてきた。教育に関する様々な価値を扱ったそれらの研究は、大きく分けて3つの教育価値観の領域があることを示している。それは、①教師自身、学生、父母から見た望ましい教師観、②教師から見た望ま

しい学生観、③教育目標や教育方法など教育そのもののあり方を反映する望ましい教育観である。

　まず、教育価値観の第 1 の領域は、教師、学生、父母から見た好ましい教師観である。

　伊藤（1995）は、教師の理想を 6 タイプ（友達のように親近感がある、やさしくて寛容、悩み相談をする、授業指導を重視する、学級運営がうまい、公平な先生）に分けている。また、教師に求められる資質として、教科指導や能力、適応性の習得を目的とする訓育的側面と、生徒自身の自己成長性を引き出すことを主眼とする教育相談という予防的側面があるという。前者は専門技術の伝達など教育技術であり、後者は人間的成熟を促進し子どもを見守るカウンセラー的機能であり、教師には相反する役割が期待されていることを強調している。

　Moskowitz（1976）は、傑出した（outstanding）外国語教師の特徴を 31 項目挙げている。彼は傑出した外国語教師の教室内の相互作用について検討し、優れた教師は当該言語を習得し、学習者をほめる、身近な活動を多く取り入れる、辛抱強い、批判しないなど、非言語的メッセージを活用していたことを見出した。また、高見澤（1996）は、日本語教師志望者に対し、教師に求められる条件を次のように言及している。その条件としてモデルたりうる日本語能力、教授法、学習者の意欲や不安などの情意面への配慮、日本の知識、異文化を受け入れ尊敬する態度、明るく、親切、根気強い、創造性があるなどの性格を挙げている。

　坂野（1999）は、学習者から見た良い教師像について 19 項目を用いて日米学習者の比較を行った。有意差が生じた項目については、アメリカ人学習者は教え方がよい、忍耐強い、創造的、学生をばかにしないなどを挙げ、一方、日本人学生は、楽しませてくれる、ユーモアがある、心が広い、公平、信頼できることを挙げた。このように日米によって教師像は異なり、日本人学生にとっては親しみやすく、楽しい、ユーモアがあることなどがよい教師の重要な要因であることが示唆された。

　久富（1990）は、父母と教師に、期待される教師として、15 項目（授業や生徒指導に熱心な、教え方のうまい、親しみやすい、受験に通じている、専門知識の豊富な、

一般知識の豊富な、親切で公平に扱う、子どもの気持ちが良くわかる、勉強を良くする、ユーモアのある、人格の円満な、個性のある、組合活動に熱心な、いわゆるサラリーマン的な、地域とのつながりを大事にする）のうち3つを選択させ、教師と父母を比較した。その結果、子どもの気持ちがわかる先生、授業、生活指導に熱心な先生が共に上位を占めた。一方、最近増えた教師のタイプを挙げさせたところ、いわゆるサラリーマン的な先生、親しみやすい先生が両者ともに上位を占めた。

　教育価値観の第2の領域は、教師から見た好ましい学生観である。Brophy & Good（1974）は、教師が、熱心に勉強し応答的で信頼できる学力の高い学生に好意的に反応することを挙げている。その理由を学力の高い生徒のほうが教師との接触量が高く、教師にとって刺激的で報酬的だからと説明している。また、著者たちは、注意深く自主的に勉強をし、教師の示す規則に従順な生徒が教師から高い肯定的期待や好意的態度をもたれやすいとも述べている。

　加藤・加瀬・大野・石井（1987）は、日米の教師を対象に、将来、中学生や高校生がどのような人間になってほしいかという質問をした。日本の教師は、思想・信条、自律性重視、徳性涵養、責任感尊重などのように、人間的、抽象的、情緒的な人格完成型を理想として挙げたのに対し、アメリカの教師は、有用な技術を習得し社会に貢献すること、国際的視野にたって人類に有用な仕事をすることなど、より社会的、実践的な面が強く、社会貢献型の人物像を期待していた。

　教育価値観の第3の領域は、教育方法と教育目標を示す教育そのもののあり方を反映する教育観、指導観である。星野（1989）は、坂田（1978）のコミュニケーションという観点に基づいて、教育の特徴を述べている。その特徴は、①人間のコミュニケーション能力は教育によって与えられる、②目的的、意図的になされるコミュニケーションとして、社会に望ましい行動を助長し、そうでないものを抑制するとする、③教育は文化の総体を人間に伝達する意図をもち、世代から世代への文化の伝承という機能をもつ、④教えるものと教えられるものという関係を前提としており、主として縦の関係にある、⑤集団化、社会化を促すものであり、親子、生徒の関係や、役割認知、

家庭や学校という集団への帰属や同調行動を促す目的を持ってなされる、というものである。

東・柏木（1989）は、日米の授業の比較を複数の視点から行っている。たとえば、授業中の教師の働きかけについて、日本では学級全体に働きかけているのに対し、アメリカでは個人に対し働きかけをしているという。また、アメリカの授業は、発散的な好奇心・探索心をばねにして子どもたちが学習していくというやり方であるのに対し、日本の授業は受容的ながんばり、つまり、教師と生徒が課題意識を一つにして辛抱強くやることを前提としている。従って、日本では生徒の教師に対する感受性が求められる一方、生徒に対する教師の感受性も重要となる。つまり、両者が感応しあって、母性原理の包み込みの世界を作っていくと、著者たちは日本の教師の働きかけを説明している。

また、教育には、子どもの独立性を養い自発性、内発的動機づけを高めようとする学習方法と教師との相互依存性を強めていき、同一化、モデリングを促そうとする学習方法の2つがあるが、日本の教育文化は後者の相互依存的な包み込み型であり、アメリカは前者の対決型ということができると、東・柏木は述べている。

佐藤（1990）は、日米の教師の学習指導の特質の違いについて、日本の教員は教科書中心の講義形式の授業をし、勉強の遅れている子を多く指名するというような成績の下位の生徒を中心に行っており、試験を意識させないような努力をしている。しかし、アメリカの教員は業績主義を反映し、成績優秀者を中心に授業を進めていくやり方をしていると述べている。また、生徒指導観については、学校全体の規律を守ることが第一だという項目が、アメリカでは90％、日本では84％が「そう思う」と答えており、日米ともに教員の管理主義的側面が見られた。

さらに、佐藤は、日本の教員の指導観を数量化Ⅲ類による類型化を試みた。その結果、履修主義と管理主義の2軸が見いだされ、これらの組み合わせによって、教師の指導観は、規格型（履修主義、管理主義共に強）、割り切り型（履修主義強、管理主義弱）、専心型（履修主義弱、管理主義強）、援助型（履修主義弱、管理主義弱）の4タイプに分けられることを示した。

以上のように、教育に関する価値観を望ましい教師観、望ましい学生観、望ましい教育観に分けて先行研究を概観した。この中には、教育に関する価値観そのものを扱った研究もあれば、他の説明変数に関連する要因として教育に関する価値観を扱った研究も含んでいるが、本研究では、こうした教育の諸側面について人々がいだく理想や期待を教育価値観という用語で、包括的に表現することにした。より明確には、教育価値観とは、望ましい教育のあり方について人々が抱いている信念の集合体で、一般には、良い教師、良い学生とはどのような人か、また、良い教え方とはどのようなものかなどに関する信念と定義した。

　上述した教育価値観を3つの領域ごとに要約すると、望ましい教師として研究者たちは、学生の自律性を高める、学生に対する配慮と熱意がある、豊富な知識をもち専門的な教授技能があることなどを重視していた。望ましい学生としては、教師に対して従順で、自発的に学習しようとする意思をもち、社会貢献的志向性をもっていることなどを重視していた。また、教育の内容については、あるべき機能を次世代に伝達すること、縦の人間関係を強化すること、子どもの集団に対する帰属と同調を促すなど集団主義的な伝統性を重視する反面、子どもの独立性や内発的動機づけを高める個人主義的側面も重視していた。

(2) 教育価値観と一般的価値観

　こうした教育価値観をSchwartzなどの研究をもとに示した一般的価値観の価値次元（第3節）と照らし合わせてみると、いくつかの共通点と相違点が見られる。共通点については、一般的価値次元において、自律性とされたものは個人の自律と自由を尊重する次元で、これは教育価値観では、理想的教育観の子どもの独立性や内発的動機づけを高める学生の自律性を促す教育観に対応する。それに対して、一般的価値次元において保守性とされたものは、社会規範を重視し人間関係の調和を尊重する価値であるが、これは教育価値観では、理想的学生観のうち教師に対して従順であることや、次世代へと継承すべき教育の機能を重視することに対応する。また、一般的価値次

元において、支配性とされたものは、序列的人間関係を重視する価値であるが、これは教育価値観では、教師と学生の縦の人間関係を尊重する理想的教師観が対応する。一般的価値次元の中で、平等性とされたものは、人々の間の平等な人間関係を強調する価値であるが、これは教育価値観では、学生に対する対等な立場を尊重する理想的教師観に対応する。

このように、一般的価値次元と教育価値観にはいくつかの類似点が認められる。どちらも価値観であり、また、一般的価値次元は教育価値観を含むものと考えられるので、類似点が見られるのは当然であろう。具体的には、一般的価値次元のうち、保守性、支配性、平等性に当たる価値が教育価値観にも見られた。しかし、その一方で、教育価値観としては注目されるが、一般的価値次元としてはそれほど重視されないものも見られた。それは、教育において教師の専門的技能を重視することや、学生に対して社会貢献的態度を期待することなどである。それ故、これらは教育価値観独自の次元と思われる。

以上により、教育価値観には、一般的価値次元が反映されている共通性と教育価値観そのものがもつ独自性があり、両方の側面を考えなくてはならないことが示された。

第5節　結　語

第1節では、葛藤を定義し、葛藤解決方略の分類について次元モデルと類型モデルを概観した。第2節では、本研究における文化の定義を明示し、葛藤解決方略における文化差、原因帰属、異文化間葛藤の比較研究を概観した。第3節では、価値観を定義し、社会心理学における文化的価値観に関する研究を概観した。第4節では、教育価値観を領域ごとに概観し、一般的価値観と本研究の教育価値観との関連について述べた。本研究の対象者である異文化間の教育場面（ここでは広く教育場面で生じた日本人教師と留学生の葛藤を扱うこととする）で起こる葛藤の多くは、日本人教師とアジア系留学生を含むものである。従って、教育場面における葛藤解決には、教育価値観を導入し検

討することが重要であることが示唆された。

　さらに、本章で見出された葛藤解決方略における比較文化研究のこれまでの問題は、①同文化内の葛藤解決方略の比較が中心であり、日本社会の中で起こる異文化間の葛藤解決方略の比較がほとんど行われてこなかったこと、②異文化間比較を行う場合では、集団主義、個人主義の枠組みだけでは説明しきれないこと、③集団主義といわれる国同士（中国や韓国などのアジア諸国）の比較があまり行われてこなかったことが挙げられた。

　本研究では、異文化間葛藤の背景には、教育に関する価値観の文化的差異が存在することを仮定している。そのため、在日留学生の国別の教育価値観を構成する尺度を作成し、教育価値観を中国、韓国人学生、日本人学生を対象に測定し、教育価値観がどのように葛藤解決方略に影響するかを検討する。従って、次章では、教育価値観の理論的カテゴリーと項目の収集と選抜を行うことから始める。

第Ⅱ部

教育価値観の尺度作成、教育価値観と葛藤解決に関する実証研究

第❸章

教育価値観の理論的分析
——項目の収集と選抜

・・・

　日本人の日本語教師と留学生の間で生じた異文化間葛藤は、教育場面であることから文化的に異なる教育価値観の影響を強く受けやすい。それゆえ、異文化間葛藤の原因を探り、葛藤に対する当事者たちの反応を理解するには、その背後にあると仮定される教育価値観に焦点を当てる必要がある。そこで、本研究では、教育価値観の仕組みを明らかにし、また、これを適切に測定する方法を探ることを目指す。即ち、本研究の目的は、教育価値観の内容を理論的に分析し、これを測定するための理論的カテゴリーを見出し、項目を収集し選抜することである。

第 1 節　教育価値観の理論的分析と項目の作成　研究 1

　教育価値観とは、既に述べたように、望ましい教育について人々が抱く信念の集合体である。広義の教育は、家庭、地域、職場など社会の各領域で行われている指導・訓練などをすべて含むが、本研究では、学校教育に絞ってその価値観を分析する。学校における教育とは、教師と学生の間で生起する教授・学習過程なので、教育価値観もそれらの要素に分けて考えることができると思われる。そこで、すでに第 2 章で述べたように、教育価値観は、理想的教師観（Moskowitz, 1976; 坂野, 1999; 伊藤, 2000 ほか）、理想的学生観（Brophy & Good, 1974; 伊藤, 1995 ほか）、理想的教育観（東・柏木, 1989; 佐藤, 1990 ほか）

の3領域に分けられると仮定する。理想的教師観とは、どんな教師が理想的かに関する信念、理想的学生観とは、どんな学生が理想的かに関する信念、理想的教育観とは、教育に期待される役割や機能に関する信念である。第1節の目的は、これらの教育価値観の3領域に関連する意見項目を収集し、その構造を理論的に検討することである。

(1) 意見項目の収集

　まず、教育価値観について人々の考えを聞き、そこからこれに関する項目を収集した。教育は、その当事者である学生や教師だけでなく、学生の親、あるいは一般の人々も含め、ほとんどの人が関心をもつ重要な社会制度であり、また社会機能である。従って、誰を対象にしても教育価値観について回答を得ることは可能である。しかし、教育現場に直接接している人々の方が、この問題について関心が強く、また、豊富な知識を持っていると考えられるので、まず、教師に対して教育価値観を尋ねた。2001年1月末から4月末にかけて、大学及び日本語教育機関において留学生に日本語を教えている日本人教師84名に、教育価値観について問う質問紙を配布し、36名から回答を得た。質問内容は「一般的に良い教師とはどんな人ですか」(理想的教師観)、「一般的に良い学生とはどんな人ですか」(理想的学生観)、「一般的に教育において最も大事なことは何ですか」(理想的教育観)というもので、それぞれについて考えを自由記述させた。

　次に、教育のもう一方の担い手である学生たちからも意見を聞いた。同じ調査票を2000年10月末から11月にかけて、ある国立大学と私立大学において講義終了後に学生たちに配布し、日本人学生15名と外国人留学生25名(中国11名、韓国3名、ミャンマー3名、マレーシア2名、ドイツ1名、ロシア1名、オーストラリア1名、アメリカ1名、ブラジル1名、フィリピン1名)から回答を得た。

　上記の調査のほかに、関連文献から教育価値観に関する項目収集を試みた。理想的教師観については、NHK世論調査 (1984)、坂野 (1999)、伊藤 (2000) などの研究論文や調査報告書、理想的学生観については Friedman (1994)、加藤・加瀬ほか (1987)、伊藤 (1995) の、また、理想的教育観につい

てはHargreaves（1972）、佐藤（(1990）、李（1998）などの論文に記載された記述をもとに項目収集を行った。

(2) 下位領域と次元

　対象者による自由記述や文献に見いだされる記述を書き出して項目を収集したところ、表3-1に示すように、全部で192項目が得られた。それらを分類・整理する作業を通して、教育価値観の3領域についてそれぞれ下記のような下位領域と次元を仮定した。

　まず、理想的教師観を教師の属性と学生に対する態度の2つの下位領域に分けた。さらに、教師の属性は、①専門性、②情熱、③人格、④指導方法の4次元からなると仮定した。これらのうち、専門性の次元とは、教師が専門分野に精通しており博識であることで、表3-1に示すように、たとえば「専門分野の知識が豊富だ」、「博識で視野が広い」などの項目からなる。情熱の次元は、教師の教育に対する熱意を表し、「学生に忍耐強く説明する」、「熱心に指導する」などの項目からなる。人格の次元とは、教師としての人柄を表し、その例は「公平だ」、「正義感が強い」などである。「指導方法」とは、教師の学生に対する教え方のことで、「学生を励まし希望を与える」、「学生の長所を誉める」などの項目を含む。もう一方の下位領域である「学生に対する態度」に関しては、⑤親和性、⑥権威性の2次元が仮定された。親和性の次元は、教師の方から学生に近づき、学生を理解しようとする態度で、「親しみやすい」、「学生とのコミュニケーションを積極的にとる」などの項目である。権威性の次元は、教師が学生に対し威厳をもって接することであり、「教師として威厳を持って接する」、「クラスのことは教師がすべてを決める」などの項目からなる。

　理想的学生観の下位領域は学生の属性と教師に対する態度である。学生の属性については、①学習意欲、②社会規範遵守の2次元、教師に対する態度に関しては、③開放性、④独立性の2次元を仮定した。学習意欲の次元は、学生がいろいろな関心をもち熱心に学習に取り組むことで、「好奇心が旺盛で積極的だ」、「努力を惜しまず向上心がある」などの項目を含む。社会規範

遵守の次元は、学生が学校の規則を守ることで、「授業のじゃまになるようなことはしない」、「欠席や遅刻をしない」などの項目である。開放性の次元は、教師に対する学生の心理的距離があまりなく、素直に助言を受け入れることであり、「教師に親しく話しかける」、「思っていることを素直に表現する」などの項目を含む。独立性の次元は教師に対する学生の独立心の強さであり、「自分の考えや意見を優先する」、「教師の指示した方法に従う」などの項目である。

　理想的教育観には下位領域はなく、①潜在能力の開発、②社会理念の伝達、③社会化、④自律性、⑤社会貢献、⑥国際化の6次元を仮定した。潜在能力の開発の次元は、学生の潜在力を見出し伸ばすことであり、「学生の意欲を引き出す」、「可能性や素質を引き出す」などの項目を含んでいる。社会理念の伝達の次元は、学生に社会や人間の生き方などを伝達することであり、「学生に誇りと自尊心を持たせる」、「人間と社会に関するメッセージを伝える」等の項目がこれにあたる。社会化の次元は、社会の規則や期待された行動を身につけさせることであり、「社会の規則を教える」、「世間の常識を教える」などの項目を含んでいる。自律性の次元は、自分で判断し行動する人の育成であり、「自制心が強い人間を育てる」、「ものごとを最後までやりとおす人間を育てる」などの項目がある。社会貢献の次元は、社会や人に役に立つ人の育成であり、「人のために役立つ人間を育てる」、「社会に貢献する人間を育てる」などの項目が含まれる。国際性の次元は、国際社会で通用する人の育成であり、「異文化を理解し異文化の人々と積極的に交流する人間を育てる」「ものごとを地球規模で考える人間を育てる」などの項目からなる。

(3) 教育価値観の理論的カテゴリーと項目の作成

　表3-1のとおり、すでに、教育価値観を理想的教師観、理想的学生観、理想的教育観の3領域に分け、教師や学生による自由記述、文献調査などを通してこれらに関連する意見項目を合計192個収集した。これらを分類・整理する作業を通して、3領域の各々において理論的次元を仮定した。理想的教

表 3-1 収集された教育価値観 192 項目(その 1)

理想的教師観

教師の属性	学生に対する態度
専門性	親和性
・教科内容を学生に十分理解させられる	・親しみやすい
・専門分野の知識が豊富だ	・学生とコミュニケーションを積極的にとる
・いろいろな授業方法を工夫する	・学生の気持ちを理解しようとする
・教え方が上手だ	・学生の考えや意見を真剣に聞く
・博識で視野が広い	・学生の相談に積極的に耳を傾ける
・説明がわかりやすい	・学生の指導を通して教師も学べると思う
・教科内容を学生に十分理解させられない△	・学生との距離を一定に置く
・専門分野の知識が乏しい△	・学生の考えや意見に振り回されないようにする
・授業方法が単調だ△	・学生とのコミュニケーションは極力避ける△
・教え方が下手だ△	・学生の気持ちより教師の意向を通す△
・ものの見方が一面的で幅広い知識がない△	・教師は相談より教えることを重視すべきだと思う△
・説明が難解だ△	・学生の指導と教師が学ぶことは別だと思う△
情熱	威厳性
・学生に忍耐強く説明する	・教師として威厳を持って学生に接する
・学生に対して熱心に指導する	・教師はクラス内で学生の従うべき秩序を作る
・教育に対しやりたいことがたくさんある	・クラスのことはすべて教師が決める
・学生に教えることが喜びだ	・教師中心の授業に学生が従うことを期待する
・教育に理想と希望をもっている	・クラスでは教師と学生の関係は上下関係だ
・自分の時間を学生への教育にほとんど費やしている	・教師は学生に尊敬されるべきだ
・学生が何回も質問をすると嫌がる△	・教師は学生と対等な立場で接する
・学生の指導よりも自分の研究の方を重視する△	・教師は学生と守るべき規則を共に考え作る
・教育に対しそれほど関心がない△	・クラスでは学生の自主性を重んじる
・教えることは仕事である△	・教師は学生中心の授業を期待する
・現実を考えると教育には期待できない△	・クラスでは教師と学生の関係は平等だ
・教育は限られた時間内で行う△	・教師と学生は同じ仲間だ
人格性	
・正義感が強い	
・学生に対し公平である	
・学生と話すときユーモアが必要だ	
・学生に対し穏やかに接する	
・高潔だ	
・教師は知識より信頼されることが重要だ	
・学生に対し厳しく接する	
・正義感は教育に関係ない△	
・すべての学生に公平に接しなくてもよい△	
・学生と話すときにはユーモアは必要ない△	
・高潔さは重視しない△	
・教師は信頼より知識を与えることが重要だ△	
指導方法	
・学生の長所を誉める	
・楽しませるスキルをもつ	
・体系的な授業をする	
・学生を励まし希望を与える	
・学生を主体にやる気にさせる	
・重要なことを取り上げる	
・学生のできないところを叱咤する	
・苦労して学ばせる	
・部分に分け授業をする	
・学生を叱咤し厳しく学習させる	
・教師が主体でやり方を考える	
・細部を細かく取り上げる	

(注) △は逆転項目を示す

表 3-1　収集された教育価値観 192 項目（その 2）

理想的学生観

学生の属性	教師に対する態度
学習意欲	開放性
・学習に真剣に取り組む	・教師に親しく話しかける
・好奇心が旺盛で積極的だ	・授業中、熱心で教師に協力的だ
・学習への目的意識が明確だ	・教師に刺激を与えてくれる
・努力を惜しまず向上心がある	・思っていることを素直に表現する
・ものごとに対し疑問をもち積極的に意見を述べる	・教師に積極的にユーモアを持って接する
・学習内容をよく理解し自分の目標が達成できる	・教師の意見に早く反応する
・学習の取り組み方が消極的だ△	・教師とは親しく話をしたいとは思わない△
・授業は単位さえ取得できればよい△	・授業は教師が一人で勝手にやればよい△
・学習への目的意識が曖昧だ△	・教師の言うことに関心を示さない△
・努力は最低限すればよい△	・教師に思っていることを言っても仕方ない△
・教育は教師が行うことで学生がとやかく意見を述べる必要はない△	・教師に積極的に関わりたいと思わない△
・学習内容があまり理解できなくてもかまわない△	・教師の話にあまり反応しない△
社会規範遵守	独立性
・授業のじゃまになることはしない	・自分の考えや意見を優先する
・欠席や遅刻をしない	・自分の行動は自分で決め自分で責任をとる
・クラス内の規則は絶対守らなければいけない	・自分のやり方で学習を進める
・自分の考えが正しいと思っても人に迷惑をかけてはいけない	・進路は自分の好きな分野にこだわり助言は聞かない
・クラスでは絶対波風を立たせてはいけないと思う	・困ったときや問題が生じたときは自分で解決しようとする
・教師に注意されたことは素直に聞	・学習することの意味や目標を自分なりに考えている
・教師の授業をさえぎってもかまわない	・教師の意見を重視する
・自分にとって重要なことがあれば欠席や遅刻をしてもかまわない	・自分の行動は教師に任せ助言に従う
・自分が納得できない規則を守る必要はない	・教師の指示した方法に従う
・自分の考えが正しいと思ったら人に迷惑をかけても仕方がない	・進路は教師に相談した上で教師の助言に任せる
・人間同士なら波風が立つことがあっても当然だ	・困ったときや問題が生じたときは教師に解決を委ねる
・教師に注意されても自分が正しいと思えば従わない	・学習することの意味や目標を教えてもらいたいと思っている

（注）△は逆転項目を示す

表 3-1　収集された教育価値観 192 項目（その 3）

理想的教育観

学生の属性	教師に対する態度
潜在能力の開発	自律性への期待
・学生の個性や独創性を伸ばせるようにする	・ものごとを最後までやり通す人間を育てる
・学生の意欲を起こさせる	・自分で方向性を決め行動する
・学生の学ぼうとする自主性を重んじる	・自分で判断し行動する人間を育てる
・学生の好奇心や知識欲を満たす	・自分自身と民族としてのアイデンティティをもつ
・学生の素質や可能性を引き出す	・自制心が強い人間を育てる
・学生の自己成長を促す	・苦しくても自分一人で忍耐強く我慢する
・教師は自分が満足する教育内容を行うことが重要だ	・自分を苦しめずある程度のところで納得する
・学生は日々与えられたことを行う	・教師が方向性を決め学生が従う
・学生は教師の指示に従う	・人の意見を素直に聞ける人間を育てる
・学生は教師の講義内容を理解していればよい	・民族としてのアイデンティティに固執せず人との関係を重視する
・教師は定められたカリキュラムをきちんとこなす	・自分の欲求に忠実に生きる
・学生は教師がしっかり指導し成長させる	・無理をせず自由な行動をする
社会理念の伝達	社会貢献への期待
・津酔寿・技術の重要性を熱心に伝達する	・人間の愛、人間関係が大事だ
・失敗しても何度も励まし希望を与える	・他人のために自分が犠牲になる
・長所と短所があったら長所を誉める	・人類の難問に立ち向かい解決する力を養成する
・学生の今のままを受容する	・人のために役に立つ人間を育てる
・学生に誇りと自尊心を持たせる	・社会のために貢献する人間を育てる
・人間と社会に関するメッセージを伝える	・人類と環境を守ることが大事だ
・知識・技術の伝達は重要ではない	・人間関係より自分のことだけを考える
・失敗したら二度としないようにする	・自分のために生きることが重要だ
・長所と短所があったら短所の改善を優先する	・自分の問題解決能力の向上を優先する
・学生に今のままではだめだと頑張らせる	・自分のやるべきことを優先させる
・教師の役割は学生に自尊心を持たせることではない	・自分自身を大切にする人間を育てる
・教師はメッセージを伝える必要はない	・自分と家族を守ることが大事だ
社会化への期待	国際性への期待
・他人への思いやりを身につけさせる	・異文化を理解し異文化の人々と交流する人間を育てる
・人に迷惑をかけない	・外国や異文化に関心をもち理解することが重要だ
・人との協調性や謙虚さを身につける	・地球規模で環境を守ることが重要だ
・社会の規則を教える	・日本と世界の歴史を重視する
・世間の常識を教える	・世界平和を重視する
・礼儀作法をしっかり身につけさせる	・ものごとを地球規模で考えられる人を育てる
・他人への思いやりよりは自分のことを考える方が大切だ	・外国人との交流折り自分自身とその周囲に関心をもつべきだ
・人に迷惑をかけてもやりたいことは行う	・自国の伝統や文化を大切にする人間を育てる
・人との協調より自分の考えを通す	・環境を守ることより個人の生活向上を重視する
・規則に縛られず自由に行動することを促す	・過去の歴史にはそれほどこだわることはない
・世間の常識にとらわれず自由な生き方を促す	・自国を守るためには戦争が必要なときもある
・礼儀作法を気にせず自分の好きなやり方をすればよい	・個人を大事にする人を育てる

師観は教師の属性と学生に対する態度の下位領域を設け、それらに対して合計6次元、理想的学生観に関しては、学生の属性と教師に対する態度の下位領域に合計4次元、また、理想的教育観には6次元を仮定した。

(4) 項目の選抜

192項目から、以下のような基準で領域ごとに項目選抜を行った。①内容が重複したり類似したりしたものを除外する。②「専門分野の知識が豊富だ」など、価値内容を明示的に表現した項目を優先し、「専門分野の知識が乏しい」、「教え方が下手だ」などの逆転項目は除外する。③「教師は学生と対等な立場で接する」、「教師として威厳を持って学生に接する」など、文化的差異が生じると考えられる項目は採用した。その結果、表3-2のとおり、理想的教師観は6次元、16項目、理想的学生観は4次元、10項目、理想的教育観は6次元、19項目が選択された。以上のとおり、教育価値観の理論的分析を行い、収集された192項目から45項目までに項目の選抜を行った。

表 3-2 選抜された 45 項目の教育価値観

理想的教師観	理想的学生観	理想的教育観
教師の属性 **専門性** ・専門分野の知識が豊富だ ・いろいろな授業方法を工夫する ・説明がわかりやすい ・博識で視野が広い **学生に対する態度** **親和性** ・学生とコミュニケーションを積極的に取る ・親しみやすい **権威性** ・教師としては威厳を持って学生に接する ・教師は学生と対等な立場で接する ・クラスのことは教師がすべて決める **情熱** ・学生に忍耐強く説明する ・熱心に指導する **人格** ・公平だ ・正義感が強い **指導方法** ・学生を励まし希望を与える ・学生の長所を褒める	**学生の属性** **学習意欲** ・好奇心が旺盛で積極的だ ・努力を惜しまず向上心がある **社会規範遵守** ・授業のじゃまになることはしない ・欠席や遅刻をしない **教師に対する態度** **開放性** ・教師に親しく話しかける ・思っていることを素直に表現する **独立性** ・自分の考えや意見を優先する ・自分のやり方で学習を進める ・自分の意見を尊重する ・教師の意見の指示した方法に従う	**潜在能力の開発** ・学生の意欲を引き出す ・学生の素質や可能性を引き出す ・定められたカリキュラムをきちんとこなす **社会理念の伝達** ・学生に誇りと自尊心を持たせる ・人間と社会に関するメッセージを伝える **社会化への期待** ・社会の規則や常識を教える ・世間の常識を教える ・規則に縛られず自由に行動することを促す ・世間の常識にとらわれない自由な生き方を促す **学生の自律への期待** ・ものごとを最後までやり通す人間を育てる ・自分で判断し行動する人間を育てる ・自制心が強い人間を育てる ・人の意見を素直に聞ける人間を育てる **学生の社会貢献への期待** ・人のために役立つ人間を育てる ・社会に貢献する人間を育てる ・自分自身を大切にする人間を育てる **学生の国際化への期待** ・異文化を理解し異文化の人々と交流する人間を育てる ・ものごとを地球規模で考える人間を育てる ・自国の伝統や文化を大切にする人間を育てる

第2節　結　語

　第3章では、教育価値観の3領域（教育観、教師観、学生観）の次元と構造について、理論的分析を基に項目を選抜した。第1節では、日本人教師と留学生の葛藤解決行動の背後にある教育価値観（教育に関する価値観、教師観、学生観）の違いに注目した研究が必要だと考え、教育価値観の内容を理論的に分析し、測定する尺度を開発するために行われた。まず、教育価値観の理想的教育観、理想的学生観、理想的教育観の3領域の項目を収集し、192項目が得られた。次に、それらを分類し、整理した結果、理想的教師観は6次元16項目、理想的学生観は4次元10項目、理想的教育観は6次元19項目の合計45項目にまで選抜した。第4章では、これらの教育価値観の理論的に見出された45項目の因子構造を明らかにし、教育価値観尺度を作成し異文化間比較を行うことにする。

第❹章

教育価値観尺度の作成と異文化間比較

　第3章（研究1）では、教育価値観を理想的教師観、理想的学生観、理想的教育観の3領域に分け、これらに関する教師や学生の自由記述や教育価値観に関する内外の著述を分析することによって、教育価値観を測定する項目を収集した。さらに、それらの項目を類似性によって分類した結果、3領域、16の理論的カテゴリーを見出し、45項目を選抜した。第4章では、異文化間比較を行う前に、まず、第3章で作成した45項目を用いて因子分析を行い、教育価値観項目の因子構造を検討し、教育価値観尺度を作成すること（研究2）、その尺度を用いて教育場面に関わる日本人の日本語教師、日本人学生、中国人学生、韓国人学生の教育価値観を測定し、それらの間で比較を行うこと（研究3）。次に、項目を選抜し教育価値観尺度（短縮版）を作成し（研究4）、それを用いて研究3と異なる分析方法で日本人学生、中国人学生、韓国人学生の間で比較を行うことにする（研究5）。さらに、教育価値観の上位因子構造を明らかにし学生集団間の比較を行い（研究6）、教育価値観の個別次元、包括次元とSchwartzなどの一般的価値次元との関連について議論する。

第 1 節　教育価値観尺度の作成と因子構造の検討 研究2

(1) 目　的

　第1節では第3章（研究1）で作成した教育価値観項目について、領域ごとに項目の因子構造の検討を行うこと、それに基づいて教育価値観尺度を作成することを目的とする（研究2）。

(2) 方　法

対象者
　本研究の対象者は、193名の国立大学2校の日本人学生で、2001年6月に質問紙調査が実施された。

手続き
　第3章では教育価値観項目を領域ごとに理論的にカテゴリー化したが、これがどの程度妥当であるか検討するために、因子分析を試みた。質問調査票は理想的教師観、理想的学生観、理想的教育観の3つに分かれており、それぞれの領域で項目をランダムに配置した。教示文は、理想的教師観については「一般的にあなたにとって『よい教師』とはどんな人だと思いますか。あなたは良い教師の条件として次の項目についてどのくらい重要だと思いますか」、理想的学生観については「一般的にあなたにとって『よい学生』とはどんな人だと思いますか。あなたは良い学生の条件として次の項目についてどのくらい重要だと思いますか」、理想的教育観については「一般的に教育において大事だと思うことは何ですか。次の項目についてどのくらい重要だと思いますか」である。回答に当たっては各項目を「最も重要である」5）〜「あまり重要でない」1）の5段階尺度で評定させた。

(3) 結　果

　因子分析は、表4-1のとおり理想的教師観、理想的学生観、理想的教育観の3領域別に行った。まず、理想的教師観を測定する16項目について主成分分析とオブリミン斜交回転による因子分析を行った結果、4因子になった（表4-1）。第1因子においては、情熱、指導方法、人格などのカテゴリーに属する7項目が高負荷を示したので、熱意を表す次元であろうと解釈した。第2因子においては、専門性カテゴリーに属する4項目が高負荷を示したので、専門性を表す次元と見なされる。第3因子は学生の自主性を表す2項目が高負荷を示したので、学生尊重を表す次元と解釈できる。第4因子では教師の権威性などの3項目が高負荷を示したので、教師主導と見なされる。因子分析結果を理論的カテゴリーと照らし合わせると、指導方法と人格のカテゴリーが熱意に含まれる結果となった。

　次に、理想的学生観10項目については主成分分析とバリマックス回転による因子分析を行った（表4-1）。3因子が見いだされ、第1因子においては、好奇心や努力などに関する4項目が高負荷を示したので、学習意欲と解釈できる。第2因子は、教師への態度における独立性、依存性、開放性に関する4項目が高負荷を示したので、従順と解釈できる。第3因子は、社会規範遵守に関する2項目が高負荷を示したので、規則遵守と見なされる。分析結果を理論的カテゴリーと比べると、学習意欲や従順の中に思っていることを素直に表現するという開放性や自分のやり方で学習を進めるというように、独立性の一部の項目が含まれる結果となった。

　理想的教育観19項目について、主成分分析とバリマックス回転による因子分析を行った（表4-1）。5因子が見いだされたが、第1因子においては、社会貢献と自律性に関する6項目が高負荷を示したので、人材教育と解釈できる。第2因子では、国際性、自尊感情に関する4項目が高負荷を示したので、文化的視野と解釈できる。第3因子は潜在能力の開発、自律性に関する3項目が高負荷を示したので、自主独立と解釈できる。第4因子は、社会規範の遵守、社会理念の伝達に関する4項目が高負荷を示したので、社会化と解釈できる。第5因子は社会規範の不遵守、自由な行動を含む2項目が高負

表 4-1 教育価値観項目の因子分析

領域	項目	因子名	I	II	III	IV	V
理想的教師観	学生を励まし希望を与える	教師の熱意	**0.789**	0.188	0.343	0.155	
	正義感が強い		**0.780**	0.328	0.198	0.324	
	熱心に指導する		**0.734**	0.234	0.353	0.135	
	学生に忍耐強く説明する		**0.715**	0.404	−0.029	0.201	
	学生の長所を誉める		**0.712**	0.575	0.127	0.113	
	公平だ		**0.664**	0.148	0.208	−0.073	
	親しみやすい		**0.542**	0.074	0.424	0.422	
	専門分野の知識が豊富だ	教師の専門性	0.082	**0.753**	0.122	0.192	
	博識で視野が広い		0.265	**0.705**	0.005	0.178	
	いろいろな授業方法を工夫する		0.371	**0.679**	0.322	0.189	
	説明がわかりやすい		0.242	**0.594**	0.055	0.093	
	教師は学生と対等な立場で接する	学生尊重	0.172	0.107	**0.813**	0.185	
	クラスでは学生の自主性を重んじる		0.342	0.185	**0.758**	0.071	
	教師として威厳をもって学生に接する	教師主導	0.220	0.274	0.032	**0.759**	
	クラスのことは教師がすべて決める		−0.057	0.153	0.143	**0.647**	
	学生とコミュニケーションを積極的にとる		0.416	0.049	0.178	**0.489**	
	寄与		4.166	2.744	1.928	1.771	
理想的学生観	好奇心が旺盛で積極的だ	学習意欲	**0.796**	0.063	0.201		
	努力を惜しまず向上心がある		**0.745**	−0.032	0.390		
	思っていることを素直に表現する		**0.642**	0.271	−0.017		
	自分のやり方で学習を進める		**0.585**	0.378	−0.290		
	教師の意見を尊重する	従順	0.050	**0.797**	0.204		
	教師の指示した方法に従う		0.111	**0.787**	0.249		
	自分の考えや意見を優先する		0.194	**0.636**	−0.075		
	教師に親しく話しかける		0.412	**0.430**	0.184		
	授業のじゃまになることはしない	規則遵守	−0.002	0.141	**0.800**		
	欠席や遅刻をしない		0.294	0.164	**0.723**		
	寄与		2.251	2.112	1.582		
理想的教育観	人のために役立つ人間を育てる	人材教育	**0.797**	0.215	0.077	0.180	0.058
	社会に貢献する人間を育てる		**0.751**	0.303	−0.074	0.219	0.061
	人の意見を素直に聞ける人間を育てる		**0.709**	0.132	0.157	0.165	0.146
	自制心が強い人間を育てる		**0.701**	0.208	0.176	0.041	0.085
	ものごとを最後までやり通す人間を育てる		**0.607**	0.099	0.470	0.174	0.036
	自分自身を大切にする人間を育てる		**0.387**	0.353	0.103	0.084	0.144
	ものごとを地球規模で考える人間を育てる	文化的視野	0.264	**0.799**	0.105	−0.050	0.019
	自国の伝統や文化を大切にする人間を育てる		0.127	**0.759**	−0.011	0.301	−0.015
	異文化を理解し異文化の人々と積極的に交流する人間を育てる		0.396	**0.724**	0.184	−0.064	0.095
	学生に誇りと自尊心を持たせる		0.157	**0.454**	0.349	0.303	0.255
	学生の素質や可能性を引き出す	自主独立	0.088	0.152	**0.748**	0.183	0.095
	学生の意欲を引き出す		0.065	0.047	**0.726**	0.173	0.152
	自分で判断し行動する人間を育てる		0.458	0.142	**0.635**	−0.113	0.077
	社会の規則を教える	社会化	0.216	0.079	0.293	**0.746**	−0.074
	定められたカリキュラムをきちんとこなす		0.087	0.101	−0.182	**0.636**	0.393
	世間の常識を教える		0.409	−0.036	0.304	**0.594**	−0.091
	人と社会に関するメッセージを伝える		0.109	0.405	0.337	**0.539**	0.149
	世間の常識にとらわれない自由な生き方を促す	創造性	0.178	0.064	0.114	0.102	**0.829**
	規則に縛られず自由に行動することを促す		0.063	0.061	0.178	−0.005	**0.829**
	寄与		3.470	2.514	2.324	2.026	1.736

荷を示したので、創造性と見なされる。分析結果を理論的カテゴリーと比較すると、人材教育には社会貢献への期待と自律性が含まれた。また、社会化については、社会理念の伝達と潜在能力の開発の項目が含まれた。また、社会化の逆転項目である自由な行動や常識にとらわれない生き方は新たに創造性の因子とした。

　以上のように、教育価値観の理想的教師観、理想的学生観、理想的教育観の3領域ごとに因子分析を行った結果、理想的教師観は、熱意、専門性、学生尊重、教師主導の4因子、理想的学生観は、学習意欲、従順、規則遵守の3因子、理想的教育観に関しては、人材教育、文化的視野、自主独立、社会化、創造性の5因子が得られた。これをもとに因子負荷量が高く、内容的にも妥当性の高い項目を選択して教育価値観尺度を作成することを試みた。

　教育価値観尺度の作成に当たっては、表4-1の領域ごとの因子分析について、それぞれ見出された因子の項目が妥当かどうか、因子負荷量の高さとともに内容的な吟味を行った。理想的教師観のうち、熱意の因子に対して高負荷（0.7以上）を示した項目は、「学生を励まし希望を与える」、「正義感が強い」、「熱心に指導する」、「学生に忍耐強く説明する」、「学生の長所を誉める」であった。これらは、内容的にも熱意に合致しているので、この次元に相応しい項目とみなされる。やや負荷量は低いが、他の2項目、「公平だ」と「親しみやすい」も、教師の熱意ある態度を反映する項目と思われる。それ故、これらも熱意の次元を構成する相応しい項目としてとみなすことができる。

　専門性の因子に対して高負荷（0.5以上）を示した項目は、「専門分野の知識が豊富だ」、「博識で視野が広い」、「いろいろな授業方法を工夫する」、「説明がわかりやすい」の4項目であった。これらは、内容の点からも教師としての専門性や授業技術の向上を目指す態度として合致しているので、この次元に相応しいと考えられる。

　学生尊重の因子に対して高負荷（0.7以上）を示した項目は、「教師は学生と対等な立場で接する」、「クラスでは学生の自主性を重んじる」の2項目であった。これらは内容的にも学生の自主性を重視し尊重する態度に合致しており、この次元に相応しい項目とみなされる。

教師主導の因子に対して高負荷（0.4 以上）を示した項目は、「教師として威厳を持って学生に接する」、「クラスのことは教師がすべて決める」、「学生とのコミュニケーションを積極的にとる」の 3 項目だった。これらは、内容の点からも、教師中心的で積極的な学生指導を示す態度と合致しているので、この次元に相応しいと考えられる。

　次に、理想的学生観について、学習意欲の因子に対して、高負荷（0.5 以上）を示した項目は、「好奇心が旺盛で積極的だ」、「努力を惜しまず向上心がある」、「思っていることを素直に表現する」、「自分のやり方で学習を進める」の 4 項目であった。これらは、内容の点からも、学生の積極的な学習意欲を表す態度と合致しているので、この次元に相応しいとみなされる。

　従順の因子に対して高負荷（0.4 以上）を示した項目は、「教師の意見を尊重する」、「教師の指示した方法に従う」、「自分の考えや意見を優先する」、「教師に親しく話しかける」の 4 項目であった。これらは内容的にも、教師への従順など独立性に関する態度や教師とのよりよい人間関係を維持しようとする態度と合致しているので、この次元に相応しいとみなされる。

　規則遵守の因子に対して高負荷（0.7 以上）を示した項目は、「授業のじゃまになることはしない」、「欠席や遅刻をしない」の 2 項目であった。これらは内容の点からも、教室内における規範を遵守しようとする態度と合致しているので、この次元に相応しいとみなされる。

　理想的教育観について、人材教育の因子に対して高負荷（0.6 以上）を示した項目は、「社会に貢献する人間を育てる」、「人のために役立つ人間を育てる」、「人の意見を素直に聞ける人間を育てる」、「自制心が強い人間を育てる」、「ものごとを最後までやりとおす人間を育てる」の 5 項目であった。これらは内容の点からも、人類に貢献しようとする順社会的な態度と合致しているので、この次元に相応しい項目とみなされる。やや因子負荷量は低いが、「自分自身を大切にする人間を育てる」の 1 項目も内容的に人を重視する人材教育の態度を反映する項目と考えられる。従って、これも人材教育の次元を構成するに相応しいとみなすことができる。

　文化的視野の因子に対して高負荷（0.4 以上）を示した項目は、「異文化を理解し異文化の人々と積極的に交流する人間を育てる」、「自国の伝統や文化

を大切にする人間を育てる」、「ものごとを地球規模で考える人間を育てる」、「学生に誇りと自尊心を持たせる」であった。「異文化を理解し異文化の人々と積極的に交流する人間を育てる」、「ものごとを地球規模で考える人間を育てる」の項目は、内容の点からも、国際交流を重視する態度と合致しているので、この次元に相応しいと考えられる。「自国の伝統や文化を大切にする人間を育てる」、「学生に誇りと自尊心を持たせる」の項目については、異文化を理解する視点というより、自文化や自己を重視する視点であるが、相手の文化の尊重や異文化理解は、自文化の尊重や自己への気づきを同時に促す過程でもあるので、内容的に矛盾はないと考えられる。従って、これらも文化的視野の次元を構成するに相応しい項目とみなすことができる。

　自主独立の因子に対して高負荷（0.6以上）を示した項目は、「学生の素質や可能性を引き出す」、「学生の意欲を引き出す」、「自分で判断し行動する人間を育てる」の3項目であった。これらは内容的にも、学生の潜在能力を伸ばし、自主独立を促す態度と合致するので、この次元を構成するに相応しい項目とみなすことができる。

　社会化の因子に対して高負荷（0.5以上）を示した項目は、「社会の規則を教える」、「定められたカリキュラムをきちんとこなす」、「世間の常識を教える」、「人と社会に関するメッセージを伝える」の4項目であった。これらは内容的にも、社会規範を遵守し社会化を促す態度と合致するので、この次元を構成するに相応しい項目とみなすことができる。

　創造性の因子に対して高負荷（0.8以上）を示した項目は、「規則に縛られず自由に行動することを促す」、「世間の常識にとらわれない自由な生き方を促す」の2項目であった。これらは内容の点からも、自由な意思や創造性の開発の態度を反映する項目とみなされるので、創造性の次元を構成するに相応しい項目とみなすことができる。

　このように、表4-1の因子分析結果を項目ごとに、因子負荷量の高さ、内容的妥当性を基準に吟味した上で選定し、それぞれの因子を下位尺度とした。その結果、表4-2のとおり、3領域、12下位尺度、45項目の教育価値観尺度を作成した。理想的教師観は、熱意（7項目）、専門性（4項目）、学生尊重（2項目）、教師主導（3項目）の4下位尺度、15項目、理想的学生観は、

表 4-2　教育価値観尺度の 3 領域・12 下位尺度・45 項目

領域	下位尺度	項目
理想的教師観	教師の熱意	学生を励まし希望を与える 正義感が強い 熱心に指導する 学生に忍耐強く説明する 学生の長所を誉める 公平だ 親しみやすい
	専門性	専門分野の知識が豊富だ 博識で視野が広い いろいろな授業方法を工夫する 説明がわかりやすい
	学生尊重	教師は学生と対等な立場で接する クラスでは学生の自主性を重んじる
	教師主導	教師として威厳をもって学生に接する クラスのことは教師がすべて決める 学生とコミュニケーションを積極的にとる
理想的学生観	学習意欲	好奇心が旺盛で積極的だ 努力を惜しまず向上心がある 思っていることを素直に表現する 自分のやり方で学習を進める
	従順	教師の意見を尊重する 教師の指示した方法に従う 自分の考えや意見を優先する 教師に親しく話しかける
	規則遵守	授業のじゃまになることはしない 欠席や遅刻をしない
理想的教育観	人材教育	人のために役立つ人間を育てる 社会に貢献する人間を育てる 人の意見を素直に聞ける人間を育てる 自制心が強い人間を育てる ものごとを最後までやり通す人間を育てる 自分自身を大切にする人間を育てる
	文化的視野	ものごとを地球規模で考える人間を育てる 自国の伝統や文化を大切にする人間を育てる 異文化を理解し異文化の人々と積極的に交流する人間を育てる 学生に誇りと自尊心を持たせる
	自主独立	学生の素質や可能性を引き出す 学生の意欲を引き出す 自分で判断し行動する人間を育てる
	社会化	社会の規則を教える 定められたカリキュラムをきちんとこなす 世間の常識を教える 人と社会に関するメッセージを伝える
	創造性	世間の常識にとらわれない自由な生き方を促す 規則に縛られず自由に行動することを促す

学習意欲（5項目）、従順（4項目）、規則遵守（2項目）の3下位尺度、11項目、理想的教育観は、人材教育（6項目）、文化的視野（4項目）、自主独立（3項目）、社会化（4項目）、創造性（2項目）の5下位尺度、19項目とした。これらの45項目と12下位尺度を次の研究3での測定と分析に利用する。

第2節　教育価値観の異文化間比較——日本人教師、中国人学生、韓国人学生、日本人学生との違い　研究3

(1) 目　的

　すでに第2章で述べたように、価値観は家庭や学校における社会的発達の過程で形成され、対人関係における文化的意味は自らの内面的世界に組み込まれている（箕浦, 1997）。それ故、ある文化圏で社会化されその価値観を内在化した教師と、異なる文化圏で社会化され、異なる価値観を内在化した学生とでは、教育に対する考え方や期待が異なると考えられる。

　日本で学ぶ留学生の大半はアジア諸国からの学生たちであるために、異文化間の教育場面で起こる葛藤の多くは、日本人教師とアジア系留学生を含むものである。こうした異文化間葛藤の背景には教育価値観の文化的差異が存在すると仮定している。価値観に関する欧米人と東洋人の比較研究は、すでに述べたように数多く見られるのに対して、東洋諸国間の比較研究はあまり行われてこなかった。それは、東洋諸国間の比較に関しては、これまでは理論的枠組みが未発達で、個人主義・集団主義といった枠組みが利用できないからである。それ故、本研究では、日本人教師とアジア系留学生の教育価値観に関して、具体的な仮説を立てることはせず、これらについて探索的に検討を行う。そこで、研究3は、研究2で見出した教育価値観尺度（表4-2）を用いて、日本人教師、中国人学生（大陸出身）、韓国人学生、日本人学生の4群の教育価値観を測定し、教育価値観のどの領域の、どの下位尺度において、相違点や類似点があるのかを比較検討し、それぞれの特徴を明らかにすることを目的とする。こうした集団を対象に選んだ理由は、中国人学生、韓国人学生が、現在、日本における留学生数の上位2か国であり、異文化間の

教育場面において日本人教師と最も頻繁に接触する集団だからである。また、日本人学生を対象に含めたのは、教師と学生のように、社会的地位や立場によって教育価値観が異なるかどうかを検討するためである。また、日本人学生は異文化間教育における交流の担い手でもあり、中国人学生や韓国人学生との違いを明らかにすることは異文化間教育の研究をデザインする上で重要な情報であると考えられる。

(2) 方　法

対象者

　研究3では、2001年5月末から6月末にかけて、国立、私立大学4校の日本人大学生306名を対象に教育価値観尺度を含む質問票を配布し、全員から回答を得た。また、留学生会館、大学留学生センター、日本語学校の12機関において、中国語版490部、韓国語版440部の質問票を配布し、中国人学生214名、韓国人学生154名から回答を得た。また、国立大学・私立大学留学生センター、日本語学校など7機関に在籍する日本語教師を対象に200部を配布し、84名の日本人の日本語教師から回答を得た。対象者の属性的特徴について述べると、中国人学生（男性119名、女性95名、すべて中国大陸出身）、韓国人学生（男性45名、女性109名）、日本語教師（男性13名、女性71名、すべて日本人）、日本人学生（男性141名、女性165名）であった。対象者の平均年齢は教師38.2歳、中国人学生26.3歳、韓国人学生は25.2歳、日本人学生20.2歳だった。日本語能力総点（最高13）の平均は、中国人学生10.3、韓国人学生10.1で、平均滞在期間は、中国人学生21.1月、韓国人学生12.1月だった。

手続き

　上記の対象者に、教育に関する考え方について尋ねたいと依頼し、研究2で見出した教育価値観尺度（表4-2）を提示して、次のようなやり方で、領域ごとに項目の選択を強制的に行わせた。
　理想的教師観については、「一般的に、あなたにとって『良い教師』とは

どんな人だと思いますか。この領域に属する 16 項目のうち『良い教師』の条件として最も重要だと思うものを 3 つ、次に重要だと思うものを 5 つ選んでください」と教示した。同様に、理想的学生観については「一般的に、あなたにとって『良い学生』とはどんな人だと思いますか。この領域に属する 10 項目のうち『良い学生』の条件として最も重要だと思うものを 2 つ、次に重要だと思うものを 3 つ選んでください」、理想的教育観については「一般的に、教育において大事だと思う事は何ですか。この領域に属する 19 項目のうち、最も重要だと思うものを 4 つ、次に重要だと思うものを 6 つ選んでください」と教示した。「最も重要」として選択された項目には得点 2、「次に重要」とした選択された項目には得点 1、それ以外の項目には得点 0 を与えた。表 4-2 のとおり、理想的教師観は、熱意、専門性、学生尊重、教師主導の下位尺度から、理想的学生観は学習意欲、従順、規則遵守の下位尺度から、理想的教育観は、人材教育、文化的視野、自主独立、社会化、創造性の下位尺度からそれぞれ構成される。これら 12 の各下位尺度の項目の平均値を得点化した。日本語による質問票を作成した後、中国語、韓国語の翻訳版を作成し、バックトランスレーションによって翻訳の妥当性を確認した。

(3) 結　果

　理想的教師観は、熱意、専門性、学生尊重、教師主導の下位尺度から構成される。まず、熱意の 7 項目の平均値をこの下位尺度得点とし、他の下位尺度についても同様のやり方で得点化した。これらの得点について、対象者群（日本人教師、中国人学生、韓国人学生、日本人学生）×下位尺度（専門性、熱意、学生尊重、教師主導）の 2 要因分散分析を行った。その結果、下位尺度の主効果（$F(3, 2271) = 415.93, p < .01$）が有意で、全体に対象者は、他の 3 因子と比較して教師の専門性を顕著に重視した（$M = 1.09$）。また、熱意が学生尊重、教師主導よりも重視された（$M = 0.61, 0.47, 0.39$）。対象者群の主効果（$F(3, 757) = 1.29, ns$）は有意ではなかったが、交互作用（$F(9, 2271) = 2.31, p < .01$）も見られた。
　図 4-1 に示されているように、教師の熱意については、日本人教師がこれ

を最も重視し韓国人学生より高かった（p<.01）。教師主導については、韓国人学生がこれを最も重視し、日本人学生や教師よりも有意に高得点であり、教師が最も低得点だった（p<.01）。

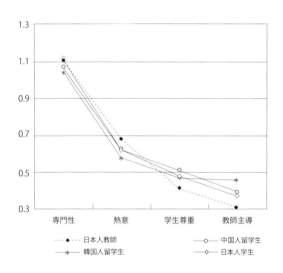

図 4-1　理想的教師観における 4 群の比較

　理想的学生観については、学習意欲、規則遵守、従順の下位尺度から構成される。対象者群（日本人教師、中国人学生、韓国人学生、日本人学生）×下位尺度（学習意欲、規則遵守、従順）の 2 要因分散分析を行った。下位尺度の主効果は有意で（2, 1514）=823.36, p<.01）、学習意欲は特に重視され、続いて規則遵守、従順の順であった（M =1.10, 0.76, 0.23）。群の主効果（F (3, 757) = 7.73, p<.01）及び交互作用も有意だった（F (6, 1514)=11.13, p<.01）。図 4-2 のとおり、教師は他の 3 群よりも学習意欲を特に重視した（p<.01）。規則遵守は日本人学生が他の 3 群よりも高かった（p<.01）。従順については、中国人学生がこの価値を最も重視し（p<.01）、韓国人学生は最も重視しなかった。

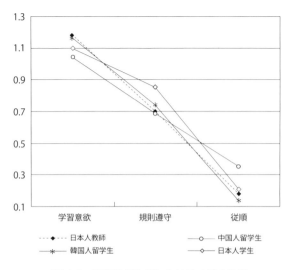

図4-2　理想的学生観における4群の比較

　理想的教育観については、人材教育、文化的視野、自主独立、社会化、創造性の下位尺度から構成される。対象者群（日本人教師、中国人学生、韓国人学生、日本人学生）×下位尺度（人材教育、文化的視野、自主独立、社会化、創造性）の2要因分散分析を行った。下位尺度の主効果（$F(4, 3016)=921.33, p<.01$）は有意で、群の主効果（$F(3, 754) = 15.93, p<.01$）は有意であった。図4-3は下位尺度×対象者群の交互作用（$F(12, 3016) =12.88, p<.01$）である。自主独立が最も高く（$M=1.48$）、人材教育、文化的視野、社会化、創造性（$M = 0.69, 0.64, 0.48, 0.24$）の順であった。自主独立については、教師の評定が最も高く、中国人学生、韓国人学生より高かった（$p<.01$）。教師と日本人学生との間には有意差が見られなかった。人材教育については、中国人学生の評定が最も高く、教師との間に有意差が見られた（$p<.01$）。文化的視野については、教師と韓国人学生の評定が高く、日本人学生や中国人学生よりも有意に高かった（$p<.01$）。社会化については、中国人学生と日本人学生の評定が高く、教師や日本人学生よりも有意に高かった（$p<.01$）。創造性については、日本人学生の評定が最も高く、教師の評定は最も低かった。日本人学生と他の3群との有意差がそれぞれ認められた（$p<.01$）。

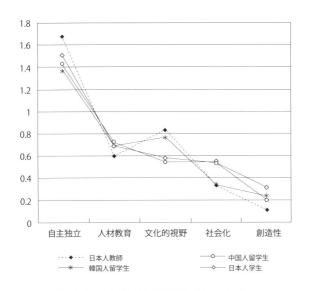

図4–3　理想的教育観における4群の比較

(4) 考　察

　本研究では、日本人教師、中国人学生、韓国人学生、日本人学生の4群間で教育価値観を比較した。4群には違いも見られたが、全体的にみると、むしろ理想的教師観、理想的学生観、理想的教育観の3領域におけるいずれの下位尺度に関しても、4群はかなり類似した価値観を持っており（図4-1、図4-2、図4-3）、得点の高いものから低いものまでが同じようなパターンを示していた。このことは、日本、韓国、中国の人々は教育価値観に関してかなり共有する性質を持っていることを示唆している。

　理想的教師観については、教師の専門性はどの群によっても重視された。専門性を表す項目は「専門分野の知識」、「博識で広い視野」、「授業方法の工夫」、「わかりやすい説明の仕方」であったが、対象者たちはこうした知識面、技術面などが教師に必要不可欠であるとみなしていることが示唆された。これについて、教育心理学の専門家である伊藤（1995）は、一般的に専門性について教師に求められる資質として専門知識の伝達という教育技術の

重要性を述べている。また、淵上（2000）は、教師のパワーという側面から専門性パワーの重要性を示しており、本研究の結果は、教育一般の研究者の見解を支持する傾向が認められた。理想的学生観については、どの群も学習意欲を最も重視し、「好奇心の旺盛さ」、「努力」、「素直な表現」、「自律した学習の進め方」など、自発的で積極的な学生像を期待していることが示された。理想的教育観については、自主独立が最も重視され、「意欲を引き出す」、「自分で判断し行動する」の項目からわかるように、自律や独立が重視されていた。理想的学生観の学習意欲と理想的教育観の自主独立はやや、意欲と自律という点で重複した内容を含んでおり、良い学生に対する期待が理想的教育観にも反映されていると考えられる。

　対象者群別に特徴を述べてみると、日本人教師は、日本人学生及び留学生に比べると、理想的学生観の中では学習意欲を重視し、理想的教育観としては自主独立、文化的視野を重視するが、反面、創造性をあまり重視しないという傾向が見られた。このことは、日本人教師が理念的には異文化交流や国際性を重視しつつ、現実の多文化接触状況である教室活動では学生の自由な行動に対し強く葛藤を感じることが考えられる。これは、教師の葛藤事例（加賀美, 2003）において教室活動における学生のマナー、ルール違反に関連する問題が多く提示されていることからもうかがえる。このように教師は国際性という革新と自由な意思の軽視という保守の2つのやや矛盾した価値観をもつことが示唆されている。

　中国人学生は、日本人教師、日本人学生及び韓国人学生と比べると、理想的教師観においては熱意を、理想的学生観においては従順を、理想的教育観においては社会化、人材教育を重視している。このことから中国では、熱心な教師が期待され、学生は教師に従うことが期待され、さらに社会規範を遵守し、社会貢献を行うことが重視される明確な教師像、学生像、教育価値観が社会に浸透しており、その意味で一貫性のある価値観が学生たちに内在化されていると考えられる。

　韓国人学生は、日本人教師、日本人学生及び中国人学生と比べると、理想的教師観においては、熱意は他の3群に比べ軽視され、教師主導は重視される傾向が見られた。このことは教師に対する期待が、権威を重んずる儒教的

価値観の影響を受けているのではないかと考えられる。しかし、理想的学生観、理想的教育観においては、他の3群の中間に位置する傾向が見られた。これは韓国が伝統的価値観を維持させつつ、革新的価値観も混在させている現状から、その中間に位置するのではないかと考えられる。また、特に理想的教育観の中の文化的視野に関しては、他の学生群に比べ突出して高い価値を置くことが認められた。これは韓国の国内の背景要因として通貨危機などで国内就職率が低下したという社会経済的要因や「教育の世界化」を民族の新たなビジョンとして掲げている（全．1996）ため、国外への留学の関心と上昇志向から国際化への価値指向が生み出されたのではないかと考えられる。

　日本人学生は、日本人教師、中国人学生及び韓国人学生と比べると、理想的教師観においては中間に位置していた。理想的学生観においては規則遵守が、理想的教育観においては自主独立、社会化、創造性が高く認識されていた。このことは日本人学生が規範遵守や社会化という保守性を重視しつつ、自主独立や創造性という革新性を重視するという二律背反的な教育価値観を持っているのではないかと考えられる。すなわち、日本の教育現場で学生が時間や規範に拘束されている一方で、それから抜け出そうとする価値観で揺れている現状を反映させていると考えることができるだろう。こうした背景には、日本社会が他の2国より多様な価値観を認めていることがあり、このため、教育に対する価値観も多様化し（須田．1999）、その志向すべき方向性が明確に見えない状況があり、そのことが日本人学生の教育価値観にも反映しているのではないかと考えられる。以上のことから、中国、韓国、日本のアジア3か国の教育価値観については、3つの類型が見出された。まず、中国人学生は、教師の熱意、学生の従順さ、社会貢献など明確で一貫した教育価値観をもつことから、「単一的教育価値観」と言うことができる。次に、韓国人学生は、理想的学生観、理想的教育観に関しては、他の3群に位置していたため、「中間的教育価値観」と言うことができる。最後に、日本人教師と学生は価値の次元は異なるものの、二律背反的な教育価値観を持ち合わせていたため、「複合的教育価値観」と言うことができ、3つの類型が示唆された。

　しかしながら、日本人教師や日本人学生の二律背反的な価値観は、留学生

の観点から見ると、日本人に対し強い葛藤は生じないものの、不可解さや曖昧さを残すことになるのではないだろうか。こうした曖昧さは、葛藤が起こった場合、当事者が相手や状況をどのように認知し解釈するかによって解決行動が異なる事が問題となるだろう。すなわち、両者の認知的な不一致から、直面する問題から回避することで棚上げしたり、第三者に解決を委ねたり、問題解決を早めようとするあまり、命令や指示という一方向的な解決や対立行動へと向かわせたりすることも考えられる。特に、一貫した明確な価値観をもつ社会から来た留学生は、母国の明確な理想的な教育価値観を基準に、現実の日本人教師と比較するため、状況に応じた変化や揺れ、曖昧さをもつ日本人教師に対し力量不足という解釈をするかもしれない。

　異文化間の教育に携わる日本人教師と留学生との理想的教育観のズレという観点からみると、日本人教師と中国人学生及び韓国人学生は自主独立という点に関して違いがあり、日本人教師は留学生より、学生の自律を重視しており、3か国の中では最も個人主義的志向に基づいた理想的教育観に裏付けられていると考えられる。こうした教師の学生に対する期待された自律志向とは反対に、留学生は、母国で培った集団主義志向の相互依存的な価値基準（大和田, 1997）を持っているために、教師が面倒を見てくれないとか教師との距離感があるというように、親和性の点で不満をもつ可能性もある。一方、教師は学生の依存的態度に戸惑いを感じることもあるかもしれない。

　また、日本人教師と韓国人学生の理想的教師観のズレという観点から見ると、熱意と教師主導において、相反する認知をしていた。日本人教師は熱心に忍耐強く指導し、学生の長所を誉め、威厳をあまり重視しない教師像を目指していた。それに対し、韓国人学生は、ほかの3群よりも熱意を最も低く評価していた。一方、韓国人学生は、教師主導に関しては、最も高く評価しており、伝統的な権威をもつ教師像や教師中心的なクラス運営を期待していることが認められた。このことから、異文化間の教育場面では、日本人教師は、「自分は学生のために一生懸命に頑張っているのに、学生の反応があまり良くない」というような不全感を招く可能性がある。一方、留学生は、日本人教師に対し、教室内の社会的勢力やリーダーシップに不満をもつ可能性

が考えられる。その結果、教師に対する物足りなさ、頼りなさから、否定的な評価をすることもあるかもしれない。このように、理想的教師観の教師主導と理想的教育観の自主独立の次元においては、日本人教師と留学生の間にズレが生じていた。

なお、日本人教師と日本人学生のズレについては、理想的学生観の意欲の次元において、教師の方が高得点で、規則遵守の次元では学生の方が高得点だった（$p<.05$）。理想的教育観については、社会化、創造性の次元では学生の方が高得点で、文化的視野の次元では教師の方が高得点だった（$p<.01$）。つまり、教師は意欲のある学生を期待し、教育における国際性を重視しているのに対し、日本人学生は規則遵守や常識などに教師以上に縛られている反面、自由な生き方や行動を重視していたことが示唆された。

以上のとおり、研究 3 では、研究 2 で作成した教育価値観尺度を用いて領域ごとに日本人教師、日本人学生、中国人学生、韓国人学生の異文化間比較を行った。

第 3 節　教育価値観尺度（短縮版）の作成　研究 4

(1) 目　的

第 3 節では、教育価値観尺度の短縮版を作成することを目的とする（研究 4）。質問紙調査の場合、一つの尺度だけでなく他の尺度や変数との関連を検討することも必要なため、教育価値観尺度の項目が多いと使用しにくい。また、調査対象者の負担も過重になることも考えられる。そのため、尺度として使用しやすく、また、対象者の負担を軽減するために、簡便化した教育価値観尺度（短縮版）を作成する。

(2) 方　法

対象者は研究 2 の対象者である 193 名の日本人学生である。研究 4 では、

研究2の表4-1の因子分析結果のデータを使用し、教育価値観尺度の短縮版の作成を試みた。

短縮版の作成にあたっては、①項目数を全体の3分の2にまで減らし、②多い項目をもつ次元は項目数を減らし、少ない項目数をもつ次元は、そのまま項目を残すという方針を立てた。その際、表4-1の因子分析結果を吟味しながら、内容的に項目の意味が教育現場において適切であること、さらに、因子負荷量が高いことを基準に、45項目から30項目程度にまで項目数を選抜した。

(3) 結　果

理想的教師観については、熱意の下位尺度として、「学生を励まし希望を与える」、「正義感が強い」、「熱心に指導する」、「学生に忍耐強く説明する」、「学生の長所を誉める」の5項目を選抜した。これらは、熱意の下位尺度として内容的に熱意を表すすべてが含まれており、因子負荷量も0.7以上だったため、熱意の次元として選抜した。専門性の下位尺度は、もともと「専門分野の知識が豊富だ」、「博識で視野が広い」、「いろいろな授業方法を工夫する」、「説明がわかりやすい」の4項目であったが、これらは内容的に見ても教育現場における教師の専門性を表す重要な項目で、因子負荷量も0.59以上だったため、そのまま採用した。学生尊重の次元も、もともと「教師は学生と対等な立場で接する」、「クラスでは学生の自主性を重んじる」の2項目であったが、内容的にも学生尊重を表す下位尺度として妥当であり、因子負荷量も0.75以上で高いので、そのまま採用した。教師主導の下位尺度も、もともと「教師として威厳を持って学生に接する」、「クラスのことは教師がすべて決める」の2項目であったが、内容的にも教師主導の意味を表す下位尺度として妥当であり、因子負荷量も0.64以上で高いので、採用した。

次に、理想的学生観については、学習意欲の下位尺度として「好奇心が旺盛で積極的だ」、「努力を惜しまず向上心がある」の2項目を選抜した。これらは、学習意欲の下位尺度として内容的に学習意欲を表す項目が入っており、因子負荷量の高い（0.74以上）上位2項目であるため、学習意欲を表す

次元として、この2項目を選抜した。従順の下位尺度では、「教師の意見を尊重する」、「教師の指示した方法に従う」の項目が内容的にも学生の従順を示す下位尺度として妥当な上、因子負荷量も 0.78 以上と高負荷を示したので、この2項目を選抜した。規則遵守の下位尺度では、もともと、「授業のじゃまになることはしない」、「欠席や遅刻をしない」の2項目であったが、内容的にも規則遵守を示す下位尺度として妥当だと判断できる上、因子負荷量も 0.72 以上なので、そのまま採用した。

　理想的教育観について、人材教育の下位尺度として、「人のために役立つ人間を育てる」、「社会に貢献する人間を育てる」の2項目を選抜した。これらは、内容的に人材教育を表す項目が入っており、因子負荷量も 0.75 以上で高いため、この2項目を選抜した。文化的視野の下位尺度では、「異文化を理解し異文化の人々と積極的に交流する人間を育てる」、「ものごとを地球規模で考える人間を育てる」の2項目を選抜した。これらは、内容的に文化的視野を表す項目として重要であると考え、また、因子負荷量も 0.72 以上と高負荷であるため、選抜した。他の「自国の伝統や文化を大切にする人間を育てる」、「学生に誇りと自尊心を持たせる」の2項目は、自文化の尊重や自分自身の気づきを促す点で重要だが、異文化間交流やグローバルの視点が重視されない項目のために、この次元から除外しても影響がないと考え取り除いた。自主独立の下位尺度は、もともと「学生の意欲を引き出す」、「学生の素質や可能性を引き出す」、「自分で判断し行動する人間を育てる」の3項目であったが、内容的にも自主独立を表す次元として妥当性が高く、因子負荷量も 0.63 以上で高いので、そのまま採用した。社会化の下位尺度については、「社会の規則を教える」、「世間の常識を教える」、「人と社会に関するメッセージを伝える」の3項目を選抜した。省いた項目である「与えられたカリキュラムをきちんとこなす」は、意味内容の点から学生と教師の双方に適用できないので、省くことにした。そのほかの「社会の規則を教える」、「世間の常識を教える」、「人と社会に関するメッセージを伝える」の3項目は、内容的にも社会化を表す次元として妥当であり、因子負荷量も 0.53 以上と高いので、採用した。創造性の下位尺度は、もともと、「規則に縛られず自由に行動することを促す」、「世間の常識にとらわれない自由な生き方を

促す」の 2 項目であったが、創造性を表す次元として内容的に妥当な項目であり、因子負荷量も 0.8 以上であるため、そのまま採用した。

以上、表 4-3 のとおり、3 領域、12 下位尺度、31 項目を選抜し、教育価値観尺度（短縮版）を作成した。なお、45 項目の 12 下位尺度と短縮版（31 項目）の 12 下位尺度の相関関係を検討したところ、表 4-4 のとおり、それぞれの下位尺度の相関係数は教師主導の .72 を除けばすべて .85 以上であり、両者の尺度には高い相関関係が見られた（$r = .72 \sim 1.00$）。そこで、教育価値

表 4-3 教育価値観尺度（短縮版）

領域	下位尺度	項　目
理想的教師観	熱意	学生を励まし希望を与える 正義感が強い 熱心に指導する 学生の長所を褒める 学生に忍耐強く説明する
	専門性	専門分野の知識が豊富だ 博識で視野が広い 説明がわかりやすい いろいろな授業方法を工夫する
	学生尊重	教師は学生と対等な立場で接する クラスでは学生の自主性を重んじる
	教師主導	教師として威厳をもって学生に接する クラスのことは教師がすべて決める
理想的学生観	意欲	努力を惜しまず向上心がある 好奇心が旺盛で積極的だ
	従順	教師の意見を尊重する 教師の指示した方法に従う
	規則遵守	欠席や遅刻をしない 授業のじゃまになることはしない
理想的教育観	人材教育	人のために役立つ人間を育てる 社会に貢献する人間を育てる
	文化的視野	異文化を理解し異文化の人々と積極的に交流する人間を育てる ものごとを地球規模で考える人間を育てる
	自主独立	学生の意欲を引き出す 学生の素質や可能性を引き出す 自分で判断し行動する人間を育てる
	社会化	社会の規則を教える 世間の常識を教える 人と社会に関するメッセージを伝える
	創造性	規則に縛られず自由に行動することを促す 世間の常識にとらわれない自由な生き方を促す

観尺度（短縮版）も妥当性の高い使用可能な尺度として、研究5ではこれを使用し異文化間比較を行うことにする。

表4-4　教育価値観尺度（45項目）と教育価値観尺度（31項目短縮版）の尺度間の相関係数

45項目	①	②	③	④	⑤	⑥	⑦	⑧	⑨	⑩	⑪	⑫
31項目												
①熱意	.97**											
②専門性	.44**	1.00**										
③学生尊重	.37**	.23**	1.00**									
④教師主導	.25**	.31**	.13+	.72**								
⑤学習意欲	.29**	.37**	.21**	.24**	.85**							
⑥従順	.15*	.29**	.25**	.33**	.54**	.86**						
⑦規則遵守	.19**	.33**	.09	.21**	.38**	.29**	1.00**					
⑧人材教育	.34**	.37**	.14+	.35**	.42**	.39**	.20**	.87**				
⑨文化的視野	.29**	.26**	.23**	.31**	.38**	.34**	.17*	.56**	.90**			
⑩自主独立	.44**	.41**	.28**	.29**	.49**	.31**	.13+	.49**	.40**	1.00**		
⑪社会化	.49**	.33**	.18*	.35**	.42**	.40**	.30**	.53**	.46**	.45**	.95**	
⑫創造性	.16*	.05	.17*	.24**	.23**	.30**	−.003	.28**	.26**	.29**	.27**	1.00**

** $p<.01$　　* $p<.05$　　+ $p<.10$

第4節　教育価値観の異文化間比較——短縮版を用いた中国人学生、韓国人学生、日本人学生の違い　研究5

(1) 目　的

研究3では、対象者に価値項目を強制選択させる方法によって教育価値観を測定した。しかし、一般にはこうした測定では評定尺度法のほうがよく用いられる。評定尺度法と強制選択法にはそれぞれ長所と短所がある。たとえば、価値観尺度を5段階評定法などで測定する場合は、どの項目に対しても重要だと評定される可能性があるため、個人間の差異が判別しにくくなる。一方、強制選択法で評定する場合は、心の中の価値の重要度を強制的に選択させるために、実際に思っている以上に誇張して表現されてしまう可能性がある。そのため、強制選択法の場合は、個人間の差異は表れやすいが、極端

な判断になってしまう可能性がある。それゆえ、強制選択法にせよ、一般的な評定法にせよ、そのいずれを取っても方法論上の弱点がある。

研究3では強制選択法を使って次元ごとに、日本人教師、中国人学生、韓国人学生、日本人学生の4群の異文化間比較を行い、「単一的教育価値観」をもつ中国人学生、「中間的教育価値観」をもつ韓国人学生、「複合的教育価値観」をもつ日本人というような文化的差異と文化集団のもつ特徴を見出した。しかし、この知見は用いた方法によって歪められている可能性があるので、異なる方法、即ち、評定尺度法を用いた研究によって再検討する必要がある。そこで、研究5では、研究3とは異なる5段階評定法を用いて教育価値観尺度を評定し、学生集団間の異文化間比較を行うことを目的とする（研究5）。

研究5では、研究3と比較して、さらにもう一つ特徴を持たせた。それは異文化間比較の方法の違いである。研究3では、分散分析を用いて下位尺度ごとに異文化間比較を行い、その差異を明らかにしたが、教育価値観の下位尺度間の関連性は考慮されていない。たとえば、研究3の理想的学生観において、教師は他の3群よりも学習意欲を重視し、日本人学生は、規則遵守を他の3群よりも重視し、中国人学生は従順を最も重視し、韓国人学生は従順を最も重視しなかったことが見出されたが、学習意欲、規則遵守、従順など下位尺度間の関連性の可能性が検討されていない。こうした可能性を探るには対象群を下位尺度ごとに比較するだけでは不十分である。そこで、研究5では、多変量解析を用いて、教育価値観の下位尺度間に見られるパターンを明らかにし、これを用いて再度、異文化間比較を試みた。

(2) 方　法

対象者

質問票は留学生を対象に2002年11月から12月末にかけて、日本語学校、私立大学、国立大学留学生センターなどの5機関に中国語版150部、韓国版150部を配布し、中国人学生129名（男性63名、女性57名、不明9名、すべて中国大陸出身）、韓国人学生130名（男性45名、女性85名）から回答を得た。日本

人学生に対しては2003年1月中旬と5月中旬に3つの大学に200部を配布し165名（男性69名、女性96名）から回答を得た。質問票には教育現場の改善が調査目的であることとプライバシーの厳守を明記した。

対象者の平均年齢は日本人学生20.2歳、中国人学生23歳、韓国人学生は25.4歳だった。日本語能力総点（最高13）の平均は、中国人学生9.1、韓国人学生11.9で、平均滞在期間は、中国人学生12.3月、韓国人学生16.6月だった。

手続き

上記の対象者に31項目からなる教育価値観尺度（短縮版）を使用し、理想的教師観、理想的学生観、理想的教育観の12次元の測定を試みた。理想的教師観については、「一般的に、『良い教師』とはどんな人だと思いますか。以下の各項目について、あなたはそれらが『良い教師』の条件としてどの程度重要だと思いますか」と教示し、13個の項目を評定させた。同様に、理想的学生観については「一般的に、『良い学生』とはどんな人だと思いますか。あなたは、それらが『良い学生』の条件としてどの程度重要だと思いますか」と教示し、6個の項目を評定させた。理想的教育観については「一般的に、教育において大事だと思う事は何ですか。以下の各項目について、あなたは、それらが『良い教育』の条件としてどの程度重要だと思いますか」と教示し、12項目を評定させた。それぞれの項目について、「全く重要でない（1点）」〜「非常に重要である（5点）」の5件法で回答させた。

教育価値観尺度（短縮版）を含む質問票を日本語で作成した後、中国語、韓国語の翻訳版を作成し、バックトランスレーションによって翻訳の妥当性を確認した。

(3) 結果と考察

教育価値観尺度（短縮版）の得点は、理想的教師観、理想的学生観、理想的教育観の各下位尺度の項目を平均してその下位尺度得点とした。教育価値観尺度（短縮版）の12下位尺度の信頼性は次のとおりである。理想的教師観

の 4 下位尺度の信頼性は、熱意 a =.79、専門性 a =.78、学生尊重 a =.63、教師主導 a =.63 となった。理想的学生観の 3 下位尺度の信頼性は、学習意欲 a =.80、規則遵守 a =.59、従順 a =.67 となった。理想的教師観の学生尊重と教師主導、理想的学生観の規則遵守と従順の a 係数が低いのは 2 項目から構成される尺度であるためである。理想的教育観の 5 下位尺度の信頼性は、文化的視野 a =.81 人材育成 a =.84、社会化 a =.77、創造性 a =.73、自主独立 a =.77 であり、十分に高かった。

学生集団間において教育価値観がどのように異なるかを調べるために、教育価値観の 12 下位尺度を独立変数に用いて学生集団間の判別分析を試みた（表 4-5）。

表 4-5　3 群学生集団間の判別分析

		判別関数	
		1	2
独立変数	専門性	− 0.349	0.129
	熱意		
	学生尊重	0.490	0.194
	教師主導		
	学習意欲	− 0.384	− 0.149
	規則遵守	− 0.293	0.492
	従順	0.765	0.242
	文化的視野	0.012	0.582
	人材育成		
	社会化	− 0.183	− 0.632
	創造性	0.280	− 0.643
	自主独立		
重心	日本人	− 1.341	− 0.169
	中国人	0.929	− 0.260
	韓国人	0.158	0.480

上位 2 次元に関してステップワイズ法によって Wilks の λ を最小にする変数を選択したところ（最小 λ =18.10）、表 4-5 に示すように、8 下位尺度が判別に有効と判断された。第 1 判別次元においては、学生尊重、従順、創造性が正の負荷を、専門性、学習意欲、規則遵守が負の負荷を示しており、主に

自律性、平等性、保守性を示す価値を表す次元と思われる。第 2 判別次元においては、文化的視野、規則遵守が正の負荷を、社会化、創造性が負の負荷を示しており、主に保守性、平等性、社会貢献性を示す価値を表す次元と思われる。

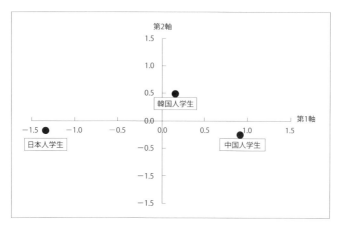

図 4-4　3 群学生集団間の判別関数の重心（12 次元）

　図 4-4 のとおり、群の重心から見ると、第 1 判別関数において、負の下位尺度は日本人学生の特徴を表すと考えられる。それ故、日本人学生は、専門性や学習意欲、規則遵守といった価値を重視すると解釈できる。一方、正の下位尺度は中国人学生の特徴を表すと考えられる。それ故、中国人学生は従順、学生尊重といった価値を重視すると解釈できる。第 2 判別関数において、正の下位尺度は、韓国人学生の特徴を反映していると思われる。それ故、韓国人学生は規則遵守、文化的視野といった価値を重視すると解釈できる。一方、負の下位尺度は、中国人学生と日本人学生の特徴を表すと考えられ、彼らは社会化、創造性といった価値を重視していると解釈できる。

　研究 3 の調査結果と研究 5 の判別分析結果を比較すると、日本人学生は研究 3 の結果では、自主独立などの自律性と規則遵守などの伝統性を重視する二律背反的な側面が見られたが、研究 5 でも、同様に教師の専門性や学生の学習意欲などの自律性、規則遵守など保守性を重視する複合的な価値観が見

出された。中国人学生は、研究3と同様、学生の従順など伝統的な側面が重視されているものの、研究5では、学生尊重や教育の創造性や自由意思を尊重する平等な価値を重視する傾向も見られた。この理由としては、研究3と研究5では調査の実施した時期と対象者が異なることが考えられる。研究5は、研究3よりも調査時期が1年半遅いため、中国社会が技術革新などの導入からより先進的に変化を遂げ、教育に関する価値もこの期間に変化していることが考えられる。また、対象となる中国人学生の平均年齢の違いも考えられる。研究3の学生の平均年齢は26歳であったが、研究5では23歳であった。研究5の対象者のほうが若年なので中国社会における一人っ子政策がさらに進行し、早期教育など教育投資の影響を受け、教育における平等性や自由な意思を重視する価値を内面化された学生が多くなったことも考えられる。一方、韓国人学生は規則遵守や従順など伝統的な縦の関係の価値を重視するとともに、文化的視野を重視するなど、国際社会に強く関心をもつ先進的な側面が見られ、研究3と研究5ではほぼ同様の結果が得られた。このように研究5では評定尺度法を用い、また、分析法も変えて集団間の教育価値観の異同を検討したが、3集団の特徴としては、研究3と基本的に同じ傾向を見出すことができたとみなされる。

第5節　教育価値観の上位因子構造と異文化間比較　研究6

(1) 目　的

　研究5では、判別分析の結果、一つの判別関数に複数の下位尺度が高い係数を示した。たとえば、第一判別関数は正の方向には学生尊重、従順、創造性の3下位尺度が含まれ、負の方向に専門性、学習意欲、規則遵守、社会化の4下位尺度が含まれている。また、第二判別関数は正の方向に専門性、学生尊重、規則遵守、従順、文化的視野が含まれ、負の方向に学習意欲、社会化、創造性の3下位尺度が含まれている。このように判別関数に多くの価値次元が高い負荷を示したことは、これらの次元が相互に独立ではなく、連動

している可能性があることを示している。実際に、価値次元の意味内容を吟味してみると、例えば、理想的学生観の学習意欲と理想的教育観の自主独立の2次元には類似性がある。前者は、努力を惜しまず向上心があるという理想的学生観を示すが、後者は、学生の意欲や可能性を引き出すという理想的教育観を示す。どちらも学習意欲という点で共通性がある。また、理想的学生観の規則遵守と理想的教育観の社会化の2次元も共通性がある。前者は教室活動において規則を遵守することを表す理想的な学生観であり、後者は、社会において規則や常識を教えるという理想的教育観を示す。それ故、どちらも規則遵守という点で共通性がある。このことは教育価値観の12次元が並列的なものではなく、それらはさらに何らかの形で構造化されていること、言い換えると、上位の包括的因子が存在する可能性を示唆している。そこで、研究6では上位因子分析を行い、包括的因子を探ることを試みた。その上で、見出された包括的上位因子を用いて、再度中国、韓国、日本における学生集団間の教育価値観の比較を試みることにする。

(2) 方　法

対象者

研究5のデータと同様である。対象者は、中国人学生129名（男性63名、女性57名、不明9名、すべて中国大陸出身）、韓国人学生130名（男性45名、女性85名）、日本人学生165名（男性69名、女性96名）である。

手続き

教育価値観の包括的次元を明らかにするために、上記の対象者の反応に対して領域横断の上位因子の探索を試みた。3領域12次元の得点については、研究5で示したとおり、理想的教師観、理想的学生観、理想的教育観の各領域における下位尺度の項目の平均値を下位尺度得点とした。

(3) 結果と考察

上位因子分析

　教育価値観の3領域12次元の下位尺度得点（項目平均値）を変数に主成分分析とオブリミン斜交回転による因子分析を行ったところ、4因子が得られた（表4-6）。第一因子においては、教師の専門性と熱意、学生の自主独立と学習意欲の4次元が0.7以上の高負荷を示し、これは教師が教師としての専門性を高め、学生の潜在的能力の実現を目指そうと熱意を持って支援しようとするより高次な教育に対する態度を表す次元として、欲求階層説（Maslow, 1954）の「自己実現的価値」を示す因子であろうと解釈した。

表4-6　教育価値観の12次元の上位因子分析

因子名	次元	領域	1	2	3	4
自己実現的価値	専門性	理想的教師観	**0.858**	0.096	0.056	0.408
	自主独立	理想的教師観	**0.839**	−0.016	0.148	0.592
	学習意欲	理想的学生観	**0.812**	−0.004	0.061	0.436
	熱意	理想的教師観	**0.737**	0.381	0.328	0.477
伝統的(権威)主義的価値	教師主導	理想的教師観	−0.016	**0.800**	0.154	0.166
	従順	理想的学生観	0.103	**0.738**	0.317	0.282
	規則遵守	理想的学生観	0.532	**0.611**	−0.280	0.368
自由主義的価値	学生尊重	理想的教師観	0.322	0.289	**0.832**	0.211
	創造性	理想的教育観	0.207	0.299	**0.712**	0.593
社会貢献的価値	人材育成	理想的教育観	0.472	0.346	0.034	**0.801**
	文化的視野	理想的教育観	0.434	0.075	0.228	**0.797**
	社会化	理想的教育観	0.419	0.291	0.070	**0.766**
	寄与率%		38.850	53.120	62.550	69.820

表4-7　上位因子間の相関係数

	自己実現的価値	伝統(権威)主義的価値	自由主義的価値	社会貢献的価値
自己実現的価値	1			
伝統(権威)主義的価値	.140*			
自由主義的価値	.071	.135*		
社会貢献的価値	.483**	.253**	.179*	1

$p<.01$**,　$p<.05$*

第二因子においては、教師の教師主導、学生の従順と規則遵守の3次元が0.6以上の高負荷を示したので、内容的に、教師と学生との縦の人間関係を強調する「伝統（権威）主義的価値」（Adorno, Frankel-Brunswik, Levinson & Sunford, 1950）を表す因子と見なされる。第三因子は、教師が学生を尊重し、自由な行動を容認する価値を表す2次元が0.7以上の高負荷を示したので、教師と学生との平等性や自由意思の容認を尊重する「自由主義的価値」を表す因子と解釈できる。第四因子では、人材育成、文化的視野、社会化の3次元が0.7以上の高負荷を示したので、社会規範を遵守させ、人材を育成し、国際交流などを尊重する態度を示す次元として、「社会貢献的価値」を表す因子と解釈した。

このように、教育価値観を領域横断的に分析した結果、自己実現的価値、伝統（権威）主義的価値、自由主義的価値、社会貢献的価値という4つの上位因子が得られた。そこで、これらを教育価値観の包括的次元とみなすことにする。

表4-7は、因子間の相関関係を示したものであり、自己実現的価値は、社会貢献的価値との正の中程度の相関が見られ、伝統（権威）主義的価値と低い相関が見られた。伝統（権威）主義的価値は、社会貢献的価値、自由主義的価値と低い相関が見られた。自由主義的価値は社会貢献的価値と低い相関が見られた。

上位因子を用いた学生集団間の次元の比較

研究5では、教育価値観の12の個別次元を用いて、学生集団間の判別分析を行ったが、ここでは、見出された4つの上位因子を独立変数に用いて学生集団間の判別を試みた（表4-8）。自己実現的価値、伝統（権威）主義的価値、自由主義的価値、社会貢献的価値が独立した上位因子を構成することが確認されたので（表4-6）、それぞれの項目平均値を算出し上位因子得点とした。

表 4-8　3 群学生集団間の判別分析（上位因子）

		判別関数	
		1	2
独立変数	自己実現的価値	0.669	0.301
	伝統(権威)主義的価値	− 0.526	0.858
	自由主義的価値	0.847	0.310
	社会貢献的価値		
重心	日本人	1.116	− 0.062
	中国人	− 0.870	− 0.064
	韓国人	− 0.013	0.138

　上位 2 次元に関してステップワイズ法によって、Wilks の λ を最小にする変数を選択したところ（最小 λ =32.8）、表 4-8 に示すように、上位因子の 3 因子が判別に有効と判断された。第 1 判別次元においては、自己実現的価値、自由主義的価値が正の負荷を示し、伝統（権威）主義的価値が負の負荷を示した。第 2 判別次元においては、伝統（権威）主義的価値が高い正の負荷を示した。

　図 4-5 のとおり、3 群の重心から見ると、第 1 判別関数において 3 群の特徴が最も示されている。正の方向は、日本人学生の特徴を表すと考えられる。それゆえ、日本人学生は、自己実現的価値、自由主義的価値といった教

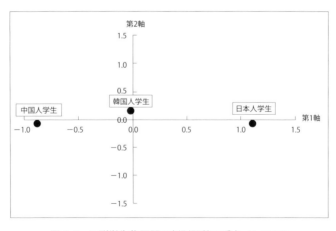

図 4-5　3 群学生集団間の判別関数の重心（上位因子）

育価値観をもつと解釈できる。第1判別関数の負の方向は、中国人学生の特徴を示すと考えられる。それ故、中国人学生は、伝統（権威）主義的価値の特徴をもつと解釈できる。一方、第2判別関数の正の方向は、韓国人学生の特徴を示すことが考えられる。それ故、韓国人学生は、最も伝統（権威）主義的価値の特徴をもち、さらに、数値はやや低いが、自由主義的価値、自己実現的価値の特徴も持ち合わせることがうかがえる。

このように、教育価値観の上位因子の係数から判断すると、日本人学生は自己実現的価値、自由主義的価値を重視し、中国人学生は、伝統（権威）主義的価値を重視している。韓国人学生は、日本人学生と中国人学生の中間に位置すると思われる。

このような結果を研究5の12次元の判別分析結果と比較すると、12次元では、日本人学生は、教師の専門性、学生の学習意欲、規則遵守を重視し、中国人学生は、教師の学生尊重、学生の従順さを重視し、韓国人学生は、学生の規則遵守、文化的視野を重視しているという結果であり、彼らの特徴は自律性と保守性の次元が混在して示されていた。しかし、研究6の上位因子の判別分析では、包括的因子を用いることで、平等性、自律性が日本人学生の特徴として見出せ、それと反対方向に中国人学生が位置づけられ、韓国人学生が中間的に位置することが示された。これらから3者の特徴と差異が12次元の判別分析より明確に示された。

このような結果を研究3の結果と比較すると、研究3では、「単一的教育価値観」をもつ中国人学生、「中間的教育価値観」をもつ韓国人学生、「複合的教育価値観」をもつ日本人学生という特徴が見出されたが、上位因子を使った研究6の分析結果と比較すると、研究6では、伝統（権威）主義的価値を、中国人学生が最も重視し、日本人学生は最も重視していなかった。韓国人学生は日本人学生と中国人学生の中間に位置した。このことから、中国人学生の価値観は、保守性、伝統性という特徴を一貫して示し、研究3と同様、「単一的教育価値観」が確認された。また、韓国人学生は、第1判別関数の軸上にも見出せるように、日本人学生と中国人学生の「中間的教育価値観」であることが支持された。このように、上位因子の包括的価値次元においても、研究3と同様、東アジア3か国の学生の教育価値観の特徴が見出せ

たといえる。

第6節　教育価値次元と一般的価値次元との関連

(1) 先行研究の一般的価値次元と教育価値次元

　第2章では、社会心理学のいくつかの価値研究にみられる共通点を抽出し、一般的価値は、自律性、伝統性、支配性、平等性の4次元に集約できるのではないかと仮定した。すなわち、個人の自律性と自由などを強調する自律性、社会秩序と調和的規範や人間関係の維持を重視する保守性、序列的人間関係と勢力関係を容認する支配性、人々の間の平等を重視する平等性の次元である。教育価値観も価値の一領域なので、当然、一般的価値次元と関連があると考えられる。そこで、本節では教育価値次元と一般的価値次元との共通性と相違性について考察する。

　表4-9は、左欄に一般的価値次元を、右欄にはこれを対応させて教育価値次元を配置したものである。一般的価値次元の保守性及び支配性の次元は、教育価値次元の伝統（権威）主義的価値のうちの教師主導、従順、規則遵守などの価値次元に対応するものと思われる。これらは縦の人間関係を重視する伝統的価値であるが、教育場面では、権威主義的な教師像と従順な学生像、即ち、教師が強い権限と主導性を持って教育を進め、学生がこれに対して従順に従うことが好ましいとする教育の姿が示されている。

　一般的価値次元の平等性の次元は、自由主義的価値のうちの学生尊重と創造性の価値次元に対応するものと思われる。これらは、教師が学生との平等な関係を尊重する平等的価値であるが、教育場面では、教師と学生が平等で対等な関係を目指し、教師は学生の自主性を尊重し、自由に行動をすることを容認する教育の姿が示されている。

　一般的価値次元の自律性の次元は、自己実現的価値のうちの自主独立、学習意欲の価値次元に対応するものと思われる。これらは、学生の意欲や可能性を引き出す自律的価値であるが、教育場面では学生は努力を惜しまず向上

心をもつ学生像と教育において教師は学生の意欲や潜在的な可能性を引き出そうとする教育観に基づく教育の姿を示している。

表 4-9　一般的価値次元と教育価値次元との関連

一般的価値次元	教育価値次元	
	個別次元	包括的次元
保守性	教師主導	伝統(権威)主義的価値
支配性	従順	
	規則遵守	
平等性	学生尊重	自由主義的価値
	創造性	
自律性	自主独立	自己実現的価値
	学習意欲	
	専門性	
	熱意	
	人材育成	社会貢献的価値
	社会化	
	文化的視野	

　一般的価値次元には含まれていないが、教育価値次元のほうだけに見られるものとして、自己実現的価値の一部の専門性、熱意の2つの価値次元と社会貢献的価値が挙げられる。自己実現的価値は、すでに述べた学生の自律性育成のほかに、教師が熱意を持って学生指導を行い、専門的な知識や技能を追求しようとする教師観に基づく教育の姿を示している。一方、社会貢献的価値は、人材育成、社会化、文化的視野の次元に対応するものと思われる。これらは、社会に貢献する人を育成し、社会に必要な規則や常識を次世代へ伝達し、国際交流を重視する人を育成する教育観に基づく教育の姿を示している。以上のことから、一般的価値観の研究者がこれまで取り上げなかった価値を教育価値観はカバーしているといえるのではないだろうか。

　Schwartzらの一般的価値次元と照らし合わせて見ると、彼の価値リストの中には、人生の享受、人生の意味、自己尊重、自己鍛錬などが含まれているが、それらを教育的側面に適用した自己実現的価値は含まれていない。自己実現的価値は、教師が熱意を持って学生指導を行い、専門的知識や技能を追求していきながら、学生の学習意欲や自発性などを促進させ支援していこう

とする、教育に携わる人々が欲求を充足ようとする人生の最終的な目標を目指す価値でもある。

　また、Schwartzの一般的価値次元の中には、環境保護、世界平和、自然との調和というような人類に共通な上位レベルの価値は示されているものの、教育価値次元で取り上げた社会貢献的価値は含まれていない。社会貢献的価値に含まれる社会化は、人々が知識や社会規範を次世代へ伝達していこうとする社会や文化の営みに関する価値であり、人材育成は社会貢献できる人々を育てることである。また、文化的視野は、異文化を理解し異文化交流を行う人を育て、地球規模でものを考えられる人々を育成することである。これらの次元は、一般的価値次元とは異なり、人々が自己、家族、内集団だけでなく、見知らぬ他者のために役に立とうとする向社会的な価値であり、人が人を育て知識や文化の営みを伝達、継承していく人類の未来志向的な価値であることを示すものである。さらに、人々はグローバル社会の中で、単一の国家や文化の価値を単一の基準だけで考えることができなくなってきているため、社会貢献的価値は、個人、集団、国や文化を超えた、人類が普遍的、超国家的に追求しようとする教育的価値として、一般的価値次元を超えたより高次な価値次元ともいえるのではないだろうか。

　以上のように、教育価値次元の包括的次元のうち、伝統（権威）主義的価値は、一般的価値次元から得られた普遍的な保守性、支配性と対応し、自由主義的価値次元は、一般的価値次元から得られた普遍的な平等性と対応し、これらは、一般的価値次元と教育価値次元との共通する側面が見出された。一方、社会貢献的価値と自己実現的価値の次元は、一般的価値次元とはやや質を異にする教育価値次元のもつ特有な独自的な側面、即ち、一般的価値次元に欠けている側面が見出されたといえる。

第7節　結　語

　第1節（研究2）では、第2節（研究3）の比較研究を行う尺度を作成するために、第3章で理論的に収集され選抜された教育価値観45項目を使用し

て、因子分析を行った。分析結果から、教育価値観尺度を理想的教師観（熱意、専門性、学生尊重、教師主導）の4次元、理想的学生観（学習意欲、規則遵守、従順）の3次元、理想的教育観（文化的視野、人材教育、自主独立、社会化、創造性）の5次元となった。第2節（研究3）では、この教育価値観項目を用いて中国人学生、韓国人学生、日本人教師、日本人学生の4群間で比較を試みた。群別にみると日本人教師は、学習意欲、自主独立、文化的視野を重視し、創造性をあまり重視しない傾向が見られた。日本人学生は、規範遵守や社会化という保守性を重視しつつ、自主独立や創造性という革新性を重視していた。つまり、次元は異なるものの、二律背反的な教育価値観を持ち合わせていた。中国人学生は熱意、従順、社会化、人材教育を重視しており、一貫した教育価値観を持っていた。韓国人学生は、教師主導が重視され、理想的学生観、理想的教育観では他の3群の中間に位置していた。このことから「複合的教育価値観」をもつ日本人学生、「単一的教育価値観」をもつ中国人学生、「中間的教育価値観」をもつ韓国人学生というアジア3か国の教育価値観の3類型が見いだされた。第3節（研究4）では、31項目の教育価値観（短縮版）を作成し、第4節（研究5）では評定法と分析方法を変えて教育価値観（短縮版）を用いて学生集団の比較を行った。第5節（研究6）では、12下位尺度の上位因子分析を行った結果、自己実現的価値、自由主義的価値、伝統（権威）主義の価値、社会貢献的価値の4上位因子が抽出された。判別分析結果から、日本人学生は自己実現的価値、自由主義的価値を重視し、中国人学生は伝統（権威）主義的価値を重視していたことが示された。また、韓国人学生は2群の中間に位置していたことが示された。最後に、第6節ではSchwartzらの一般的価値次元と教育価値次元との関連について検討が行われ、伝統（権威）主義的価値は、一般的価値次元から得られた普遍的な保守性、支配性と対応し、自由主義的価値次元は、一般的価値次元から得られた普遍的な平等性と対応し、これらは、一般的価値次元と教育価値次元との共通する側面が見出された。一方、自己実現的価値次元、社会貢献的価値次元という教育価値次元の独自の側面も示唆された。

第❺章

日本人日本語教師と留学生との葛藤事例

第1節　日本語教育場面の異文化接触の現状

　日本における日本語教育場面では、一般に日本人教師が母語である日本語やその関連する領域を外国人に教える。即ち、ホスト社会のマジョリティがマイノリティにマジョリティの言語を教えるという構造になる。実態としては、おもに民間の日本語学校や国際交流協会等の教育実施機関や大学の留学生別科などの日本語教育施設がある。日本語学校や私立大学留学生別科等の日本語教育機関の教師は、進学希望をもつ留学生に大学入学を目的とした教育活動を行っている。また、大学所属の教師は、大学院入学前の予備教育、交換留学生の日本語教育、学部・大学院に在籍する留学生の日本語の補講や論文作成などの留学生に関連する教科を担当している。通常、教師はある日本語能力レベルにクラス分けされた複数の出身国からの留学生を対象とし教育活動を行うため、日本語クラスの中では、日本人教師が日本語を教えるという教育目標の達成のみを重視すると、日本社会のルールが優先されがちになる。一方、教室内の実態は、担当したクラスを構成する学生の出身国を反映するような多文化多言語状況となり、日本も含め学生の出身国の文化的価値観やルールが混在する。それ故、日本語教育場面は、教師にとってこれまで重視してきた自分の価値観が多様な価値観とぶつかり合い、大きく揺れ動く過程でもある。

　これまで日本語教育現場で教師が報告した葛藤事例の分析では、社会的関

係性・状況の軽視、被差別感、自己主張の強さ、マナー違反といった留学生の言動が葛藤原因として指摘されている（加賀美, 2000）。一方、留学生は、教室内の教室活動や教授法が教師主導で行われることが多いため、教師の授業スタイルに反感を持ったり（土屋・土屋, 1997）、成人学生であるにもかかわらず子ども扱いされたと感じたりするなど違和感をもつことがある（関, 1993; 百のトラブル解決マニュアル調査研究グループ, 1996）。教室内活動の文型練習では、国、民族、個人に関連する話題を単純化した例文として取り上げることがある。学生は教師によってステレオタイプ化された自国像に不快感をもつ一方、教師も学生からのプライバシーに関する単純で素朴な質問に違和感がある（加賀美, 2000）。

　このように日本語教育場面での異文化接触は、日本人教師と留学生の双方で様々な葛藤が生じ価値観が大きく揺れる。その背景には社会、心理、歴史的状況が関連するため、異文化間葛藤の解決は日本人同士のような察しのコミュニケーションや暗黙のルールが通用せず困難を極める（青木, 1992）。同時に日本語教育場面は、留学生にとって来日後の異文化接触体験の場でもあり、第二言語習得、大学・大学院進学、目的達成、自己実現にも関連する重要な教育の場である。その中で、教師との人間関係は留学生活とその後の成果にも大きく影響を与えることになる。しかしながら、教師と学生の間でどのような問題が生じているのか、その現状を明確に把握する必要があるにもかかわらず、これまでこうした調査及び実践研究はほとんど行われてこなかった。

第2節　葛藤事例の内容分析と典型例　研究7

(1) 目　的

　第1節の現状を踏まえ、第2節では日本語教育場面における教師と学生との葛藤に焦点を当て、日本人日本語教師が認知している葛藤事例を収集し、その内容、原因帰属、解決行動、教師の情動について典型例を通してその現状を明らかにすることを目的とする。

(2) 方　法

対象者

　2001年2月初旬から3月下旬まで、大学及び日本語教育関連機関に所属する日本語教師84名を対象に質問紙調査を行った。回答者の属性は、大学専任教員12名、大学非常勤講師18名、日本語学校（日本語教育関連施設を含む）専任教員11名、日本語学校非常勤講師7名（複数所属）であった。日本語教育経験期間は、6か月未満1名、2年～5年未満8名、5年～10年未満20名、10年～15年未満1名、15年以上9名、不明4名であり、5年以上の経験をもつ教師が30名以上いた。性別は男性3名、女性40名で、年齢は20代6名、30代12名、40代17名、50代4名、不明4名であった。

手続き

　次のような自由回答形式の質問票を配布した。依頼文は「日本語教育場面において先生方が日本語学習者と関わっているとき、どのように対応したらよいかわからないような解決困難な問題（自分の思うように事が進まなくて非常に困った、またはストレスを感じたことなど）がありましたら、自由に答えてください」とし、回答者である教師及び関係者である学生のプライバシーの守秘を保証した。具体的な質問項目は以下の4項目であり、①どんな相手とどんな問題が生じたか、事例の概要を詳しく書いてください、②問題が生じた原因は何だと思いますか、③その事例をどのように解決しましたか、④この事例に関わっているときの気持ち、感情はどうでしたか、と記述を求めた（青木, 1992; 藤森, 1989; 百のトラブル解決マニュアル調査研究グループ, 1996; 潮村・大渕, 1994）。その結果、43例が収集された。分析方法は自由回答の内容をカード化し、カテゴリーごとに分類し、関連する典型事例を抽出し解釈を行った。

　葛藤相手と認知している留学生の属性については、出身国は17か国に及んでいるが、内訳は、中国11名、韓国7名、アメリカ5名、エジプト4名、ブラジル3名、マレーシア2名が上位を占め、それ以外の11か国は各1名であった。所属先は、日本語学校13名、大学留学生センター・別科13

名、大学研究生5名、大学学部生2名、その他10名であった。年齢は10代1名、20代30名、30代7名、40代1名、不明3名であった。性別は男性31名、女性15名（複数回答）で、宗教はイスラム教10名、キリスト教6名、仏教4名、不明23名であった。日本語能力は全く（ほとんど）できない9名、初級程度19名、中級13名、上級2名であった。問題が生じた時点での滞在期間は、1か月未満6名、1か月から2か月未満5名、2か月から3か月未満5名、3か月から4か月未満6名、4か月から5か月未満0名、5か月から6か月未満2名、6か月から7か月未満2名、7か月から8か月未満7名、8か月から9か月未満0名、9か月以上6名、不明4名であった。来日後4か月未満がほぼ半数に達していた。

結果と考察

　葛藤事例内容　葛藤事例の内容分析の結果、教師が認知する留学生との葛藤内容を8カテゴリーに分けた。事例内容の多いものから記述すると、学生の抗議・主張が16例、授業不参加が7例、教室内規範違反が5例、学習困難が4例、暴力行為が4例、学習意欲の欠如が2例、明白な不正行為が2例、教室場面以外の問題が3例であった。以下に典型事例を挙げながら、各内容を説明する。

　(1) 学生の抗議・自己主張　同文化内における教師と学生の社会的関係は通常、上下関係である。学級内では前者が後者を教育するという役割を担うため、能力的にも地位的にも安定し、教師は学級で勢力をもつ（淵上, 2000）。そのため、一般的には学生が教師に従うことが期待される。しかしながら、事例A、Bでは教師の学生への期待とそれに対する学生の行動は、この教師が受けてきた同文化内での教室規範や社会的関係のルールから見ると、予測を超えていたことが考えられる。

　　事例A：「若者の恋愛、交際、結婚生活」について日本とX国の違いなどに関してフリートーキングをしており、教師の意見を聞かれたので、「日本はこうだ。私はこう思う」と述べたら、「そんなはずはない。先生は

おかしい」と否定され、説明しても聞いてもらえず話が進まなくなった。

　事例B：日本語レベル判定試験の結果、クラス分けに不満をもち、自分を上のクラスに上げるように交渉してきた。教師が「得点が基準に到達していないからだめだ」と言っても食い下がり、「日程的にも先生の授業しか合わない」となかなか引き下がらなかった。

さらに事例Cでは、学生に他の教師（より豊かな経験をもつ教師と推察される）の教授方法と比較されて、この教師の教授方法の正当性を否定されたことである。

　事例C：スピーチの授業中、ある学生の文法が間違っていたため、スピーチの終了後に復習のつもりで訂正したら、「それはうそだ」とクレームをつけられた。最初から説明しても「前の先生はそんなふうに教えなかった。先生は他の先生と教え方が違う」と怒鳴られた。

事例Aでは教師は教室内を暗黙の内にホスト社会と同一視し、マジョリティのルールへの同化を促す活動を無意識のうちに行っている。それに対し、留学生は教室を自文化社会と同一視し、自文化社会で培った日本人ステレオタイプを当てはめて現実の教師と比較し、自文化社会のルールに基づいた判断をしており、認知的不一致が生じていることが考えられる。このことから考えると、教師が学生から強く要求されている、または抗議をされていると認知する背景には、教室内においてはホスト社会の教師の優勢な立場を期待しているのに対し、現状は教師がマイノリティになっており、教室内の学生と教師との勢力関係が逆転していることに、教師は強く戸惑い葛藤が生じているのではないかと推察される。つまり、教師が社会化されてきた同文化内クラスでは、教師の制御下で教室活動が行われるのに対し、多様な学習背景、職業経験をもつ学生がいる多文化クラスでは不確実なことが多く、教師が同文化内のように制御できず教師がマイノリティの立場になってしまうため、社会的勢力が弱められていることが考えられる。その典型例として、

次の例が挙げられる。

　　事例D：クラスのほとんどがB国出身者で授業中もB国語使用が日常的に行われるようになった。日本語を話すように注意をしても自分は日本語が話せないのだから当然だという反論を受けた。

このように優勢な言語の使用も、多文化状況において社会的勢力を反映することが考えられる。

　時代を超えて個人が集団として認識される葛藤の事例もある。以下の事例E、Fでは、教室内において、日本語を教える一人の教師が突然、日本人の代表としての役割を果たすことになりうる場合である。アジア諸国からの学生が大半を占める教室では、歴史認識の対立、戦争責任についての話題が浮上し、教師に日本人としての率直な意見を求められることもある。学生の中には「日本人へのしこり」が解決できないままになっている人もいるため（任, 1996）、潜在的に持っている否定的な対日観から、日本で最も身近にいる日本語教師一個人を戦争責任のある加害者の日本人の代表という認識にしてしまう。

　　事例E：授業中、提示したある資料の中に、世界大戦という言葉が出てきて、授業の内容とは全く関係がないが、突然、「日本は戦争でC国を侵略し祖父が殺されたが、どう思うか」と話し始めた。

　　事例F：日本の歴史に触れる機会があった。ある学生は、「日本人はD国を侵略したことを認めていない。以前在籍した日本語学校では各国の学生が日本に侵略された歴史を発表した」といった。

　この場合、学生にとって教師は一個人ではなく過去の歴史を背負った集団としての日本人教師という認知になるが、教師は個人的に日本人の代表として歴史的責任までは背負えないという思いと謝罪すべきなのかという思いの中で葛藤が生じる。

(2) 授業不参加　個人教授以外の授業においては、目標、内容、教授方法、評価などは教師主導で決めることが多い。言語学習は、動機、学習継続意思、ニーズ、日本語教育歴、不安などの心理的要因など個人差が大きい。しかし、多数の学生のニーズが優先される教室活動では個人的な要因や学習ニーズを優先することができないため、事例Gのように大学院入試を控え専門の試験勉強を中心に行いたい学生は授業に出てこなくなる。教師は学生のこのような実状は理解できるが、自分の授業が軽視されることに違和感を持っている。

　事例G：授業に突然出てこなくなり一か月が過ぎ、最終試験のみに出てきた。出席日数が不足しているので、どうして何もいわずに欠席を続けたのかと聞くと、授業が簡単すぎるし、専門の授業の方が大切だからといった。

　また、学生が個人的には漢字学習をする必要がないと思っているのに、学校のカリキュラムには漢字学習が組み込まれており、それが修了できなければ上級レベルに進級できない仕組みになっている。教師は上級レベルに上げるためには漢字学習も含め総合的な運用能力が必要であると考えるため、学生のニーズとカリキュラムの狭間に立たされている。

　事例H：接客のアルバイトをしているため、聞き取りや会話は他の学生より優れている。しかし、読解の授業では自分には漢字は必要ないと断固として漢字学習を拒んだ。他の日本語能力は上級レベルであるが、総合的に上級レベルに進ませることが難しく判断に苦慮した。

　このように、教室活動は個人ニーズを優先することが難しいために、この学生はニーズに合わない学習項目を拒絶する行動をとったのではないかと推察される。また、不安傾向が高く新しい学習項目に容易に取り組めない学生は、授業不参加という形で学習項目を拒否することもある。

事例 I：学生は新出語に敏感で、未習と思われる言葉が出てくると、急に態度が変わり腕組みをして下を向いて "Don't ask me." といってクラスに参加しなくなった。

さらに、自国での生活において宗教が最優先され社会化された学生にとっては、授業より宗教的行動（お祈り）を重視する。一般に日本の社会や学校では、冠婚葬祭以外は宗教的活動を意識して行わないため、事例 J のように、授業中にお祈りをしたいという突然の申し出に、教師がどのように理解し対処したらよいかわからない場合もある。教師は教室内での授業進度の遅れ、他宗教の学生との関係、教室内規範なども考えなければならないため、学生のもつ宗教的価値観とその文化的背景が理解できても、その判断は難しい。

事例 J：授業中に、突然お祈りをしたいと言い出した。今まで X 教の学生は授業中にお祈りをすることはなかったので、戸惑った。

事例 K では宗教と性差も関連し、X 教徒男子学生が教室内で女性教師と自然な交流やアイコンタクトをしないことが教師にとっては不可解であった。この行動の背後には X 教の教えを忠実に守っているという宗教的文化的意味があった。しかし、女性教師にとっては X 教の学生すべてがこのような行動をとるわけではないため、学生の行動を個人的理由か、文化的理由かという判断に苦慮していた例である。

事例 K：授業中、教師の目を見ず視線も合わせず、マイペースの活動をしている。

(3) **教室内規範違反**　教室内の規範違反については、ここでは教師がとる解決行動として「注意」をした後、留学生の反応の仕方が同文化内で期待される行動と異なるため、教師が葛藤を感じている例を挙げる。事例 L では教師は授業を最優先すべきだという信条があるが、学生はそれ以上に携帯電話の相手を重視する。

事例L：学生は教師が授業中に携帯のスイッチを切るように言っても、大事な電話かもしれないからと言って切らなかった。

　また、事例Mでは授業に遅れてきた場合の学生の対処行動に関して言及している。教師は同文化内での期待される行動として謝罪を求めているが、この学生は正直に天候によっては外出せず家にいることを選択すると答えている。さらに教師は最終的な切り札としてコース修了の有無をもち出すが、学生は教師の期待に反して、コースの辞退を簡単に決断してしまう。このように、教師は留学生がとる行動が同文化で期待された行動と合致しないため、葛藤を感じている。

　事例M：毎朝、ほとんど遅刻をしてくるので、「どうして遅刻をするのか」というと、「寒いから」と答えた。その後も遅刻と欠席が頻繁に続くので、「このまま休みが続くとコース修了は難しい」というと、「コースを辞める」と言い出した。

　また、日本における教室活動では、多くの場合、教師の話が終わってから質問をすることが期待されるが、事例Nの学生のように、授業を中断させ自分のわからないところを即座に解決し、自分の関心がある話題のみに関与していく態度は、個人の主張を抑制して自分が属する集団内の調和や文脈を重視するように（浜口, 1982）社会化された日本人教師にとっては、戸惑いを隠せないようである。

　事例N：クラス内で他人のことを考えずに行動する。例えば、わからないことがあると、ときを考えずに質問するなど、授業を聞かずにつまらないという態度を表し、他の学生に悪影響を与えた。

（4）**学習困難**　学習困難については、不安などの情動的要因が関連する場合と学習方法やスキルなどが不足している場合がある。以下の事例は家族の病気による心理的な不安とテスト不安の事例である。

事例O：本国にいる母親が病気がちなため心配で勉強に集中できないと繰り返し訴えた。さらに、体調が優れないと訴えた。

　事例P：日本語のテストのとき、汗が出て息づかいが荒くなるなど異常な緊張がみられた。授業も休みがちになった。

外国語学習歴があれば自分の持っている学習スタイルが日本語学習でも応用されるが、日本語学習が未習で、しかも他の言語学習体験を持たない学生の場合、直面する問題解決方法が見いだせず困難が生じている。事例Rは不安と学習スキルの両方が関連している。

　事例Q：母語以外の外国語学習歴がほとんどなく、媒介語が使えず外国語学習の要領がわからず、学習に大きな困難を生じた。

　事例R：漢字の勉強をしているとき、なかなか覚えられず、いらいらしている状況だった。授業終了後、突然泣き出した。

(5) **学習意欲の欠如**　学習者の中には経済的理由から学習時間を充分確保できない人もいる。そのため、来日当初の学習意欲がそのまま継続せず、低下していくこともある。事例Sでは学習者の目的が教育目標と合致していないことが考えられる。

　事例S：全く学習意欲のない学生がクラスの大半を占め、授業をきいているのは10名中2名ほどだった。

事例Tでは出身国や年齢の異なる集団が同一クラスにいるため、教室活動が一つの目標として定めにくく、学生同士でも経験が共有できず学習意欲にも影響することが考えられる。また、15歳の学生は親の都合で来日しているため、学習に対する内発的動機づけが低いことも考えられる。高校入試など進路問題も抱えているため、適切なクラス配置を行い成人学生とは分離

し特別な指導の必要性がある。

　事例T：成人のE国人主体のクラスに15歳のF国人が2名入ってきた。国籍、年齢が違うため、交流を持とうとせず、教師ともあまり話そうとしなかった。また、教室内の活動に全く興味を示さなかった。

(6) **明白な不正行為**　カンニングについては教師と学生との顕在化した葛藤といえる。いつ、どのようなタイミングで注意し、その後、他の学生を含めてどのように対処していくかということは、学校の方針や教師同士の合意とも関連するため、突然生じた不正行為に対し教師は毅然とした態度がとれないことがある。また、カンニングを重大な「不正行為」という認識を強く持たない学生もいるため、事例Uでは、すでに注意をしたにもかかわらず2度までもカンニングをする学生に対し、教師が困惑している例である。

　事例U：試験の最中学生Aは学生Bの消しゴムを貸してもらっているうちにカンニングをしていたので、注意した。教師が他の学生の質問に答えているうちに再度カンニングをした。あとで採点をしたら両者の答案に同じ答えが何か所かあった。

(7) **暴力行為**　教師の制御下にあるはずの授業が、攻撃性の高い学生により制御できなくなる場合もある。事例V、Wの学生（男性）は母国で職業経験をもち、教師（女性）よりも年齢が上であるため両者の勢力差とも関連することも考えられる。学生の暴力行為に関しては、一般に教師が問題事例への対処等の研修を受けているわけではないので、通常の教育能力を超えている。従って、教師自身も学生の攻撃的行動をどのように制御したらよいかわからない上、周囲の学生も傷つきクラス全体に影響を及ぼすこともある。攻撃性に関しては帰属のゆがみなど学生の社会的情報処理過程に問題がある場合（濱口, 2001）や人格的な問題がある場合も想定し、専門家の介入を入れるシステムの整備も課題として残されている。

事例V：ある学生が授業中、間違ったときに笑われたといい、相手の学生に謝罪を強く要求し、口論になった。また、注意すると攻撃的になり、悪口を言い「あなたに何がわかるか、訴えてやる」と攻撃的にモノを投げつけたりした。

事例W：ある学生は授業中、教師が質問しても答えなかったため、同国人の学生が「質問に答えないなら、授業に来なければよい」と言うと、その学生だけでなく、教師に対しても暴言を吐き、攻撃的な態度を示した。

葛藤の原因の認知
　解決困難な葛藤内容に対し教師はどのように原因を認知しているのであろうか。葛藤の原因認知（複数回答）では、4カテゴリーに分類したところ、学生の個人的問題が25例、文化的問題が10例、教師の個人的問題が6例、教育環境が4例であった。具体的には、学生の個人的問題については、人格や思い込みの強さ、学習意欲の欠如等を挙げていた。文化的問題では、価値観や習慣、宗教的認識などの文化的差異を、教師の個人的問題では、教師自身の判断や行動などを挙げていた。教育環境については、チームティーチングの体制やコースの情報提供、不統一な見解などの教育環境の不備を挙げていた。
　このように、原因帰属様式に関しては、教師は自分自身の行動には比較的寛容であるのに対し、相手に対しては非寛容な帰属傾向が見られ、学生の個人的問題や文化的問題などのように外的要因に帰属させている傾向が見られた。

葛藤解決方略
　解決困難な葛藤事例の解決行動については、8カテゴリーに分類された。学生に話を聞き、教師の意見も言う対話（協調）が5例、学生に教師の考えや学校の方針を説明する説得が7例、教師の考えを伝え相手の言うことが間違っていることを伝える対決が7例、何もせずそのままにしておく回避が2

例、学生の言うことを黙って聞く服従（受容）が5例、その場では解決せず後で教師または上司に聞いて対処する第三者（教師）介入が5例、教室内で他の学生に援助してもらい解決する第三者（学生）介入が5例、解決不可が6例であった。最も多かったのは、学生に教師の考えや学校の方針を説明する説得と教師の考えを伝え相手の言うことが間違っていることを伝える対決であり、一番少なかったのは、何もせずそのままにしておく回避であった。

解決方略については、教師が相手を説得する、対話を行うというような学生との相互交流による解決が3分の1であった。ついで、学生との対決や服従というように、一方向的な解決方法も見られた。第三者による解決方法も特徴的で、クラス内で他の留学生が教室活動の中で助け船を出し、収まったというのが多かった。これは、教師と留学生の二者対立に第三者の留学生が入ることで、当事者の緊張関係を一時的に打開する効果があったようである。しかし、教師や上司による第三者介入の場合では、当事者の教師はその場における教室内葛藤は解決していないので、一時的に解決のために保留、または回避したとも考えられる。また、解決不可も6例に上り、究極の解決である帰国というのも見られた。このことから、教師が問題をどのように解決していくかという視点があまり意識されていないことが明らかになった。解決不可の場合は、相手との関係は悪化しており、放置されている傾向が見られた。

情　動

葛藤解決行動の際に生起される情動については、4カテゴリーに分類した。解決行動が行われたのにもかかわらず、学生への様々な感情がしこりとして残っていることが明らかになった。具体的には、学生への不可解な感情が22例（不可解9、戸惑い3、あきれ3、驚き5、不信2、困惑1）、学生への否定的感情は9例（不愉快3、怒り3、残念2、いなくなって欲しい1）というように、不可解な感情や否定的な感情は31例に至った。さらに、教師自身への自罰的な感情も14例（自責2、無力感2、不安2、憂うつ1、つらい1、情けない1、気が重い1、空しい1、失敗1、不眠1、難しい1）であった。また、精神的安定への努力は3例（そっとしておく1、自分の気持ちを落ち着かせる1、神経質にならないようにする1）

であった。

　このように、葛藤事例に対し何らかの解決行動を行った結果、教師は相手に対し不可解で否定的な感情をもつとともに自罰的な感情が継続していた。このことは、いくつか解釈が可能であるが、まず、教師は学生との葛藤そのものを否定的に受け止めている可能性がある。葛藤＝問題（よくないこと）＝失敗という認識があり、学生との人間関係維持を重視したいために葛藤を回避する（Ohbuchi & Takahashi, 1994）ことが考えられる。しかし、問題を解決するためには学生と向き合い対話や説得をせざるを得ない。留学生との対話や説得、対決をしたりすることは、教師にとっては事前の心の準備が必要となるが、こうした状況は突然生じるため、教師は十分に心の準備ができないまま、解決行動を取ることが考えられる。しかし、それが留学生に十分に伝達できなかったり、理解されなかったりする場合、相手ばかりでなく自分自身に対しても、後味が悪く、後悔や自責、無力感が残ってしまうことが考えられる。また、他の教師や学生の第三者介入によって解決したとしても、教師は学生との葛藤やそれに付随する諸問題が表面化することによって、教師自身が傷ついてしまう可能性もある。たとえば、第三者介入は、葛藤の表面化につながり、教師の評価とも関連する。教師は組織のなかでの評価が低下してしまう場合は、学生に対し否定的になったりするだけでなく、さらに自責、抑うつ、無力感を生じさせてしまうことが考えられる。

葛藤解決方略からみた葛藤解決過程

　それでは、教師は葛藤内容についてどのように原因を帰属させ、解決行動をとり、情動的な反応をしているのだろうか。ここでは、葛藤解決方略の8つの典型的分類を上述した事例から抽出し、全体を通して検討を行う（表5-1）。

　事例内容において、留学生は教師に抗議や自己主張をし、教師の指示を拒否、無視したりしていた。そのような対決姿勢をもつ学生に対し、教師は葛藤原因が学生にあると認知しているものの、葛藤解決方略として必ずしも対決行動を選択しているわけではなかった。つまり、教師の学生への認知（帰属）と行動（対決的方略行動）との間に不一致が生じていた。一般的には、教

表 5-1　葛藤解決方略の分類からみた事例内容、帰属、情動の特徴

	事例内容	教師の帰属	教師の葛藤解決方略	教師の情動
事例 C	学生の自己主張	学生要因	第三者(学生)介入（他の学生が母語で教師に代って説明してくれた）	驚き
事例 D	学生の自己主張	学生要因	説得（機会あるごとに日本語を話すように説得した）	不可解・自責
事例 E	学生の自己主張	学生要因	回避（戦争責任などのテーマをクラスに持ち込みたくなかったので、取り上げなかった）	不可解
事例 F	学生の自己主張	学生要因	服従（受容）（思っていることを話したいだけ話させた）	不可解・複雑
事例 J	授業の不参加	文化要因	協調（対話）（他の学生とも相談し問題がないと考え許可した。授業の遅れは自習するように言った）	戸惑い
事例 L	教室内規範違反	学生要因・教育環境	対決（学生に止めるように言ったが、止めずに逆に文句を言われた。他の教師が認めていたため、統一見解が得られなかった）	怒り・あきれ、無力感
事例 S	学習意欲の欠如	学生要因	第三者（教師）介入（他の教師に悩みを打ち明け相談した）	憂うつ
事例 V	暴力行為	学生要因	解決不可（解決できないまま、急病になり帰国した）	精神的安定の維持

師が学生に原因帰属をすれば、教師と学生の上下関係や勢力関係を考えると、教師が対決行動をとることが予想される。しかしながら、教師が対決行動をとらなかったのは、次のような理由が考えられるだろう。

第一に、教師と学生との関係が同文化内では教師が安定した高勢力が維持できるのに対し、多文化クラスでは、多様な文化的価値観の要素が混じるため、正しいことと間違っていることの境界が曖昧になるため、対決行動につながらなかったのではないかと考えられる。第二に、教師はマイノリティとしての留学生を保護する役割をもつため（加賀美, 1997）、学生に原因があるとしても批判をしにくい立場にあることも一因であろう。第三に、日本では人間関係において葛藤を顕在化させないという社会規範があるために、学生の自己主張に対しとるべき解決方略を一時的に保留し、長期的に関わることで相手に理解してもらおうとするため、即座に対決行動を選択しなかったこ

とが推察される。第四に、組織の一員という立場から自分の判断は避け、他者の意見を聞きながら対応しようとしていたことも考えられる。そのことは、教師や上司による第三者介入を多く選択していたことからもわかる。一方、教師が対決行動を取った事例を検討すると、学生の行動が教育規範にはずれ、論理的根拠があり「注意」などの対決が避けられないときにのみ対決方略を取る傾向があった。このように、教師が対決行動をとらないことは、社会規範も含め上記の理由が考えられる反面、学生に対して教師の考えや感情が学生に全く伝わっていないことも考えられる。たとえば、両者の間で誤解があっても修正されず、お互いに理解しようとする機会がもたれないまま放置されていることが考えられる。こうした教師の学生とのきちんと向き合わない解決方略は、本質的な教師と学生との問題解決へとつながっているとは思えない。このように、教師は学生の対決姿勢に対し、多様な解決方略を選択しているものの、本質的な解決方略を選択しようとしていないため、その過程で生じた情動面においては、学生への困惑や不信、自分自身への無力感などの否定的感情が表れていたのではないかと考えられる。

(3) まとめ

図5-1は教師と学生の葛藤事例から見た関連要因の全体像をまとめた図である。これは社会・文化・制度、歴史的な要因が、個人の葛藤内容、帰属要因、解決行動、情動に影響するとともに、教育に関する文化的価値観が、教育環境や支援体制等に影響を与えながら、帰属過程や解決行動に影響を与えていることを示している。全体の傾向としては、教師の認知する学生との葛藤内容は、学生からの自己主張や抗議、教室内の規範違反、不参加などが大半を占めていた。原因帰属要因としては、教師要因、学生要因、文化要因、教育環境要因が挙げられるが、学生要因に帰属させることが多かった。解決方略は、協調、服従、回避、対決、説得、第三者介入など多様な方略が選択されていた。しかし、情動面においては、多くの場合、学生と教師自身への否定的な感情が生起されていたことが示された。

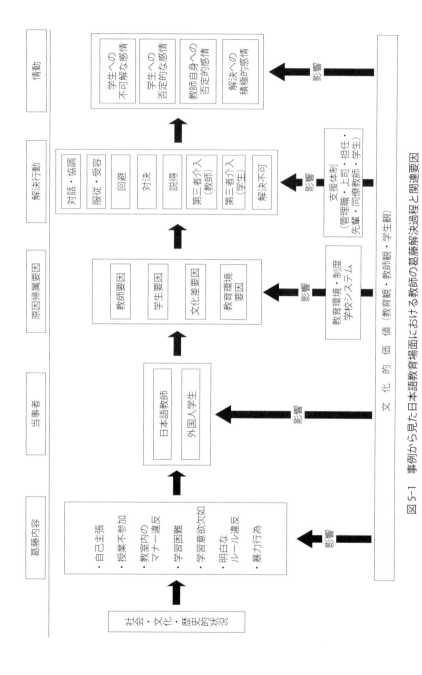

図 5-1 事例から見た日本語教育場面における教師の葛藤解決過程と関連要因

第3節　結　語

　第5章では、日本語教育場面での日本人教師の認知している葛藤事例を分析し、その内容を明らかにした。第1節は、日本において日常的に異文化接触が最も多い日本語教育場面の日本人教師と日本語学習者の動向と現状について概観した。第2節（研究7）では、84名の日本語教師を対象に葛藤の内容と解決過程を事例により明らかにすることを目的に行われ、43事例が収集された。内容分析を行った結果、①日本語教師が認知する留学生との葛藤内容は、8カテゴリーに分類され、学生の抗議・主張、授業不参加、教室内規範違反、学習困難、学習意欲の欠如、明白なルール違反、暴力行為、教室場面以外の問題であった。②原因の認知は、留学生側及び文化や環境への外的帰属傾向が高かった。③葛藤の解決行動については、多様な方略が選択され、対話や説得などの双方的方略、対決や服従などの一方向的な方略、教師や学生の第三者介入も特徴的であった。④教師の感情については、学生と教師自身への否定的感情が見られた。上記に挙げたカテゴリーごとの葛藤事例については、典型例を紹介し解釈した。以上から、第6章へと続く葛藤内容と原因帰属、葛藤解決方略の概念枠組みが導き出された。

第6章

日本語教育場面における日本人教師と中国人学生、韓国人学生の葛藤の原因帰属と解決方略

第1節　葛藤の原因帰属と葛藤解決方略の関連性及び教師の予測 研究8

(1) 問題と目的

　研究7で事例分析をしたように、日本語教師と留学生との異文化接触の場である日本語教育場面は、種々の葛藤が生じる可能性の高い場面である。日本人の日本語教師が報告した葛藤事例の分析では、学生の抗議・主張、授業不参加、教室内規範違反、学習困難、暴力行為、学習意欲の欠如、明白な不正行為などに分類された。こうした背後には、社会的関係性・状況の軽視(教師、目上の人に対する言葉遣いや状況を考慮しない、教師を評価する、など)や被差別感(「日本人は××人を差別する」と決めつける、など)といった留学生の言動が葛藤原因として指摘されている。一方、留学生は教師の授業スタイル(正確さのみを求める教授方法で行う、など)や授業内容(国やプライバシーに関する答えたくない質問をする、など)に対して違和感や反感をもつことがある(土屋・土屋, 1997)。異文化間葛藤では、価値観や慣習の違いから一方が適切と思って行う行動が他方にとっては我慢できないものと知覚されるといった場合が多い。こうした状況では、日本人同士の場合のように暗黙のルールや期待は通用しないので、しばしばその解決は困難で、その結果、葛藤が教師と留学生

の関係に亀裂を生じさせることも少なくない。

　異文化間葛藤の解決を困難にさせる原因の一つは、学生、教師の双方の不適切な解決行動と考えられる。葛藤解決方略としては、積極的方略として対決と協調、消極的方略として服従と回避の4タイプの分け方が一般的である（Falbo & Peplau, 1980; 大渕・福島, 1997）。対決とは当事者が相手に対して自分の主張や要求を強く行ったり、相手を攻撃すること、協調とは穏やかに話し合って合意点を探ったり、妥協し合うこと、服従とは一方的に相手の要求に従うこと、回避とは対立点をぼかしたり相手との接触を避けることである。異文化間葛藤は一般の利害葛藤と異なり、価値観対立などが背景にある場合が多い。しかし、原因は何であれ解決行動の分析には同じ枠組みを用いることが可能なので、これら4タイプの解決行動は日本語教育場面における葛藤の分析にも適用可能と思われる。

　葛藤解決方略のもう一つの重要な規定因は帰属である（大渕・小嶋, 1999; Witteman, 1992）。夫婦など親密な男女関係における対人葛藤を分析したWitteman（1992）は、パートナーが互いに相手の行動を不誠実さや不道徳さなど負の内的要因（安定的で制御不能な要因）に帰属すると、対決的あるいは回避的な葛藤行動が増えることを見いだした。異文化間葛藤においても帰属は重要な役割を果たすと思われる。

　日本語教育場面における葛藤については、学生の個人要因、教師の個人要因、文化要因の3種類の帰属に注目できる。学生の個人要因とは、努力不足や日本文化の無知など不安定で制御可能な内的要因のことである。教師の個人要因とは、厳しい教え方、学生に対する配慮のなさなどのような不安定で制御可能な内的要因である。文化要因とは学生、教師の双方が社会化された過程で獲得した外的で制御不可能な文化差である。そこで、第6章の第1節（研究8）の目的は、留学生の不適切な解決行動を促す要因として彼ら自身の帰属に注目し、帰属様式と解決行動の関連性を検討することにする。

　本研究で用いた方法は、葛藤状況を描いた短文を読ませて反応を求めるシナリオ法である。既に述べたように、異文化間葛藤では、一方が適切と思って行う行動が他方にとっては我慢できないものと知覚されるといったケースが多いので、本研究ではこうしたタイプの葛藤を取り上げて、シナリオを作

成した。葛藤場面における留学生の解決行動として、服従、協調（対話）、回避（離脱）、対決（抗議）を測定し、一方、各場面において彼らに葛藤の原因帰属を行わせ、帰属と葛藤解決行動の間に次のような予測を立てた。葛藤原因が自分の側にあると認知した学生は、教師との関係維持に努めると考えられるので、学生の個人要因への帰属は協調や服従を増加させ、対決や回避を減少させると予想した（仮説1）。葛藤原因が教師の側にあると認知した学生は、自分の公正さを主張すると考えられるので、教師の個人要因への帰属は対決や回避を増加させ、協調や服従を減少させると予想した（仮説2）。葛藤原因が文化差にあると認知した学生は、自尊心を低下させることなく教師との関係が維持できるので、協調や服従を増加させ、対決や回避を減少させると予想した（仮説3）。

　一方、異文化間葛藤の解決を困難にする要因は教師の側にも存在する。しばしば教師は、留学生の心理や行動を正確に把握できないために、葛藤を適切に処理できないことがある。それは、葛藤事態について教師が学生とは異なる理解をしている場合や、葛藤に対する学生の反応を教師が的確に予測できない場合である。そこで、葛藤場面における原因帰属と学生の解決行動について、教師にも同じ方法で評定を行わせ、学生の反応との比較を試みた。教師による帰属や学生の行動の予測が学生自身の反応とどの点で、また、どのように異なるのかを検討することが第2の目的である。

(2) 方　法

対象者

　質問票は留学生を対象に2001年6月から7月末にかけて3つの留学生会館、大学留学生センター、日本語学校の9機関に中国語版490部、韓国版440部を配布し、中国人学生214名（男性119名、女性95名、すべて中国大陸出身）、韓国人学生154名（男性45名、女性109名）から回答を得た。日本語教師に対しては大学の留学生センター、日本語学校など7機関に200部を配布し84名（男性13名、女性71名、すべて日本人）から回答を得た。調査用紙には調査目的である日本語教育現場の改善とプライバシーの厳守を明記した。

対象者の平均年齢は教師38.2歳、中国人学生26.3歳、韓国人学生は25.2歳だった。日本語能力総点（最高13）の平均は、中国人学生10.3、韓国人学生10.1で、平均滞在期間は、中国人学生21.1月、韓国人学生12.1月だった。

手続き

異文化接触においては、相互作用状況を特定することが重要なので（Amir, 1969）、本研究では、4名の日本語教師にインタビューして葛藤経験を挙げてもらい、それを基に典型的だと思われる2事例を選び、2つの葛藤シナリオを作成した（表6-1）。一方は教育方法の有効性において教師と学生の認識の不一致が生じた場面、他方は社会的関係性において教師と学生の認識の不一致が生じた場面である。表現については、中級レベルの留学生が理解できるようなわかりやすい表記を行い、日本語教師と留学生2名ずつにプリテストを試行して、不自然な箇所は修正し内容の妥当性を検討した。

表6-1　2つの葛藤シナリオ

シナリオA：AさんはA大学の日本語別科へ通っている留学生です。Aさんの日本語の先生はたいへん熱心な先生です。この間も口頭練習や音読練習のとき、Aさんの発音やアクセントがおかしいと言って何回も他の留学生の前で発音練習をさせました。また、みんなの前で何回も練習をさせられるかと思うと、Aさんは先生の授業を受けたくなくなります。
シナリオB：BさんはB大学の日本語別科に通っている留学生です。先日、Bさんは授業が大変おもしろかったので、自分の思った通り「先生、今日のあなたの授業は良かったです。お疲れさまでした」と言いました。せっかくBさんは先生をほめたのに、先生は不愉快そうな顔をしました。

シナリオAは教師が授業方法に固執して学生の自尊心を低下させた場面、シナリオBは学生の教師に対する好意的発言を教師が否定的に解釈した場面である。学生と教師にそれらを読ませ、葛藤原因の帰属と学生の解決行動について評定させた。帰属については、「学生（シナリオAはAさん、シナリオBはBさん）と先生がかみ合わない原因は次の各項目とどのくらい関係していると思いますか」という質問をした。シナリオAでは、学生要因3項目、教師要因4項目、文化要因3項目の10項目とした。学生要因では「発音練習のための努力が足りないAさんがよくないから（学生の努力不足）」、「発音

の素質のあまりないAさんがよくないから（学生の能力不足）」、「日本の教え方を考慮していないAさんがよくないから（学生の教授法の考慮不足）」の項目を対象者に評定させた。教師要因では、「教え方が厳しすぎる先生がよくないから（教師の不適切な教え方）」、「学生との文化差を考慮しない先生がよくないから（教師の文化差への考慮不足）」、「学生の気持ちを配慮しない先生がよくないから（教師の配慮のなさ）」、「先生がたまたま熱が入りすぎていたから（教師の偶然性）」の項目を評定させた。文化要因では、「Aさんの文化では発音のよしあしを気にせず、コミュニケーションが通じればよいという価値観をもつから（文化差）」、「先生はきちんと日本語の正しい発音を覚えることが重要だと思う価値観をもつから（文化差）」という2項目である。

シナリオBでも、学生要因2項目、教師要因3項目、文化要因3項目の8項目を作成した。学生要因は「日本語の使い方をよく知らないBさんがよくないから（学生の誤用）」、「日本の文化・習慣を知らなかったBさんがよくないから（学生の日本文化への無知）」の2項目、教師要因は「まだ日本語の使い方をよく知らないBさんに不愉快な気持ちを抱く先生が良くないから（誤用に不快感をもつ教師）」、「適切な日本語の使い方を教えなかった先生がよくないから（教師の不適切な教え方）」、「先生がたまたま機嫌が悪かったから（教師の偶然性）」の3項目、文化要因は「Bさんの文化・習慣と日本の文化・習慣の違いがあるので仕方がないから（文化差）」、「Bさんの文化では先生を直接褒めることは良いと思われているから（文化差）」、「先生の育ってきた文化では学生が先生に直接、評価をすることをしないのが普通だから（文化差）」の3項目である。これら帰属項目を対象者には、「非常に関係がある（5点）」から「全く関係がない（1点）」の5件法で評定させた。

解決行動については、シナリオAとB共に服従、協調、回避、対決の項目を1項目ずつ作成した。シナリオAでは「Aさんはこのまま先生の指導に従って授業に参加し続ける（服従）」、「Aさんは先生に自分の気持ちを伝え話し合う（協調）」、「Aさんは先生に何も言わないでそのままにしておく（回避）」、「Aさんは先生に教え方を変えるように抗議する（対決）」と質問した。シナリオBでは「Bさんは先生の不愉快そうな顔の意味が分からないので、そのまま先生の様子を見て先生に従う（服従）」、「Bさんはなぜ先生に不愉快

そうな顔をしたか聞き、自分の気持ちを伝える（協調）」、「Bさんは何もなかったかのように振る舞う（回避）」、「Bさんは先生になぜ不愉快な顔をしたか、説明を要求する（対決）」と質問した。これに対して対象者には「以下に示されている行動を学生がとる可能性はどれくらいあると思いますか」と質問し、それに対し「絶対にそうする (5点)」から「絶対にそうしない (1点)」の5件法で回答させた。学生用の質問紙は中国語と韓国語に翻訳して用いたが、その際、バックトランスレーション法を採用した。

(3) 結　果

葛藤原因の帰属の分析　全対象者を用いて（$N = 453$）、シナリオごとに予備的因子分析を行った。シナリオA、Bとも想定した因子と異なる項目が生じたので、それらを除き各帰属要因に2項目ずつを選んだ。これらの項目で再度因子分析を行った（主成分分析、バリマックス回転、固有値1）結果が表6-2

表6-2　シナリオ別帰属要因項目の因子分析
：教師（84）、中国人学生（215）、韓国人学生（154）の合計　$N = 453$

帰属要因	項目	因子1	因子2	因子3
シナリオA				
学生	学生の努力不足	**0.697**	− 0.204	0.192
	学生の能力不足	**0.805**	0.149	− 0.071
教師	厳しい教師	0.230	**0.803**	0.080
	教師の配慮のなさ	− 0.356	**0.740**	0.063
文化	学生の文化的価値	0.211	0.049	**0.683**
	教師の文化的価値観	− 0.125	0.074	**0.834**
	寄与	1.374	1.265	1.215
シナリオB				
帰属要因	項目	因子1	因子2	因子3
学生	日本語使用の無知	− 0.086	**0.831**	0.195
	日本文化の無知	0.006	**0.843**	0.096
教師	誤用を不快とする教師	0.161	0.066	**0.813**
	教師の不適切な教え方	0.147	0.015	**0.769**
文化	学生の文化的価値	**0.854**	− 0.060	0.148
	教師の文化的価値	**0.862**	0.135	0.018
	寄与	1.528	1.428	1.322

で、3種類の帰属要因が独立した因子を構成することが確認されたので、それぞれ項目平均値をシナリオごとに算出し帰属要因得点とした。

この得点について対象者群（日本人教師、中国人学生、韓国人学生）×帰属要因（学生、教師、文化）×シナリオ（A、B）の分散分析を行った結果、帰属要因を含む全効果が有意だった：帰属要因の主効果（$F(2, 900) = 82.13, p < .01$）、帰属要因×対象者群（$F(4, 900) = 39.43, p < .01$）、帰属要因×シナリオ（$F(2, 900) = 47.02, p < .01$）、帰属要因×対象者群×シナリオ（$F(4, 900) = 14.31, p < .01$）。

図6-1は帰属要因×対象者群の交互作用である。日本人教師は教師要因や文化要因への帰属が強く、これらに比べて学生要因への帰属は顕著に弱か

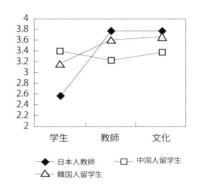

図6-1　帰属要因×対象者群の交互作用

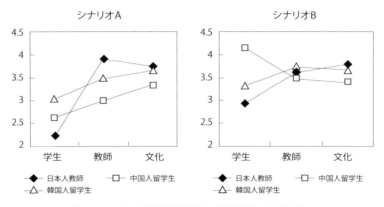

図6-2　シナリオ別帰属要因×対象者群の交互作用

った（$p<.01$）。類似した帰属パターンは韓国人学生に見られる。彼らにおいては、日本人教師ほどではないが、やはり教師要因や文化要因への帰属が強く、学生要因への帰属は弱かった（$p<.01$）。これとは違った帰属パターンが中国人学生に見られた。彼らは、学生要因への帰属が日本人教師や韓国人学生よりも強く（$p<.01$）、一方、教師要因や文化要因への帰属は弱かった（$p<.01$）。

シナリオ別に帰属要因×対象者群の交互作用を比較すると（図6-2）、日本人教師と韓国人学生の帰属パターンはシナリオ間で類似しており、どちらも学生要因よりも教師要因に対する帰属が強かった。シナリオ間で変化が見られたのは中国人学生で、彼らはシナリオAでは、他の群と同様に、学生要因よりも教師要因に強く原因帰属したが（$M=2.62, 3.01; p<.01$）、シナリオBでは、逆に、教師要因よりも学生要因に強く帰属した（$M=4.15, 3.45; p<.01$）。以上のように日本人教師及び韓国人学生は教師要因への帰属が強く、中国人学生は状況によって学生要因か、教師要因に帰属していた。

解決方略の分析

学生が取る4種類の方略を学生自身が評定した得点と、それを日本人教師に推測させた得点について、対象者群（日本人教師、中国人学生、韓国人学生）×方略（服従、協調、回避、対決）×シナリオ（A、B）の分散分析を行った。その結果、方略を含む全ての効果が有意だった：方略の主効果（$F(3, 1350)=50.56, p<.01$）、方略×対象者群（$F(6, 1350)=10.49, p<.01$）、方略×シナリオ（$F(3, 1350)=31.21, p<.01$）、方略×対象者群×シナリオ（$F(6, 1350)=2.89, p<.01$）。

図6-3の方略×対象者群の交互作用をみると、日本人教師は学生が服従と回避をよく用い、協調や対決をあまり用いないと予測した（$p<.05$）。中国人学生は、学生が服従を最も用い（$p<.01$）、次いで、協調と回避を用い、対決を用いることは最も少ないと評定した（$p<.01$）。韓国人学生は、学生が服従か協調を用い、回避や対決は行わないと評定した（$p<.01$）。方略ごとに対象者群の比較を見てみると、服従は中国人学生が最も高く評定し（$p<.01$）、協調では、中国人及び韓国人学生が日本人教師よりも高く評定した（$p<.05$）。回避では、韓国人学生が最も低く評定し（$p<.01$）、対決では中国人学生が最

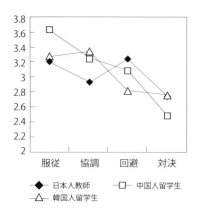

図 6-3　方略×対象者群の交互作用

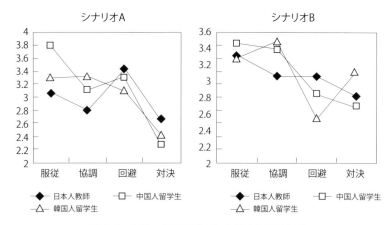

図 6-4　方略×対象者群×シナリオの交互作用

も低く評定した（$p<.01$）。

　図 6-4 は方略×対象者群×シナリオの交互作用で、シナリオ A においてはどの群も回避が多く、対決が少なかった。また、シナリオ A では中国人学生の服従が顕著に高かった（$p<.01$）。シナリオ B では、韓国人学生は他の群よりも対決方略を高く評定し（$p<.01$）、回避方略を反対に低く評定した（$p<.05$）。以上のように、日本人教師は学生が服従、回避を選択すると予測した。中国人学生は服従を最も用いると評定し、韓国人学生は服従か協調を多く用いると評定した。

帰属による方略の回帰

 葛藤原因の帰属が方略をどのように規定したか、また、それが対象者群によって異なるかどうかを検討するために階層的重回帰分析を行った。従属変数は方略得点、独立変数は帰属要因に加えて、対象者群を弁別するダミー変数である。3群なので2個のダミー変数が必要であるが、一方の変数（群1）では教師＝1、中国人学生＝0、韓国人学生＝0、他方の変数（群2）では教師＝0、中国人学生＝1、韓国人学生＝0とした。表6-3はシナリオAについてで、分析1は帰属要因と群ダミーを独立変数として投入したときの結果（主効果）、分析2は、これに帰属要因×群ダミーの交互作用を追加したときの結果である。服従方略をみると、非有意であるが教師要因への帰属は服従を減少させる傾向が見られた。交互作用は非有意だったので、この傾向は留学生に共通で、また、教師も同様に予測したことを意味している。文化要因の効果も有意だったが、これは分析2において群ダミーとの交互作用が有意だったので、群別に文化要因のbを算術的に推定したところ（Bohrnstedt & Knoke, 1988）、教師 － .155、中国人学生 .243、韓国人学生 － .032 となった。この結果は、中国人学生は文化要因への帰属が服従方略の使用を高めているが、教師は文化要因への帰属が服従方略の使用を低下させると予測したことを示している。協調方略を見ると、文化要因が非有意だが弱い促進効果を示し、葛藤原因が文化差によると認知すると学生たちは協調方略を用いる傾向があり、また、教師もそのように予測した。学生要因の効果も有意だったが、これは分析2において群ダミーとの交互作用が有意だったので、群別に学生要因のbを算術的に推定したところ、教師 .224、中国人学生 .114、韓国人学生 .391 となった。学生要因への帰属が協調方略を促すことは留学生にも教師にも共通に見られたが、特に、韓国人学生においてその関係が顕著であった。教師要因×群ダミーの効果にも有意傾向が見られ、各群のbは教師 － .026、中国人学生 .078、韓国人学生 .202 となった。この結果は、教師要因への帰属が協調方略を促進したのは韓国人学生においてのみだった。回避方略をみると、教師要因への帰属は非有意であるが、回避傾向の使用を低下させる傾向があった。一方、文化要因への帰属は回避傾向の使用を高めた。交互作用は非有意だったので、これらの傾向は留学生に共通で、また、教師

表 6-3 シナリオ A における方略の階層的重回帰分析

	服従		協調		回避		対決	
	b	β	b	β	b	β	b	β
分析 1								
学生要因	0.064	0.062	0.200	0.173**	−0.128	−0.118	0.067	0.062
教師要因	−0.069	−0.081+	0.070	0.073	−0.075	−0.082+	0.050	0.056
文化要因	0.010	0.094**	0.112	0.092+	0.014	0.101**	0.073	0.065
群 1	−0.155	−0.060	−0.281	−0.096+	0.230	0.085	0.265	0.098+
群 2	0.515	0.256**	0.073	0.032	0.155	0.155	−0.058	−0.027
	$R^2 = .104$**		$R^2 = .060$**		$R^2 = .037$**		$R^2 = .028$*	
分析 2								
学生要因×群 1	−0.040	−0.038	−0.167	−0.140	0.248	0.223	0.002	0.002
学生要因×群 2	−0.035	−0.052	−0.227	−0.363**	0.142	0.200	−0.064	−0.091
教師要因×群 1	0.056	0.094	−0.228	−0.339**	0.171	0.273	−0.243	−0.392**
教師要因×群 2	−0.144	−0.024	−0.124	−0.180	0.123	0.193	−0.159	−0.025
文化要因×群 1	−0.123	−0.185	−0.193	−0.257	−0.048	−0.069	0.101	0.145
文化要因×群 2	0.275	0.496*	0.033	0.053	0.096	0.165	0.021	0.036
	$R^2 = .128$**		$R^2 = .082$**		$R^2 = .051$*		$R^2 = .045$*	

**$p<.01$ *$p<.05$ +$p<.10$

も同様に予測したことを意味している。対決方略をみると、教師要因×群ダミーの交互作用が有意で、bは教師 − .091、中国人学生 .136、韓国人学生 .152 となった。留学生は教師要因への帰属が対決方略を促したが、教師は教師要因への帰属が対決方略を低下させたと予測した。

表 6-4 はシナリオ B の分析結果である。服従方略は学生要因への帰属によって高められ、これは全対象者群に共通だった。教師要因×群ダミーとの交互作用が有意で、bは教師 .245、中国人 .095、韓国人 − .197 だった。中国人学生は教師要因に帰属すると服従を用い、教師も同様に予測したが、韓国人学生はこれとは逆に、教師要因への帰属が服従を減少させた。協調方略においては、主効果はまったく見られなかったが、学生要因×群ダミーの交互作用が有意だった（$p<.1$）。b は教師 − .151、中国人学生 .025、韓国人学生 .130 で、韓国人学生は、学生要因に帰属すると協調方略を使用する傾向が見られたが、教師はこれとは逆に、学生要因への帰属が協調方略を減少させると予測した。回避方略では文化要因×群ダミーとの交互作用が有意で、b は教師 .041、中国人 .181、韓国人 − .143、となった。中国人学生は文化要因への帰属が回避行動を促したのに対して、韓国人学生は反対に、文化要因への帰属が回避行動を減少させた。対決方略における教師要因×群別ダミーの交互作用も有意で、b は教師 − .240、中国人 .277、韓国人 .337 となり、留学生においては教師要因が対決行動を促したが、教師はむしろこの帰属が学生の対決方略を減少させると予測していた。

(4) 考　察

留学生の解決方略選択の特徴と帰属による解決方略の違い

　本研究の対象者である中国人学生、韓国人学生の異文化間葛藤に対する対処反応の一般的特徴としては、図 6-4 に見られるように、服従や協調など宥和的方略が主で、対決が選択されることは少ないというものであった。しかし、中国人学生と韓国人学生では違いが見られ、中国人学生は韓国人学生よりも服従や回避などの消極的方略をよく用いたのに対し、韓国人学生は回避が少なく、対決を相対的によく用いた。解決方略の選択は葛藤の原因帰属に

表6-4 シナリオBにおける方略の階層的重回帰分析

	服従		協調		回避		対決	
	b	β	b	β	b	β	b	β
分析1								
学生要因	0.116	00.116*	0.026	0.024	0.049	0.046	−0.043	−0.034
教師要因	0.063	0.056	0.010	0.008	0.038	0.031	0.184	0.129
文化要因	0.030	0.034	0.035	0.035	0.056	0.057	0.084	0.042
群1	0.101	0.039	−0.433	−0.148**	0.521	0.185**	−0.309	−0.094†
群2	0.127	0.063	−0.122	−0.054	0.296	0.136*	−0.330	−0.129
	$R^2 = .027$*		$R^2 = .02$†		$R^2 = .037$**		$R^2 = .041$*	
分析2								
学生要因×群1	0.036	0.043	−0.281	−0.297†	0.197	0.217	−0.198	−0.187
学生要因×群2	−0.028	−0.061	−0.105	−0.198	−0.165	−0.324	−0.120	−0.200
教師要因×群1	0.442	0.636*	−0.252	−0.321	0.040	0.053	−0.577	−0.655**
教師要因×群2	0.292	0.588*	0.026	0.420	0.053	0.091	−0.602	−0.088
文化要因×群1	−0.081	−0.124	−0.123	−0.167	0.184	0.260	0.021	0.026
文化要因×群2	−0.010	−0.019	−0.109	−0.179	0.324	0.556**	−0.134	−0.197
	$R^2 = .042$†		$R^2 = .037$		$R^2 = .067$**		$R^2 = .068$**	

**$p<.01$ *$p<.05$ †$p<.10$

依存すると仮定されるが、この仮定に基づく諸仮説を検討するために、原因帰属による方略の回帰分析を試みた。留学生に関する分析結果（表6-3、表6-4）を見てみると、彼らは葛藤原因が教師側にあると認知したときは対決方略を選択する傾向があったので、仮説2は支持された。これは同文化葛藤を含め、他の人間関係にも見られる一般的傾向だが、相手に非があるという知覚は自分の側に正義があるという正当性の感覚を生み出すために、積極的な対決行動が動機づけられるものと思われる。

協調行動については、シナリオAにおいて、学生要因に帰属した留学生がこれを用いた。シナリオBにおいては、韓国人学生だけだが、同じ関係が確認された。従って、仮説1もほぼ支持されたと見なすことができる。自分の側に非があると認知した人は、葛藤解決のためには譲歩や妥協が必要と感じ、これが協調的方略を促すと解釈されているが、異文化間葛藤においても方略選択に対するこうした自己帰属の効果が確認された。

仮説3は、文化要因への帰属が協調や服従などの方略選択を促すというものだった。シナリオAに対する中国人学生の反応はこれと一致していたが、韓国人学生の反応はそうではなかった。従って、この仮説は部分的に支持されたにとどまった。文化要因に帰属された葛藤に対する反応に関して中国人学生と韓国人学生の顕著な違いは、特に回避方略に見られる。中国人学生は二つのシナリオのどちらにおいても文化的葛藤に対して回避を選択したが、韓国人学生はシナリオBにおいては、文化的葛藤に対して回避をむしろ選択しない傾向が見られた。中国人学生のこうした対決回避的姿勢の背後には、文化要因の強い葛藤においては、対決は無益であるという認識があるものと推測される。一方、韓国人学生が文化要因の強い葛藤において回避を選択しなかったのは、コミュニケーション・パターンの日韓比較を試みた奥山（2000）が指摘しているように、積極的な対処行動によって社会的不確実性を低減させようとする彼らの志向性の表れではないかと推察される。

留学生の反応と日本人教師の予測の違い

日本人教師が帰属から留学生の解決方略をどのように予測したかを分析したところ、留学生の葛藤反応について日本人教師がかなりずれた認識を持っ

ていることが示唆された。回帰分析で見られたズレは3つである。第1は、対決方略についてで、これはシナリオA、Bいずれにおいても観察された。協調方略と服従方略についてもずれが見られたが、これらは一方のシナリオにおいてみられただけだったので知見の一般性は低いので、積極的な解釈は避けたい。そこで、この考察では対決方略における留学生の反応と日本人教師の予測のずれに焦点を絞って考察したい。

　表6-3、表6-4に見られるように、中国人学生、韓国人学生はともに葛藤原因が教師側にあると認知する対決方略を選択したが、日本人教師は、逆に、こうした場合、留学生は対決方略を控えるであろうと予想した。葛藤状況における反応として、相手に非があると認知した学生たちが対決的になったのは自然な反応と思われるが、なぜ、日本人教師は、留学生たちがそのようには行動しないだろうと予想したのであろうか。日本では一般にたとえ相手が悪いときでもあからさまな対決は避け、人間関係に配慮しながら葛藤解決をはかるべきであるとの社会規範がある（Ohbuchi & Takashasi, 1994）。特に、目上の人に対しては従順であることが求められる。教室規範もこうした日本的対人規範を背景にしているので、教師は留学生たちがこうした規範に同化し、これに従った行動を取ることを期待していたと推測される。さらに、日本人教師は不慣れな留学生たちに種々の支援を行ってきた「重要な他者」であるから（加賀美, 1997）、自分たちが抗議されるはずはないと思っていたのではないだろうか。

　しかし、留学生たちは教師に対する不満を抑えることはしなかったが、これにはいくつかの解釈が可能である。一般に、同文化葛藤よりも異文化間葛藤において人々は敵対的に反応しがちであるが（大渕ほか, 1995）、これは同文化の仲間に対してもつ信頼感が異文化の他者に対しては弱いためである。留学生から見て日本人教師は異文化の権威者なので、教師からの不当な扱いは不信感や猜疑心を生み出したと思われる。日本語教育場面での葛藤事例を分析した加賀美（2000）は、留学生がこうした状況で強い被差別感をもちやすいことを見いだした。異文化状況において喚起されやすい不信感が彼らの対決的反応の原因のひとつと思われる。これに加えて、中国人学生や韓国人学生には特別の理由も考える必要がある。それはこうしたアジア諸国の人々

がしばしば感じる反日感情で（大畑, 1995; 国分, 1995; 任, 1996; 黒田, 1999）、教師から差別的に扱われたと知覚することによって、留学生たちがそうした反発心を抱く可能性も考える必要があろう。

　対決方略においてこのようなズレが見られたことは、この方略が葛藤解決において重要な役割を果たすことからも改めて強調されるべき点と思われる。日本語教育場面における対人葛藤の実態を調査した研究者たちは、日本人教師たちが留学生の「強い要求」や「強い自己主張」に閉口し、これが葛藤解決を困難にする一因であることを指摘している（加賀美, 2003）。しかし、日本人教師が学生たちの反応を「強い反発」と受け取るのは、それが教師たちの期待に反するもの、予想外のものであったからではないかと思われる。つまり、教師たちの側に準備ができていないことが学生たちの反応に対する対処を難しく感じさせて、葛藤解決を遅らせている面があるのではないかと思われる。

第2節　結　語

　第6章では、異文化間葛藤における日本人教師、中国人学生、韓国人学生の原因帰属と解決方略の関連を検討し、さらに、日本人教師による予測との比較から異文化間の葛藤解決の特徴を明らかにした。日本人教師、中国人学生、韓国人学生の葛藤シナリオに対する反応を分析した結果、留学生は葛藤原因が教師要因に帰属したときは対決方略を選択し、学生要因に帰属した場合には協調方略を用い、帰属は学生の解決方略を規定した。文化要因への帰属は、中国人学生には協調や服従といった宥和的方略を促したが、韓国人学生は回避方略を用いない傾向が見られた。日本人教師の予測は学生の反応と一致せず、特に対決方略についての認識にズレが大きく、これが異文化間葛藤の解決を困難にする一因と思われる。次章では、葛藤方略に根本的に関連があると予測される教育価値観との関連について検討する。

第❼章

日本語教育場面における葛藤解決方略と教育価値観

第6章の異文化間葛藤の原因帰属と解決方略に焦点を当てた研究8では、日本人教師と留学生との間で解決方略の認識に関してズレがあること、特に、留学生は葛藤原因が教師にあると知覚したときに対決的になるのに対して、教師はそうした学生の対決行動を予測できない傾向が示された。このような傾向は、異文化間葛藤がときとしてこじれ、その解決が困難であることを物語る。その背景には、教育場面で教師が学生に期待することと学生が教師に期待することが異なることや、教師が正しいと思っていることが逆に学生は正しいと思っていないという価値判断の違いや教育価値観の違いがあることが仮定される。そこで、第7章の研究9では、教育場面で生じた葛藤に対する解決方略が教育価値観とどのように関連があるか、第4章の研究3、研究6で行った教育価値観の異文化間比較の結果をもとに、葛藤解決方略の再検討を試みる。第1節では教育価値観の包括的価値次元を用いて葛藤解決方略と教育価値観との関連を検討する。

第1節　教育価値観の包括的価値次元と葛藤解決方略との関連 研究9

(1) 目　的

研究9では、教育価値観尺度（短縮版）を用いて、教育価値観の包括的価

値次元がどのように葛藤解決方略に影響するか、学生集団の差異を加味して実証的に検討することを目的とする。

　研究3では、教育価値観尺度を用いて、日本人日本語教師、日本人学生、中国人学生、韓国人学生の教育価値観の比較を行った結果、日本人教師は相対的に、学生が学習意欲をもつことを重視し、また、理想的教育とは学生の自主的な独立心と文化的視野の拡大をもたらすべきものであると強く信じていたが、教育による創造性や自由な行動をあまり重視していなかった。日本人学生は、教育場面において学生が規範を遵守するとともに、教育の社会化機能を重視するなど伝統的で集団志向的な価値をもつ一方、教育を通して学生の自主独立や教育の自由意思が尊重されるべきだという自律的で個人志向的傾向を示し、二律背反的で複合的な教育価値観を持ち合わせていた。中国人学生は、教師の熱意と学生の従順さ、教育による社会化と人材開発などを重視し、明確で一貫した伝統的で集団志向的な教育価値観を持っていた。韓国人学生は、教師の主導性を重視し、これ以外では、理想的学生観、理想的教育観に関して日本人学生と中国人学生の中間に位置していたが、とりわけ、理想的教育観の中の文化的視野に関しては、他の学生群に比べ突出して重視することが認められた。

　研究6では、領域横断的に教育価値観の12の個別次元の因子分析をし、上位因子を求めた結果、自己実現的価値次元、伝統（権威）主義的の価値次元、自由主義的価値次元、社会貢献的価値次元という包括的価値次元が得られた。さらに、判別分析を用いた集団間比較では、日本人学生は自己実現的価値、自由主義的価値を重視する特徴をもち、中国人学生は伝統（権威）主義的の価値を重視する特徴をもつ傾向が見られた。また、韓国人学生は、伝統的（権威）主義価値を重視しつつ、少しではあるが自由主義的の価値、自己実現的価値を重視する特徴も持ち合わせ、日本人学生と中国人学生の中間に位置する傾向が見られた。

　一方、研究8では、中国人学生と韓国人学生の教師との葛藤における解決方略の違いが見出されている。すなわち、中国人学生は韓国人学生よりも服従や回避などの消極的方略をよく用いたのに対し、韓国人学生は回避方略を少なく、対決方略を相対的によく用いる傾向があった。これらの研究で得ら

れた中国、韓国、日本の3学生集団間の教育価値観の比較で得られた知見をもとに、教育価値観と葛藤解決の関連について次のように予測した。

　中国人学生は、教師中心的な考え方、教室内の規則遵守、学生の教師への従順などの伝統（権威）主義的価値を重視していたので、教師との人間関係の維持を重視すると考えられる。従って、教師との葛藤においては、服従方略を選択すると予想した（仮説1）。韓国人学生も、中国人学生と同様、伝統（権威）主義的価値を重視していたので、教師との人間関係の維持を重視すると考えられる。従って、教師との葛藤においては、服従方略を選択すると予想した（仮説2）。日本人学生は、自己実現的価値、自由主義的価値を重視していたので、教育場面における教師と学生の自由な意見の交換を重視すると考えられる。従って、教師との葛藤においては、協調方略を選択すると予想した（仮説3）。

　さらに、包括的価値次元と葛藤解決方略との関連については、以下のとおり予測を立てた。

　自己実現的価値次元を重視する学生は、教育における専門性が高く熱心な教師の支援を得て、自己の潜在能力の開発を期待するので、教師との葛藤が生じた場合には、これを協調方略によって解決しようと試みると予想した（仮説4）。伝統（権威）主義的価値次元を重視する学生は、教育場面においても規則の遵守や縦の人間関係の重視など、秩序維持を優先するので、教師との葛藤においては服従方略を選択すると予想した（仮説5）。自由主義的価値次元を重視する学生は、教育場面における自己の自由な発想や試み、それに束縛されない自己表現などを試みるので、教師との間で葛藤が起こった場合には、対決方略を厭わないであろうと予想した（仮説6）。最後に、社会貢献的価値次元を重視する学生は、教育を通して社会や国際交流に貢献することを期待し、順社会的人材に成長することを目指すので、教師との間で葛藤が生じた場合には、これを協調方略によって解決しようと努力すると予想した（仮説7）。

(2) 方　法

対象者

　研究9の対象者は研究5で使用した対象者と同様であり、中国人学生129名（男性63名、女性57名、不明9名、すべて中国大陸出身）、韓国人学生130名（男性45名、女性85名）、日本人学生165名（男性69名、女性96名）である。対象者の平均年齢は日本人学生20.2歳、中国人学生23歳、韓国人学生は25.4歳で、平均滞在期間は、中国人学生12.3月、韓国人学生16.6月だった。質問票は、教育価値観尺度、葛藤シナリオの反応項目からなる。

手続き

　研究7の日本語教師の葛藤事例分析を通して、日本語教育場面において教師と学生の間で比較的頻繁に生じていると思われる典型的な6事例を選んだ。それは、日本語教育場面の教室内規範の違反3例、授業参加態度1例、学習意欲の欠如1例、学生の自己主張・抗議1例で、教師と学生の認識の不一致が生じた場面である。これをもとに本研究用の6つの葛藤シナリオを作成した（表7-1）。

　場面Aは「教室内規範の認識の不一致」で、教師は学生に授業に集中して欲しいので携帯電話を切ってほしいが、学生Aは切りたくないと思っている状況である。場面Bも同様に「教室内規範の認識の不一致」で、学生Bは授業中にわからないことがあるとすぐ質問をするが、教師は状況や他の学生のことも考えて遠慮してほしいと思っている状況である。場面Cも「教室内規範の認識の不一致」で、授業のはじめに行う小テストに学生Cはいつも遅刻をしてくるが、教師は再試験をしなければならないため、時間どおりに来てほしいと思っている状況である。場面Dは「授業参加の認識の不一致」で、学生Dは授業中に突然お祈りの時間だからお祈りをしたいと言い出したが、教師は授業が遅れると支障がでるので困っている状況である。場面Eは「学習意欲に対する認識の不一致」で、学生Eは授業がおもしろくなくやる気が出ないが、教師は試験があるので意欲的に取り組んでほしいと思っている状況である。場面Fは、「自己主張における認識の不一致」で、

表7-1 6つの葛藤シナリオ

シナリオA：Aさんはある大学で日本語教育を受けている留学生です。日本語の先生は、Aさんが携帯電話を机の上に置いているのを見て、授業中なので電源を切るように言いました。でも、Aさんは大事な電話が来るかもしれないので電源を切りたくありません。先生は授業に集中するために、携帯の電源を切って欲しいようですが、どうしたらよいか困っているようです。
シナリオB：Bさんはある大学で日本語教育を受けている留学生です。Bさんは日本語の授業中にわからないことがあると、すぐその場で解決した方がよいと思い、先生に質問をします。先生は、その都度、授業を中断して質問に答えています。しかし、先生はBさんにもう少し状況や他の学生のことも考えてから、少し遠慮してもらいたいと思っていますが、なかなかBさんにはわかってもらえないようです。
シナリオC：Cさんはある大学で日本語教育を受けている留学生です。Cさんは国での生活や気候も違うので、毎朝、起きられなくて遅刻をしてきます。そのため、小テストが他の学生と一緒に受けられずに、授業が終わってから、再度試験をしなくてはなりません。先生はCさんに、時間どおりに学校へ来てほしいと思っていますが、なかなかCさんにはわかってもらえないようです。
シナリオD：Dさんはある大学で日本語教育を受けている留学生です。Dさんは、突然、授業中に先生にお祈りをしたいからと言い出しました。先生は「なぜですか」と聞くと、Dさんは「お祈りの時間だから」と答えました。先生は、もうすぐ試験があるので、授業の進度が遅れてしまうと支障が出るので、どうしたらよいか困っているようです。
シナリオE：Eさんはある大学で日本語教育を受けている留学生です。Eさんは、先生の授業があまりおもしろくなく、やる気が出てきません。先生はいろいろ質問をするのですが、答える気持ちになりません。先生はもうすぐ試験があるし、Eさんに頑張ってほしいので、困っているようです。
シナリオF：Fさんはある大学で日本語教育を受けている留学生です。ある授業で、先生がFさんの文法の使用が間違っていたので訂正しようとしました。するとFさんは、「別の先生はこれでいいと言っていた」と言って、反論しました。先生がFさんに文法の説明を再度行いましたが、Fさんはなかなか納得しません。先生は自分の説明を理解してほしいと思いますが、Fさんはわかってくれないようです。

教師は学生Fの文法の誤用を訂正したもののFは納得しないため、教師は自分の説明をFに理解してほしいと思っている状況である。

　表現については、日本語中級レベルの外国人学生が理解できるようなわかりやすい表記を行い、日本語教師と外国人学生2名ずつにプリテストを試行して、不自然な箇所は修正し内容の妥当性を検討した。同様に、日本人学生のシナリオは、外国語教育場面における教師と学生との葛藤場面という設定になっており、6つの日本語教育場面と同じ内容とした。葛藤解決方略の測定では、上で述べた葛藤シナリオの主人公がどのような行動をとるか、参加者に予測させた。これによって各文化集団内において対象者が標準的と信じる葛藤対処行動を測定することができる。

解決方略の測定

　研究8と同様、葛藤解決方略の対決と協調（積極的方略）、服従と回避（消

極的方略）の4タイプの分け方（Falbo & Peplau, 1980; 大渕・福島, 1997）を用いた。対決とは当事者が相手に対して自分の主張や要求を強く行ったり、相手を攻撃すること、協調とは穏やかに話し合って合意点を探ったり、妥協し合うこと、服従とは一方的に相手の要求に従うこと、回避とは対立点をぼかしたり相手との接触を避けることである。これら4タイプの解決行動を教育場面における葛藤の分析にも適用した。

解決方略については、表7-2のとおり、シナリオAからFまで服従、協調、回避、対決の項目を1項目ずつ作成した。対象者には「この状況でA～Fさんはどのような行動をとると思いますか」と質問し、各方略を「絶対にそうする（5点）」から「絶対にそうしない（1点）」の5件法で評定させた。

表7-2 シナリオ別葛藤解決方略の項目

シナリオ		
シナリオA	服従	①先生の指導に従って携帯電話の電源を切る。
	回避	②先生に対して不満に思うが、何も言わないでそのままにしておく。
	協調	③先生に対して自分の気持ちを伝え、話し合う。
	対決	④先生に、自分の考えが正しいこと、先生の考えが間違っていることを伝える。
シナリオB	服従	①先生の意向に従って、授業が終わるまで待ってから質問をする。
	回避	②先生に対して不満に思うが、何も言わないでそのままにしておく。
	協調	③先生に対して自分の気持ちを伝え、話し合う。
	対決	④先生に、自分の考えが正しいこと、先生の考えが間違っていることを言う。
シナリオC	服従	①先生の意向に従って、遅刻をしないようにする。
	回避	②先生に対して不満に思うが何も言わないでそのままにしておく。
	協調	③先生に対して自分の気持ちを伝え、話し合う。
	対決	④先生に自分の考えが正しいこと、先生の考えが間違っていることを伝える。
シナリオD	服従	①先生の意向に従って、授業中、お祈りをしないようにする。
	回避	②先生に対して不満に思うが、何も言わないでそのままにしておく。
	協調	③先生に対して自分の気持ちを伝え、話し合う。
	対決	④先生に自分の考えが正しいこと、先生の考えが間違っていることを伝える。
シナリオE	服従	①先生の意向に従って、授業中、意欲を持って取り組むようにする。
	回避	②先生に対して不満に思うが、何も言わないでそのままにしておく。
	協調	③先生に対して自分の気持ちを伝え、話し合う。
	対決	④先生に自分の考えが正しいこと、先生の考えが間違っていることを伝える。
シナリオF	服従	①先生の意向に従って、先生の文法の説明に納得する。
	回避	②先生に対して不満に思うが、何も言わないでそのままにしておく。
	協調	③先生に対し自分の気持ちを伝え、話し合う。
	対決	④先生に自分の考えが正しいこと、先生の考えが間違っていることを伝える。

教育価値観の測定

対象者が葛藤シナリオに対する反応を終えた後で、理想的教師観、理想的学生観、理想的教育観からなる教育価値観の測定を試みた。本章では第4章で表した31項目からなる教育価値観尺度（短縮版）を使用した。理想的教師観については、「一般的に、『良い教師』とはどんな人だと思いますか。以下の各項目について、あなたはそれらが『良い教師』の条件としてどの程度重要だと思いますか」と教示し、13個の項目を評定させた。同様に、理想的学生観については「一般的に、『良い学生』とはどんな人だと思いますか。あなたは、それらが『良い学生』の条件としてどの程度重要だと思いますか」と教示し、6個の項目を評定させた。理想的教育観については「一般的に、教育において大事だと思う事は何ですか。以下の各項目について、あなたは、それらが『良い教育』の条件としてどの程度重要だと思いますか」と教示し、12項目を評定させた。それぞれの項目について、「全く重要でない（1点）」～「非常に重要である（5点）」の5件法で回答させた。

葛藤シナリオと教育価値観からなる質問票を日本語で作成した後、中国語、韓国語の翻訳版を作成し、バックトランスレーションによって翻訳の妥当性を確認した。

(3) 結　果

解決方略の3群間での比較

6シナリオの葛藤解決方略の評定値を平均したものについて、対象者群（中国人学生、韓国人学生、日本人学生、）間で比較するために、対象者群（中国人学生、韓国人学生、日本人学生）×方略（服従、協調、回避、対決）の2要因分散分析を行った。その結果、方略の主効果（$F(3, 1263)=158.75, p<.01$）、対象者群の主効果（$F(3, 1263)=40.80, p<.01$）、方略×対象者群（$F(6, 1263)=23.18, p<.01$）のすべての効果が有意だった。図7-1にみられるように、解決方略×対象者群の交互作用を見てみると、中国人学生は服従、協調方略を最も選択し、回避と対決方略をあまり選択しなかった。韓国人学生は服従や協調を多く用い、ついで回避を用い、対決はあまり選択しない傾向が見られた。日本人学生は

回避や協調を用い、ついで服従を用い、対決はあまり選択しなかった。

すべての方略に関して3群間に有意差が見られた（服従 $F(2, 421)=72.01$, $p<.01$; 協調 $F(2, 421)=5.54$, $p<.01$; 回避 $F(2, 421)=23.46$, $p<.01$; 対決 $F(2, 421)=2.36$, $p<.10$）。

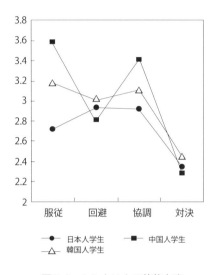

図7-1　6シナリオの葛藤方略

服従に関しては中国人学生の得点が最も高く、ついで韓国人学生で、日本人学生が最も低かった（$p<.01$）。回避においては、韓国人学生の得点が最も高く、ついで日本人学生、中国人学生の順だった（$M=3.00; 2.93; 2.79$）。協調においては中国人学生が最も得点が高く、ついで韓国人学生、日本人学生の順だった（$M=3.40; 3.11; 2.91$）。対決においては、韓国人学生の得点が最も高く、ついで日本人学生で、中国人学生が最も低かった（$M=2.46; 2.35; 2.29$）。

葛藤解決方略と包括的価値次元との関連

葛藤解決方略の選択が学生集団間で異なるかどうか、また、それが教育価値観の包括的価値次元によって影響を受けるかどうか検討するために、階層的重回帰分析を試みた。

この分析においては、教育価値観の上位因子の各々に高負荷の個別次元を構成する項目の平均値を算出し、上位因子得点とした。たとえば、自己実現的価値次元については、専門性、自主独立、学習意欲、熱意の次元を構成する項目の平均値を算出しこの包括的価値次元の得点とした。他の3つの上位因子についても同様の方法で得点化した。

　回帰分析において学生集団を弁別するために群1、群2という2つのダミー変数を作った。群1では日本人学生＝1、中国人学生＝0、韓国人学生＝0、群2では日本人学生＝0、中国人学生＝1、韓国人学生＝0である。まず、服従方略を従属変数、集団ダミー変数と4つの包括的価値次元を独立変数とする重回帰分析を行った。その結果が、表7-3の分析1に示されている。分析2としては、独立変数に群1及び群2と4つの包括的価値次元の交互作用を追加して重回帰分析を再度行ったものだが、服従についてはR^2の増加が非有意だった。学生集団を弁別するダミー変数の主効果が有意だったことは、服従方略に集団間で違いがあることを示しているが、これは既に見たように、中国人学生がこの方略を最も使用し、日本人学生が最も使用しないことを意味している。包括的価値次元の中では自己実現的価値次元の主効果が有意であり、教師の専門性や熱意、学生の自律性を重視する学生ほど服従方略を重んじることを示している。交互作用が非有意だったことは、自己実現的価値次元と服従方略の関係は学生集団間において共通のものであることを示唆している。

表7-3　服従方略の階層的重回帰分析

		b	β	R^2
分析1	群1	－0.406	－0.266**	
	群2	0.455	0.316**	
	自己実現的価値	0.107	0.153**	
	伝統(権威)主義的価値	0.479	0.068	
	自由主義的価値	－0.348	－0.05	
	社会貢献的価値	0.065	0.009	
				0.292***

***$p<.001$、**$p<.01$

　回避に関する分析結果は表7-4のとおりである。韓国人学生は回避方略を

最も使用したが、中国人学生はこれを最も使用しなかった。包括的価値次元では社会的貢献的価値次元の主効果が有意傾向で、この価値観を重視する学生は回避方略を選択する傾向があった。交互作用が非有意だったことは社会的貢献的価値次元と回避方略の関係は学生集団間においては共通のものであることを示唆している。

表 7-4　服従方略の階層的重回帰分析

		b	β	R^2
分析 1	群 1	− 0.803	− 0.071	
	群 2	− 0.163	− 0.153*	
	自己実現的価値	0.242	0.047	
	伝統(権威)主義的価値	0.165	0.032	
	自由主義的価値	0.448	0.087	
	社会貢献的価値	0.598	0.116⁺	
				0.046**

*$p<.05$、⁺$p<.10$

　協調方略における群の主効果は（表 7-5）、中国人学生がこの方略を最も使用しないことを意味している。教育価値観では自己実現的価値次元をもつ学生が協調方略を選択する傾向が見られた。群と価値次元の交互作用はやはり非有意で、このことは自己実現的価値次元と協調方略の関係は学生集団間において共通のものであることを示している。

表 7-5　服従方略の階層的重回帰分析

		b	β	R^2
分析 1	群 1	− 0.147	− 0.11	
	群 2	0.31	0.246**	
	自己実現的価値	0.756	0.123⁺	
	伝統(権威)主義的価値	− 0.283	− 0.046	
	自由主義的価値	0.068	0.011	
	社会貢献的価値	− 0.543	− 0.088	
				0.101***

***$p<.001$、**$p<.01$、*$p<.05$、⁺$p<.10$

　対決方略の分析における群の主効果は、韓国人学生がこの方略を最も使用し、日本人学生が最も使用しないことを意味している（表 7-6）。包括的価値

次元では伝統（権威）主義的価値次元の主効果が有意だったが、群とこの価値の交互作用も有意だったので、Bohnstedt & Knoke (1988) の方法を用いて学生集団別に b を推定したところ、韓国人学生 .156、中国人学生 .066、日本人学生 - .022 だった。この結果は、韓国人学生の中でも伝統（権威）主義的価値次元をもつ学生が対決方略を選択する傾向があることを示している。自己実現的価値次元は主効果のみが有意で、このことは、この価値を強くもつ学生は、対決方略を選択しないことを示している。

表7-6　服従方略の階層的重回帰分析

		b	β	R^2	ΔR^2
分析1	群1	− 0.21	− 0.015		
	群2	− 0.256	− 0.193**		
	自己実現的価値	− 0.122	− 0.19**		
	伝統（権威）主義的価値	0.156	0.242**		
	自由主義的価値	0.072	0.011		
	社会貢献的価値	− 0.069	− 0.011		
				0.061***	
分析2	伝統（権威）主義的価値×群1	− 0.158			
				0.071**	
					0.01⁺

**$p<.01$, *$p<.05$, ⁺$p<.10$

(4) 考　察

葛藤解決方略の比較

本研究の対象である中国人学生、韓国人学生、日本人学生の葛藤に対する反応の一般的特徴については、表7-7のとおり研究8と研究9の結果をまとめ示した。（研究8においては日本人学生が対象とされなかったので含まれていない）研究8と研究9の葛藤解決方略の集団内比較をすると、中国人学生と韓国人学生が研究8、研究9とともに、服従や協調など宥和的方略を用い、また、日本人学生は回避方略を最も多く用いていたことが特徴である。

集団間の比較については、中国人学生が服従を最も多く用いているのに対し、また、韓国人学生は対決を最も多く用いており、この点に関して研究8

と研究9は同じ傾向が見られた。一方、中国人学生と韓国人学生の教師との葛藤における解決方略の違いについて、研究8では、中国人学生は韓国人学生よりも服従や回避などの消極的方略をよく用いたのに対し、韓国人学生は回避を少なく、対決を相対的によく用いる傾向があった。しかし、研究9では、中国人学生は韓国人学生よりも服従や協調などの方略をよく用いたのに対し、韓国人学生は中国人学生より回避を相対的に多く用いる傾向があった。

このように、研究8より研究9において韓国人学生が回避をより多く用いたが、その理由としては、研究8と研究9の韓国人対象者の滞日期間の差が考えられる。つまり、研究8の対象者の滞日期間は平均12.1か月であったのに対し、研究9の対象者は平均16.6か月で、後者のほうが滞日期間が長いので、日本人との人間関係において葛藤が生じた場合、対決行動を回避する社会規範を学習していることが考えられる。従って、表面的には日本人との摩擦を避けるような回避方略を多く選択し、協調方略をあまり選択しなかったのではないかと考えられる。

日本人学生は、教師との葛藤において3か国の学生の中で服従、協調などの宥和的方略を最も用いなかった。また、韓国人学生より、対決、回避などの方略を用いない傾向が見られた。これらのことから、日本人学生は教師との人間関係において、縦の上下関係においても、横の対等な関係においても、心理的な距離を置いている姿が浮き彫りにされた。

表7-7 研究8と研究9の葛藤解決方略の比較

		中国人学生	韓国人学生	日本人学生
研究8	集団内の方略比較	服従＞協調 回避＞対決	協調＞服従 回避＞対決	なし
	集団間比較	服従 中国人学生＞韓国人学生 協調 韓国人学生＞中国人学生 回避 中国人学生＞韓国人学生 対決 韓国人学生＞中国人学生		
研究9	集団内の方略比較	服従＞協調 回避＞対決	服従＞協調 回避＞対決	回避＞協調 服従＞対決
	集団間比較	服従 中国人学生＞韓国人学生＞日本人学生 協調 中国人学生＞韓国人学生＞日本人学生 回避 韓国人学生＞日本人学生＞中国人学生 対決 韓国人学生＞日本人学生＞中国人学生		

葛藤解決方略と包括的価値次元との関連

　葛藤解決方略の選択が学生集団間で異なるかどうか、また、教育価値観の包括的価値次元によって影響を受けるかどうか検討するために階層的重回帰分析を試みた。包括的価値次元と葛藤解決方略との関連が深かったのは、自己実現的価値次元、伝統（権威）主義的価値次元であった。自己実現的価値次元を重視する学生は、服従方略、協調方略を選択し、対決方略を選択しない傾向が見られ、伝統（権威）主義的価値次元を重視する学生は、対決方略を選択する傾向が見られた。

　まず、仮説4では、自己実現的価値次元を重視する学生は、協調方略の選択を促すというものであったが、この仮説は支持された。自己実現価値次元を重視する学生は、教師の専門性と技能の向上を追い求め、学生の潜在的能力を引き出すように熱意を持って支援しようとする教育価値を重視するので、教師との間に葛藤が起こった場合にも、学生は専門家として教師の意見を尊重するとともに、学生としての自分の意思も伝えることも重視するために、協調方略を選択したのではないかと考えられる。

　さらに、自己実現的価値次元と服従方略との関連も見られた。この価値を重視する学生は専門性や技能を磨こうとする向上心や教師の意見を積極的に取り入れようとする柔軟な態度を持っていることが考えられる。そのため、この価値を重視する学生は専門的パワー（淵上, 2000）をもつ教師の助言を受け入れ、従うことが自分の技能を向上させるために有益であると考えるので、服従方略を選択したのではないかと考えられる。

　また、仮説3では、日本人学生でこの価値を重視する人は協調方略を選択すると予想したが、中国人や韓国人学生についても同じ結果が得られたので、この仮説は支持されなかった。

　仮説7では、社会貢献的価値次元を重視する学生は協調方略の選択を促すということが予測されたが、社会貢献的価値次元を重視する学生は回避方略を選択する傾向が見られたものの、協調方略との関連は認められなかったので、この仮説は支持されなかった。

　仮説6は、自由主義的価値次元を重視する学生が対決方略を選択するというものであったが、自由主義的価値次元と対決方略との関連は認められず、

仮説6は支持されなかった。また、日本人学生の中でこの価値を重視する人は協調方略を選択すると予想した仮説3も支持されなかった。

最後に、仮説5では、伝統（権威）主義的価値次元を重視する学生は、服従方略の選択を促すと予測したが、この価値次元を重視する学生は、むしろ対決方略を選択しており、仮説5に反した結果が見られた。ただし、この結果は韓国人学生に強く見られ、中国人学生にも弱く見られた。日本人学生では伝統（権威）主義的価値次元と方略との関連は見られなかった。この伝統（権威）主義的価値次元は、教師の威厳を重視し、学生が教師の指示や意見に従い、教室内規範を守ることを重視するという価値である。従って、この価値を重視する学生は、教師との人間関係維持を重視すると考え、服従方略を選択すると予想したが、結果はこれとはむしろ反対のものであった。

伝統（権威）主義的価値次元は、権威主義的な態度を含んでいる。Fスケールの研究では、権威主義的な人は価値判断が硬直しているために、外集団成員に対して批判的、攻撃的であるが（Scodel & Mussen, 1953）、自集団の特に権威者に対しては、極めて従順であることが見出されてきた。では、韓国人学生や中国人学生にとって日本人教師はどのように位置づけられていたのであろうか。これに関する実証データはないが、外集団の成員とみられていたのではないかと思われる。そうであるなら、たとえ、教師という権威者であっても、こうした価値を強くもつ韓国人学生や中国人学生にとって、日本人教師は恭順の対象ではなく、むしろ、彼らの伝統的価値を共有しない外集団成員として、批判や反発の対象となりやすいのではないかと思われる。

実際、日本語教育場面では、日本語というマジョリティの言語を日本社会で教えるために、留学生にとって異文化である日本社会のルールが強調されやすい。日本人教師が正しいと信じて用いる社会規範や教室内ルールは、伝統（権威）主義的価値を強くもつ留学生にとっては、外集団規範を押し付けられていると感じ、これに対して反発を感じることが考えられる。それ故、伝統（権威）主義的価値を強くもつ韓国人学生、中国人学生が、日本人教師に対して対決的な行動をとる傾向があったことは、彼らが日本人教師を外集団成員とみなしているためだと思われる。

また、伝統（権威）主義的価値の強い韓国人学生、中国人学生の場合、日

本人教師との葛藤が文化的強制と感じられ、彼らの間に潜在的に存在する否定的な対日観が呼び起こされたということはないであろうか。これは推論でしかないが、こうした歴史的背景も無関係ではないかもしれない。

一方、こうした韓国人学生や中国人学生と異なり、日本人学生は伝統（権威）主義的価値が強くても、教師に対する対決的な反応が生じなかったことは、上述したような文化的、集団的解釈の妥当性を示唆するものである。

以上のように、第7章の研究9で特徴的に表れた伝統（権威）主義的価値次元と対決方略との関連について述べてきたが、伝統（権威）主義的価値次元をもつ学生は対決方略を取る傾向が見られ、韓国人学生に強く、中国人学生に弱く見られた。一方、日本人学生でこの価値を重視する学生は、対決方略をあまり取らない傾向が示唆された。

第2節　結　語

第7章では、日本人学生、中国人学生、韓国人学生を対象に教育価値観と葛藤解決方略の関連を明らかにするために行われた。第1節（研究9）では、葛藤解決方略の選択が包括的価値次元で影響を受けるかどうか、学生集団間で異なるかどうか階層的重回帰分析を行い検討した。その結果、自己実現的価値を重視する学生は、服従、協調方略を選択し、対決方略を選択しない傾向が見られ、伝統（権威）主義的価値を重視する学生は、対決方略を選択することが示唆された。また、この傾向は韓国人学生に強く見られ、中国人学生に弱く見られた。さらに、日本人学生でこの価値を重視する学生は、対決方略をとらない傾向が示された。

第8章

葛藤解決と教育価値観の総合的考察

　本研究では、日本人日本語教師と留学生との葛藤の原因と解決行動のメカニズムを探り、その背後に教育価値観の違いがあるのではないかという仮定のもとで、原因帰属と解決方略との関連、解決方略と教育価値観の関連について、実証的に検討してきた。本章では、第1節で研究成果の概要を述べ、第2節では原因帰属、解決方略、教育価値観の関連についていくつかの論点から議論を行い、第3節では本研究の意義と異文化間の教師教育への活用について論じる。最後に、第4節では今後の課題を提起することにする。

第1節　研究成果の概要

　第1章では、日本における留学生政策を含めた留学生の受入動向と現状を述べ、留学生研究の背景となる理論、異文化適応関連の研究動向を概観した。さらに、留学生研究で扱う留学生の抱える問題を相談事例、調査研究、適応と対処、援助という視点から概観した。これらの研究においては、日本社会への適応と援助に関するものが大半を占め、対人葛藤関係の研究が僅少であることを指摘した。

　第2章では、葛藤解決方略における文化差、原因帰属、異文化間葛藤の比較研究、社会心理学における文化的価値研究と本研究に関連する教育価値観を領域ごとに概観した。本章で見出されたこれまでの葛藤解決方略における

比較文化研究の問題は、同文化内の葛藤解決方略の比較が中心であり、日本という一つの社会の中での異文化間比較の視点がほとんど見られなかったこと、異文化間比較の知見は集団主義・個人主義の枠組みだけでは説明しきれないこと、集団主義の国同士の比較、特に日本を含むアジア諸国間の比較があまり行われていないことを指摘した。本研究の対象である異文化間の教育場面（ここでは広く教育場面で生じた日本人教師と留学生の葛藤を扱うこととする）で起こる葛藤の多くは、日本人教師とアジア系留学生を含むものである。そのため、異文化間の教育場面における葛藤を解決するためには、教育価値観を導入し検討することが重要なことを指摘した。

第3章では、教育価値観の3領域（教育観、教師観、学生観）の次元と構造について、理論的分析を基に項目を選抜した。第1節では、日本人教師と留学生の葛藤解決行動の背後にある教育価値観（教育に関する価値観、教師観、学生観）の違いに注目した研究が必要だと考え、教育価値観の内容を理論的に分析し、これを測定する尺度の開発を試みた。まず、理想的教師観、理想的学生観、理想的教育観の3領域の項目を収集し、192項目を得た。次に、それらを分類・整理した結果、理想的教師観は6次元16項目、理想的学生観は4次元10項目、理想的教育観は6次元19項目の合計45項目を尺度用に選抜した（研究1）。

第4章では、第3章で理論的に作成した教育価値観45項目を日本人学生に試行し、尺度の構造を探るために因子分析を行った。分析の結果、理想的教師観では熱意、専門性、学生尊重、教師主導の4次元が、理想的学生観では学習意欲、規則遵守、従順の3次元、理想的教育観では文化的視野、人材教育、自主独立、社会化、創造性の5次元を見いだした（研究2）。この教育価値観項目を用いて中国人学生、韓国人学生、日本人教師、日本人学生の4集団間で比較を試みた。集団別にみると日本人教師は、学習意欲、自主独立、文化的視野を重視し、創造性をあまり重視しない傾向が見られた。日本人学生は、規則遵守や社会化という保守性を重視しつつ、自主独立や創造性という革新性を重視していた。つまり、次元は異なるものの、二律背反的な教育価値観を持ち合わせていた。中国人学生は熱意、従順、社会化、人材教育を重視しており、明確で整合した教育価値観を持っていた。韓国人学生

は、教師主導が重視され、理想的学生観、理想的教育観では他の3群の中間に位置していた。このことから「複合的教育価値観」をもつ日本人、「単一的教育価値観」をもつ中国人学生、「中間的教育価値観」をもつ韓国人学生というアジア3か国の教育価値観の3類型を見いだした（研究3）。研究4では31項目からなる短縮版の教育価値観尺度を作成し、研究5では評定法と分析方法を変えて短縮版の教育価値観尺度を用いて学生集団間の比較を行った。研究6では、3領域を横断する包括的価値次元を見いだすため、12個別次元を対象に上位因子分析を行った。その結果、自己実現的価値、自由主義的価値、伝統主義的価値、社会貢献的価値の4因子が抽出された。判別分析結果から、日本人学生は自己実現的価値、自由主義的価値を重視し、中国人学生は伝統（権威）主義的価値を重視していることが示された。また、韓国人学生は2群の中間に位置していた。最後に、Schwartz達の一般的価値次元と教育価値次元との関連について検討を行い、一般的価値次元の伝統性及び支配性と包括的価値次元のなかの伝統（権威）主義的価値次元に共通性を、また、一般的価値次元の平等性と包括的価値次元の自由主義的価値次元に共通性を見いだした。一方、一般的価値次元と包括的価値次元の自己実現的価値次元、社会貢献的価値次元における相違性についても検討し、教育価値次元の独自性を示唆した。

　第5章では、日本において日常的に異文化接触が最も多い日本語教育場面の日本人教師と日本語学習者の現状について概観した。日本語教師を対象に葛藤内容と解決過程が示された43事例を収集した。事例の内容分析を行った結果、①日本語教師が認知する留学生との葛藤内容を8カテゴリー（学生の抗議・主張、授業不参加、教室内規範違反、学習困難、学習意欲の欠如、明白なルール違反、暴力行為、教室場面以外の問題）に分類した。②教師の原因の認知は、留学生側及び文化や環境への外的帰属傾向が高かった。③教師の葛藤解決行動については、対話や説得などの双方的方略、対決や服従などの一方向的な方略、教師や学生の第三者介入など多様な方略が選択されていた。以上から、葛藤内容と原因帰属、解決方略の概念枠組みを導き出した（研究7）。

　第6章では、異文化間葛藤における日本人教師、中国人学生、韓国人学生の原因帰属と解決方略の関連を検討した。また、日本人教師による予測との

比較から異文化間葛藤解決の特徴を見出した。留学生は原因を教師要因に帰属させたとき対決方略を選択し、学生要因に帰属させたとき協調方略を選択した。文化要因への帰属は、中国人学生には協調方略や服従方略といった宥和的方略を促したが、韓国人学生は回避方略を用いない傾向が見られた。日本人教師の予測は学生の反応と一致せず、特に対決方略についての認識にズレが大きく、これが異文化間葛藤の解決を困難にする一因と思われる（研究8）。

　第7章では、教育場面における教育価値観と葛藤解決方略の関連を明らかにするために、日本人学生、中国人学生、韓国人学生を対象に、葛藤解決方略の選択が学生集団間で異なるかどうか、また、それが包括的価値次元によって影響を受けるかどうか検討した（研究9）。その結果、葛藤解決方略と関連が深かった価値次元は、自己実現的価値次元、伝統（権威）主義的価値次元であり、特に、自己実現的価値次元を重視する学生は、服従方略、協調方略を選択し、対決方略を選択しなかった。また、伝統（権威）主義的価値次元を重視する学生は、対決方略を選択していた。この傾向は韓国人学生に強く中国人学生に弱く表れていた。一方、伝統（権威）主義的価値を重視する日本人学生は、対決方略をとらないことが示された。

第2節　葛藤の帰属と解決方略、教育価値観との関連

　本研究の目的は、異文化間の教育場面で生じる日本人教師と留学生との葛藤の原因と解決行動のメカニズムを探り、日本人教師と留学生の原因帰属と解決方略との関連、解決方略と教育価値観との関連について、実証的に検討することである。すでに第2章で述べたように、葛藤の比較文化研究における一つの問題点は、一つの社会の中での異文化間比較がほとんど行われてこなかったことである。そのため、本研究では、日本という一つの文化内で異文化接触を頻繁に行っている日本人教師（または日本人学生）と中国人学生、韓国人学生との比較を用いて葛藤対処の差異を明らかにしようとした。また、異文化間の教育場面で生じる葛藤に関して、その原因帰属と解決方略の

関連性について検討を試みた。さらに、それらの背景要因として教育価値観に注目し、これを測定する教育価値観尺度を開発した。本節では、この教育価値観尺度を用いて行った教師と学生の葛藤解決方略と教育価値観との異文化間比較、及びそこから得られた関連性の意味するところについて考察してみたい。

(1) 葛藤解決方略と教育価値観との関連

　まず、葛藤の原因帰属と解決方略の関連について述べると、研究8では、中国人学生、韓国人学生の葛藤シナリオに対する反応を分析した結果、学生は葛藤原因を教師要因に帰属させたときは対決方略を選択し、学生要因に帰属させた場合には協調方略を用いた。研究9では、解決方略と教育価値観との関連について、自己実現的価値を重視する学生は、服従、協調方略を選択する傾向が見られ、伝統（権威）主義的価値を重視する学生は、対決方略を選択することが示唆された。これらの知見から、葛藤場面における原因帰属と葛藤解決方略と教育価値観との関連について、どのような解釈が可能であろうか。

　まず、自己実現的価値を重視する学生は、教師との間で葛藤が起こったときに、その原因を学生自身に帰属させるため、協調方略をとるのではないかと解釈できる。それでは、なぜ、自己実現的価値を重視する学生は、学生自身に原因帰属をするのだろうか。第1に、この価値をもつ学生は、専門家としての教師の専門的技能や知識を重視している。つまり、専門家としての教師を尊敬しているので、問題が起こったときは、教師よりは自分の側に非があると考える傾向があるのではないかと考えられる。第2に、自己実現的価値には学生自身の学習意欲を重視する面も含まれている。そのため、教育場面で自分自身の学習上の努力が重要であると感じている学生は、教師との葛藤においても、問題を自分自身の努力不足によるものとみなす傾向があるのではないかと思われる。従って、自己実現的価値を強くもつ学生は、葛藤の原因を教師に帰属させるのではなく、学生自身に帰属させることで、協調的な方略によって葛藤問題を解決しようとする建設的な姿勢をもつことができ

るものと考えられる。

　一方、伝統（権威）主義的価値を重視する学生で、特に、韓国人学生、中国人学生は、教師との葛藤状況において対決方略をとる傾向が見られたが、その原因は彼らが葛藤原因を教師に帰属させるためではないかと推測される。それでは、この価値を重視する学生は、なぜ、こうした帰属傾向を示すのであろうか。

　その理由としては、第1に、教師の威厳と教室規範を重視する伝統（権威）主義的価値は、権威主義的な態度を含んでいる。前章で述べたように、権威主義的な人は外集団成員に対して批判的である傾向がある（Scodel & Mussen, 1953）。もし、そうであるとすれば、この価値を重視する学生は、日本人教師を外集団成員と見なし、その結果、問題の原因が教師側にあるという批判的認知を強く持った可能性がある。

　第2に、権威主義的な人は内集団に執着し外集団は勢力追求的であるとみなす傾向がある（Adolno, et al., 1950）。そのため、伝統（権威）主義的価値を重視する学生は、マジョリティ側に立つ日本人教師の指導に対し、異文化への同化を強いていると感じている面がないわけではない。特に、こうした学生の場合、教師との間で葛藤が起こったとき、それを文化的強制と感じる傾向が強いとすれば、それが教師への原因帰属を強める理由になったものと推測される。

　第3に、伝統（権威）主義的価値を重視する学生は、教師に対して保護や依存を求める傾向がある。教師との対立は、彼らのそうした期待に反する出来事なので、その分より強く反発することが考えられる。教師との間で葛藤が起こると、こうした学生たちは自分たちが教師に対し恭順であるにもかかわらず、教師は自分たちを十分に保護してくれないと感じ、これが教師への原因帰属となるのではないかと思われる。

　以上のように、異文化間の葛藤場面における原因帰属、葛藤解決方略、教育価値観の関連性について、推測を含めて統合的な考察を試みた。これらの解釈は、異文化間の教室内活動がいかに自国と外国、同文化と異文化、外集団と内集団といった対立的図式を喚起しやすい状況であるかを示唆するものである。従って、異文化間の教育場面は、話題の内容や教師の示す姿勢によ

っては、容易に、日本人と××人という集団間の境界線が引かれ、二項対立的な関係に転じてしまったり、外集団帰属から対決行動へ導かれたりする可能性を考慮する必要があると思われる。

　研究 8 の結果はもう一つの重要な知見を含んでいる。それは、中国人学生、韓国人学生が葛藤の原因を教師要因に帰属させ、対決方略を選択する場合、日本人教師はそれを予想外であると受け取る傾向があった。そうした場合には、当然ながら、教師の側にはうまく対処する準備ができておらず、その結果、学生に対して怒りや不満をもつと同時に、自己に対しても無力感を感じることが多いと思われる（研究 7）。一方、教師に対し対決的な姿勢をとる学生自身も、少なくとも主観的には追い詰められた気持ちになっていることが多いので、それを教師が適切に受け止められないと、葛藤はこじれて、教師と学生の関係が悪化する危険性もあると考えられる。

　葛藤がこのように不幸な結末に至るのは、葛藤場面において教師が学生の反応を予測できない場合であるが、学生の反応は学生自身の教育価値観によるところが大きいので、教師にとって教育価値観の理解は極めて重要な課題であるといえよう。

(2) 葛藤に対する教師の学生への対処

　次に、本論文での研究知見に基づいて、教師が学生との葛藤に対してどのように対処したらよいかという視点から議論してみたい。まず、教師は、学生との葛藤をどのように捉えたらよいのだろうか。

　教師の立場からすると、教師に従順な学生が好ましく、反発する学生を嫌がるのは自然である（Brophy & Good, 1974）。対決的な姿勢を見せる学生がいると、クラス運営が円滑に進まず、教育指導計画に支障が生ずることもあるからである。しかし、第 2 章で述べたように、葛藤は必ずしも有害なものであるとは限らない（Sherif, 2003）。なぜなら、葛藤はむしろ異なる視点を提供してくれるという点では、教室内を活性化させ、学生にとっても教師にとっても成長促進的な意味をもたらすからである。

　それでは、教師は学生との葛藤に対してどのように対処すべきであろう

か。まず、第1に、来日したばかりの外国人留学生が日本人教師の教授方法に違和感を抱いたり、教師の言動を誤解したりするのは、文化背景の異なる人間同士が集まれば、当然のことであると考える必要がある。むしろ、葛藤は当事者にとって深刻な痛みを伴わない限り、教師と学生が相互に自分の期待や願望、解釈を理解し合う好機でもある（加賀美, 1995）。従って、教室活動における葛藤は、学生にとって教師の言動を通して日本社会や日本人の対人関係をより理解するきっかけになる一方、教師にとっても留学生の多様性を理解するよい材料になると認識すべきであろう。

第2に、教師との葛藤において顕在的で積極的な葛藤解決方略をとらず、服従や回避など消極的な対処をとる学生もいるが、彼らも葛藤を感じていないわけではない（研究7）。むしろ、彼らは日本文化の理解や日本社会への適応を拒否したりしている可能性もある。そのため、教師は学生の潜在的な葛藤を見逃さず、その原因、葛藤に対する感じ方や認知における違いを対話（話し合い）の中で理解しようと努める積極的な働きかけが必要であろう。

第3に、葛藤について学生との対話（話し合い）をする場合、教師は、教育価値観、あるいは一般的価値観を参照し、教師自身の価値観がどんなものであるか、それが自分の教授方法にどのような影響を与えているかを自覚する必要があろう（研究2）。また、繰り返し述べているように、葛藤の原因、これに対する学生の反応には彼らの教育価値観の影響がある。それ故、葛藤の背景には、自分と学生の価値観の違いがある可能性を念頭に置き、対話（話し合い）においてその違いを明らかにしていくことも必要であろう。

第4に、葛藤が生じ対決的な姿勢を取る学生の場合、学生の個人的な問題が含まれていることもあるため（研究7）、問題を教室内でオープンに扱うことが必ずしも良いとは限らない。その場合には教室外において秘密保持が保障されるような個別対応の機会を作るように努め、教師の対処能力に限界がある場合には、専門家による特別な援助へと連携をとる必要があろう。

第5に、教師が学生との葛藤状況において最も注意すべき点は、学生の対決的方略に対して教師が感情的に反応し葛藤をエスカレートさせないことである。もし、教師も感情的になったなら、両者は決裂し致命的な事態を招くことになるだろう。一方、回避など消極的な方略を用いる学生の場合、教師

が学生の抱える問題に気づかず軽視したりすると、学生が教師に期待しなくなり、両者の肯定的な人間関係は維持されなくなることも考えられる。

このように、葛藤に対する教師の学生への対処について検討してきたが、教師と学生との関係が硬直してしまい、どうしても教師が対処できない場合や、組織内で類似した葛藤問題が繰り返し生じる場合には、教師個人の解決能力を超えているため、組織における構造的な対策が必要な場合もある。そうした場合には、組織内の他の教師や上司と相談し（研究7）、長期的な視点から留学生と教師との葛藤対処を考え、根本的な組織内の解決策や葛藤対処の体制作りを考える必要もあろう（Orford, 1992）。

以上のように、葛藤に対する教師の学生への対処を述べてきたが、学生の対決行動を否定的に考えるより、むしろ、葛藤がもたらす肯定的機能を認識し、学生一人一人の理解と協調的解決に生かしていくかという点から葛藤事態を捉え直すとともに、それがもつ成長促進的な意義を生かすように工夫する必要がある。

第3節　本研究の意義と異文化間の教師教育へ向けて

最後に、本研究の意義と知見が異文化間の教育に携わる教師教育にどのように活用されうるか検討してみたい。

まず、本研究の第1の意義は、日本語教育現場での教師の葛藤事例から、教師の葛藤内容と原因帰属要因、解決行動などの関連要因を明らかにしたことである。これまで日本語教育の現場では、教師の葛藤を茫漠とした問題として捉えていたのに対し、本研究では、教師の葛藤解決過程の全体像を示し、葛藤内容を分類し明確にさせた。その結果、教師は原因を学生に帰属させるものの教師の解決行動に対しては意識化されておらず、葛藤対処後の教師の自己認知は否定的であることが多かった。また、実証的研究では学生の教師帰属は対決行動を促したが、教師はそれを予測できなかった。これは教師が即座に葛藤の対処方法をとることができないことを示すものである。このことから、教師と学生の葛藤状況を明確に把握し積極的解決が促進される

ような教師教育が必要だと思われる。具体的には、本事例研究で用いた方法などで教師が経験した葛藤内容、原因の認知、教師の解決行動を記述し発表するような葛藤事例検討会を設けることが必要であろう。このような事例検討会を重ねることで問題解決へ向けての指針を参加者である教師が疑似体験的に学習することができるだろう。また、葛藤が深刻な事態に陥る前に即座に葛藤対処ができるようなスキル向上にもつながるものと考えられる。

　本研究の第2の意義は、教育価値観を測定するための尺度を開発し、異文化間の教育に関連する学生や教師を対象に、客観的に測定できる異文化間比較のツールを作成したことである。このことから、教師自身の理想的教師観、理想的学生観、理想的教育観だけでなく、多様な文化的背景をもつ学生の価値観を測定する有効な基準を示すことができた。このことは、多文化の学生を教育する教師教育において、教師が自らの価値観と多様な文化的背景をもつ学生との価値観の違いを簡便に客観的に測定し検討することができ、教育価値観を通して教師と学生との相互理解を促進させる教育への示唆を与えるものである。

　本研究の第3の意義は、教師と学生の葛藤状況において、その背景にある教育価値観の影響を教育価値観尺度によって客観的に明らかにし、その指針を教育現場に提供することを可能にしたことである。実証研究では学生の対決方略の背後に伝統主義的価値があるというように、教育価値観と葛藤解決方略の関連を明らかにした。教師は葛藤の背景にある教育価値観に注目し、教師自身のもつ伝統主義的価値や自己実現的価値を教師が知ることで、自分のもつ教育価値観がどのように教室運営、教室内規範、教育内容、学生理解、教育方法、授業スタイル、教育評価などに影響を与えているか検討できる。そのことから、教師と学生の葛藤が生じた際、葛藤の背景にある自分自身の教育価値観と学生の教育価値観がどのように異なるか、検討する際に有効な手立てとなる。こうした教育価値観尺度を葛藤の生じやすい異文化間の教育場面や学級運営に活用することで、現場の教師と学生との人間関係を検討する上で、有用なツールとなろう。

　以上のように、本研究における知見が異文化間の教育に携わる教師に対し、様々な形で活用しうることを検討した。葛藤事例検討などの教師教育へ

の導入や教育価値観尺度の活用は、異文化間の学生と教師への教育と相互作用に貢献できるとともに、教師の葛藤対処スキルを向上させるものと考える。

第4節　今後の課題

　以上のとおり、本研究では主に、異文化間の教育に携わる日本語教師、中国人留学生、韓国人留学生、日本人大学生を対象に、教育場面における教育価値観と葛藤解決方略の関連について、集団間の比較を通して検討してきたが、留学生の場合、日本社会への異文化適応のプロセスとも関連があるため、厳密に中国人学生、韓国人学生の教育価値観の反応の測定には限界があると考えられる。それゆえ、今後は、第1に、アジア諸国の国内における大学生を対象に日本人学生との比較文化的研究を行う必要がある。さらに、アジア諸国の国内のムスリム学生、欧米学生にも対象者を広げて、多文化における教育価値観の比較と尺度の有効性についても検討していくことが重要課題である。

　第2に、4章で述べたようにShwartzの一般的価値次元と教育価値観の個別次元と包括的価値次元との関連について、理論的に共通性と相違性を仮定したが、これについても比較研究を通して実証的に検討したいと考えている。

　第3に、本研究では、異文化間葛藤場面における中国人学生、韓国人学生、日本人教師、(または、日本人学生)の反応の比較を行ったが、研究9では教師と学生の外国語教育の葛藤場面であったため、日本人学生の反応は同文化の権威者(教師)である可能性もあるので、明確な学生集団間の差異を見出せなかった。従って、今後は、教師に対する一般的な葛藤解決方略を測定し、国別比較調査を実施する必要があると思われる。

　第4に、教育価値観研究については、異文化間比較の視点だけでなく、生涯教育、発達の視点からも適用可能かを検討する必要がある。海外及び日本国内の教育関係者、父母、小学生、中学生、高校生、大学生を対象として広げ、世代ごとのコーホート分析を行い、教師と生徒の関係、父母と子どもの

関係を検討することも重要である。こうした教育価値観の調査研究は日本ではまだ行われていないため、重要な研究視点になると思われる。

　第5に、現在、深刻な問題を抱えているわが国の学校臨床現場においても、教育価値観を導入した研究も適用可能だと思われる。児童、生徒とその父母や関係する教育者の教育価値観に関する調査は、不登校、ひきこもりなど学校臨床場面の問題解決へつながる重要な資料として貢献できると考える。

　以上のように、今後は、教育価値観尺度の精緻化とともに、比較文化的な視点だけでなく、発達の視点も加味した教育価値観研究にまで拡大し、より多様な教育現場に教育価値観が適用可能かを検討する必要があると考える。

第5節　結　語

　本研究の課題は、異文化間の教育場面で日本人教師と留学生との葛藤の原因と解決行動、教育価値観のメカニズムを探り、背景にある教育価値観との関連を明らかにすることである。第8章では、この研究課題に対して、原因帰属と解決方略との関連、解決方略と教育価値観の関連について、総合的な考察を行った。まず、第1節では、第1章から第7章までの研究成果の概要を述べた。第2節では、原因帰属、葛藤解決方略、教育価値観の関連について、研究7、研究8、研究9の結果を中心に、推論を含め解釈を行った。その結果、自己実現的価値を重視する学生は、教師の専門性や学生の学習努力を重視するため、学生に原因帰属することが考えられる。従って、協調方略によって葛藤解決を行うと推測できる。一方、伝統主義的価値を重視する学生は、権威主義的態度を含むために、教師を外集団成員とみなし教師に原因帰属することで対決方略をとると解釈できる。また、葛藤に対する教師の学生への対処に関しても総合的に考察を行った。第3節では、本研究の意義を事例研究の視点、教育価値観の視点から述べ、教育価値観尺度の活用、教師の葛藤対処スキル向上など異文化間の教師教育へ向けて提案を行った。第4節では、今後の課題である教育価値観尺度の精緻化と適用可能性、発達の視点への広がりなどを提起した。

第III部
教育価値観と
一般的価値観の
国際比較研究

第❾章

大学生の教育価値観の国際比較
──7か国・地域の質問紙調査

第1節　7か国・地域の大学生の教育価値観の比較　研究10

(1) 問題の所在と研究目的

　第Ⅰ部（第1～2章）から第Ⅱ部（第3～8章）までは、日本における留学生と日本人日本語教師の葛藤と教育価値観の関連について検討してきた。第Ⅲ部第9章では、発展研究として対象者を広げ7か国・地域の本国の大学生の教育価値観の国際比較を行うことを目的とする。

　心理学における価値観研究は、人々の人生の指針ともいえる価値観を知ることにより、多文化社会で生きる文化の多様性や複合性の理解に貢献できる。ここでいう価値観とは、ある行動様式、またはある最終的状態より個人的または社会的に、全く反対の行動様式、または最終的状態のほうが望ましいとする永続的な信条である（Rokeach, 1973）。Schwartz & Bilsky（1987）は、価値観を、(a) 概念または信条である、(b) 望ましい結末の状態または行動である、(c) 個々の状況を超越する、(d) 行動や出来事の選択や評価の指標となる、(e) 相対的重要性によって順序付けられるという5つの特徴を要約している。これらの特徴から価値観は人間の中核に位置し（Rokeach, 1973）、優先順位によって人間の行動が影響されることを示している。従って、教育に関する価値観についても、教育・学習場面で人々が経験する感情や認知、行動様式に影響を及ぼすことが考えられる。

教育に関する価値観については、加賀美（2007 ほか）は教育価値観として概念化し、望ましい教育について人々が抱く信念の集合体と定義した。それは理想的教師観、理想的学生観、理想的教育観から構成される。理想的教師観とは、教師、学生、父母から見た好ましい教師観であり、理想的学生観とは彼らから見た好ましい学生観である。また、理想的教育観とは、教育方法と教育目標を示す教育そのもののあり方を反映する教育観を意味する。

　加賀美（2004）は、上述した理想的教師観、理想的学生観、理想的教育観の 3 領域からなる教育価値観尺度を開発したが、領域別因子分析では、理想的教師観には専門性、熱意、学生尊重、教師主導の 4 次元、理想的学生観には学習意欲、規則遵守、従順の 3 次元、理想的教育観には文化的価値、人材教育、社会化、自主独立、創造性の 5 次元が見出された。さらに、この教育価値観尺度を用いて中国人留学生、韓国人留学生、日本人教師、日本人学生の 4 群間で比較を試みた。2 要因分散分析の結果、群別に日本人教師は学習意欲、自主独立、国際的視野を重視し、創造性をあまり重視しない傾向が見られた。日本人学生は規範遵守や社会化という保守性を重視しつつ、自主独立や創造性という革新性を重視するという二律背反的な教育価値観を持ち合わせていた。中国人学生は熱意、従順、社会化、人材教育を重視しており、明確で整合した教育価値観を持っていた。韓国人学生は教師主導が重視され、理想的学生観、理想的教育観では他の三群の中間に位置していた。加賀美・大渕（2006）は、31 項目の短縮版教育価値観尺度を開発しこの尺度を使用し判別分析によるデータ解析を行ったところ、日本人学生は自己実現的価値と自由主義的価値を重視し、中国人学生は伝統（権威）主義的価値を重視し、韓国人学生は、日本と中国の中間に位置することが認められ、ほぼ同様の傾向が認められた。このことは異なる社会文化的状況が学生の教育価値観形成にも影響を及ぼすことを示している。

　一方、多文化からの留学生と日本人教師の関係する教育場面では、留学生と日本人教師との間で葛藤が生じた場合、学生集団間で解決方略の違いが見出されている。たとえば、中国人学生は韓国人学生よりも服従や回避などの消極的方略をよく用いたのに対し、韓国人学生は回避方略を少なく対決方略を相対的によく用いる傾向があった（加賀美・大渕, 2004）。このように学生集

団によって葛藤解決方略が異なることは、その背景に教育価値観の違いがあるのではないかと考えられる。そのような仮説のもとで、加賀美（2007）は葛藤解決と教育価値観との関連を検討した結果、教師主導、学生の従順、規則遵守を含む伝統（権威）主義的価値観をもつ学生は、教師に対し対決方略を用いる傾向が見られ、一方、教師の専門性と技能の向上を追い求め、学生の潜在的能力を引き出すように熱意を持って支援しようとする自己実現的価値をもつ学生は、協調方略を用いる傾向が見られた。ここで問題となるのは、伝統（権威）主義的価値観を重視する学生たちが文化的背景の異なる教師に対し対決的態度をもつということである。教師の威厳と教室規範を重視する伝統（権威）主義的価値は、権威主義的な態度を含んでいるため、権威主義的な態度を有する人は外集団成員に対して批判的である傾向がある（Scodel & Mussen, 1953）。すなわち、この価値を重視する学生は文化的背景の異なる日本人教師を外集団成員と見なし、その結果、問題の原因が教師側にあるという批判的認知を強くもち日本人教師の指導に対し異文化への同化を強いていると感じた可能性があるのではないかと考えられる（加賀美, 2007）。このように異文化間の教室内活動や教育指導がいかに自国と外国、同文化と異文化、外集団と内集団といった対立的図式を喚起しやすい状況になるかを示唆するものである。

　上述したように留学生を含む異文化間の教育場面では、教師と学生、学生同士など様々な葛藤を含むことが考えられ、その背後には教育価値観の違いが存在することが考えられる。しかしながら、これまでの研究では、対象者が日本に居住する中国と韓国の留学生だけであったため、本国に留まる一般の大学生とは異なる志向性や態度を持っている可能性がある。例えば、坪井（1994）によると、留学生は本来向学心を持った人たちで、言葉の問題を含め多くの困難を乗り越えて留学したため、ホスト国の学生と留学生を同一視するのは適切ではないと指摘している。このことから、留学生は教育価値観に関しても特別な態度をもっている可能性があり、教育価値観の国際比較をより適切に行うためには、本国に留まる一般の大学生を対象に調査を行う必要があると考えた。そこで、本研究では、上述した理由で留学生ではない本国の一般の大学生を対象に、また、国の範囲を拡大し日本に留学生を多く送り

出している中国、韓国、台湾のほかにマレーシアとタイを加え、さらにこれらのアジア諸国との比較のためにアメリカと日本を加え、7か国・地域の大学生を対象に教育価値観の国際比較研究を行い、その異同を国別に検討することを目的とした。

(2) 方　法

対象者

まず、日本語による質問票を作成した後、中国語、韓国語、台湾語、マレー語、タイ語、英語の翻訳版を作成し、それぞれバイリンガルの翻訳者によるバックトランスレーションによって妥当性を確認した。2006年8月から2007年6月まで、台湾3校、韓国4校、マレーシア1校、中国1校、日本5校、タイ2校、アメリカ2校の7か国18校の大学生を対象に質問紙を配布し回収した。

有効回答数は、台湾245名（男性109名、女性136名）、韓国251名（男性117名、女性134名）、マレーシア199名（男性155名、女性44名）、中国207名（男性40名、女性167名）、日本259名（男性114名、女性145名）、タイ174名（男性52名、女性122名）、アメリカ106名（男性54名、女性52名）の合計1,441名（男性641名、女性800名）であった。質問票には教育現場の改善が調査目的であることとプライバシーの厳守を明記した。対象者の全ての平均年齢は20.63歳で、台湾は20.55歳、韓国は21.73歳、マレーシアは19.41歳、中国は20.58歳、日本は20.2歳、タイは21.13歳、アメリカは20.73歳で、ほぼ20歳前後であった。

教育価値観の測定

教育価値観の測定については、理想的教師観、理想的学生観、理想的教育観の3領域の12下位尺度からなる31項目の短縮版教育価値観尺度（加賀美, 2007）を使用した。理想的教師観の下位尺度は、専門性、熱意、学生尊重、教師主導から、理想的学生間の下位尺度は、意欲、従順、規則遵守から、理想的教育観の下位尺度は人材教育、文化的視野、自主独立、社会化、創造性

から構成される。理想的教師観については、「一般的に『良い教師』とはどんな人だと思いますか。あなたはそれらが『良い教師』の条件としてどの程度重要だと思いますか」と教示し、13個の項目を評定させた。同様に、理想的学生観については「一般的に『良い学生』とはどんな人だと思いますか。あなたはそれらが『良い学生』の条件としてどの程度重要だと思いますか」と教示し、6個の項目を評定させた。理想的教育観についても「一般的に、教育において大事だと思う事は何ですか。あなたは、それらが『良い教育』の条件としてどの程度重要だと思いますか」と教示し、12項目を評定させた。それぞれの項目について、「全く重要ではない（1点）」～「非常に重要である（5点）」の5件法で回答させた。

（3）結　果

まず、データを標準化した。短縮版教育価値観尺度の得点については、教育価値観の3領域12下位尺度のそれぞれを構成する項目の平均値を算出し、それを下位尺度得点とした。

理想的教師観

理想的教師観については、4つの下位尺度（専門性、熱意、学生尊重、教師主導）を7か国・地域の大学生対象者群（台湾、韓国、マレーシア、アメリカ、中国、日本、タイ）間で比較するために、一元配置分散分析を行った。さらに、Bonferroniを用いた多重比較を行った（表9-1、図9-1）。

その結果、専門性、熱意、学生尊重に関しては、7か国・地域ともに全体のパターンがほぼ類似している傾向が見られた。一方、教師主導については、アメリカの教師主導以外、アジア6か国ともにほぼ類似している傾向が見られた。

個別の下位尺度ごとに述べると、まず専門性については、国別対象者群間に有意差が認められた（$F(6,1434)=18.386, p<.01$）。平均値の評定の高い順に、日本＞マレーシア＞韓国＞台湾＞中国＞タイ＞アメリカであった。多重比較の結果、表9-1のとおり、日本の学生の専門性の平均値はマレーシア以外の

表 9-1 理想的教師観――4 下位尺度の平均値と多重比較

出身国	専門性 平均	専門性 標準偏差	熱意 平均値	熱意 標準偏差	学生尊重 平均値	学生尊重 標準偏差	教師主導 平均値	教師主導 標準偏差
台湾	0.579	0.382	0.175	0.426	0.000	0.640	−1.849	0.763
韓国	0.591	0.355	0.214	0.430	−0.187	0.664	−1.636	0.602
マレーシア	0.630	0.305	0.136	0.349	−0.253	0.732	−1.122	0.732
アメリカ	0.336	0.363	0.138	0.421	−0.510	0.784	−0.250	0.819
中国	0.538	0.358	0.190	0.425	0.071	0.618	−2.034	0.789
日本	0.735	0.385	0.040	0.446	−0.454	0.747	−1.193	0.626
タイ	0.469	0.462	0.216	0.404	0.277	0.650	−0.951	0.725
F 値	18.386***		5.207***		30.796***		113.732***	
多重比較	台＞米 *** 日＞台 *** 韓＞米 *** 日＞韓 *** 韓＞タイ *** マレ＞米 *** マレ＞タイ *** 米＜中 *** 米＜日 *** 中＜日 *** 日＞タイ ***		台＞日 *** 韓＞日 *** 中＞日 *** タイ＞日 ***		台＞韓 * 台＞マレ *** 台＞米 *** 台＜タイ *** 韓＞米 *** 韓＜中 *** 韓＞日 韓＜タイ *** マレ＞米 * マレ＜日 *** マレ＞日 * マレ＜タイ *** 米＜中 *** 米＜タイ *** 中＞日 *** 日＜タイ ***		台＜韓 * 台＜マレ *** 台＜米 *** 台＜日 *** 台＜タイ *** 韓＜マレ *** 韓＜米 *** 韓＞中 *** 韓＜日 *** 韓＜タイ *** マレ＜米 * マレ＞中 *** 米＜中 *** 米＞日 *** 米＞タイ *** 中＜日 *** 中＜タイ *** 日＜タイ ***	

$p < .05*$、$p < .01**$、$p < .001***$

5 か国より有意に高かった。また、アメリカの学生の平均値はタイ以外の 5 か国より有意に低かった。

熱意については、国別対象者群間に有意差が認められ、$(F(6, 1434) = 5.207, p < .01)$、評定の高い順に、タイ＞韓国＞中国＞台湾＞アメリカ＞マレーシア＞日本であった。多重比較の結果、日本の学生の平均値は、台湾、韓国、中国、タイよりも有意に低かった。

学生尊重においても国別対象者群間に有意差が認められた $(F(6, 1434) = 30.796***, p < .01)$。評定の高い順に、タイ＞中国＞台湾＞韓国＞マレーシア＞日本＞アメリカであった。多重比較の結果、タイの学生の平均値は中国の

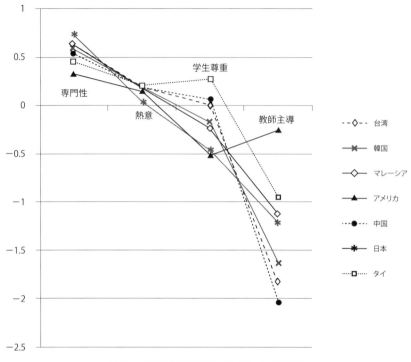

図 9-1　理想的教師観の 7 か国・地域比較

学生以外の 5 か国より有意に高かった。中国の学生の平均値は韓国、マレーシア、日本、アメリカより有意に高かった。台湾の学生は韓国、マレーシア、日本、アメリカ、タイより有意に高かった。韓国の学生は日本、アメリカより有意に高かった。

教師主導においても国別対象者群間に有意差が認められた（$F(6, 1434)=113.732^{***}$, $p<.01$）。評定の高い順に、アメリカ＞タイ＞マレーシア＞日本＞韓国＞台湾＞中国であった。多重比較の結果、中国が最もこの価値を重視しておらず、中国及び台湾の学生はアメリカ、日本、韓国、タイ、マレーシアより有意に低かった。韓国の学生もアメリカ、日本、タイ、マレーシアより有意に低かった。日本の学生はアメリカよりも有意に低く、中国、台湾、韓国より有意に低かった。

理想的学生観

理想的学生観については、表9-2、図9-2のとおり、3つの下位尺度(学習意欲、規則遵守、従順)と7か国・地域の大学生対象者群(台湾、韓国、マレーシア、中国、日本、タイ、アメリカ)の一元配置分散分析を行い、さらに、多重比較を行った。

表9-2 理想的学生観──3下位尺度の平均値と多重比較

出身国	学習意欲 平均	学習意欲 標準偏差	規則遵守 平均値	規則遵守 標準偏差	従順 平均値	従順 標準偏差
台湾	0.154	0.628	−0.234	0.753	−0.265	0.605
韓国	0.453	0.540	0.066	0.655	−0.538	0.603
マレーシア	0.599	0.471	−0.481	0.898	0.266	0.528
アメリカ	0.528	0.481	−0.022	0.633	−0.061	0.679
中国	0.374	0.481	−0.351	0.706	−0.510	0.643
日本	0.543	0.536	0.112	0.723	−0.987	0.671
タイ	0.332	0.537	−0.238	0.787	−0.523	0.699
F値	18.015***		19.524***		85.170***	
多重比較	台<韓* 台<マレ*** 台<米*** 台>中*** 台>日*** 台>タイ*** マレ>中*** マレ<タイ*** 中<日*** 日>タイ***		台<韓*** 台>マレ*** 台<日*** 韓>マレ*** 韓>中*** 韓>タイ*** マレ<米*** マレ<日* マレ<タイ*** 米>中*** 中<日*** 日>タイ***		台>韓* 台<マレ*** 台>中*** 台>日*** 台>タイ*** 韓<マレ*** 韓>米*** 韓>日*** マレ>米*** マレ>中*** マレ>日* マレ>タイ*** 米>中*** 米>日*** 米>タイ*** 中>日*** 中<タイ***	

$p<.05*$、$p<.01**$、$p<.001***$

図9-2のとおり、学習意欲、規則遵守については、全体のパターンが7か国・地域でほぼ類似している傾向が見られた。一方、従順については、マレーシア以外の6か国は類似した傾向が見られた。

個別の下位尺度ごとに述べると、まず、学習意欲については国別対象者群

第❾章 大学生の教育価値観の国際比較

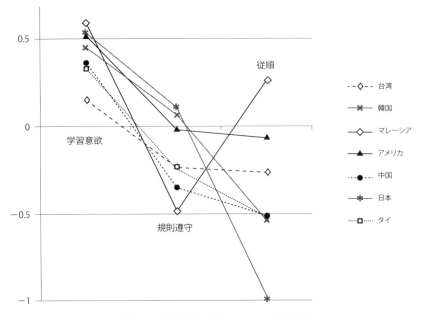

図 9-2　理想的学生観の 7 か国・地域比較

間に有意差が認められた（$F(6, 1434) = F=18.015, p<.01$）。評定の高い順に、マレーシア＞日本＞アメリカ＞韓国＞中国＞タイ＞台湾の順であった。表9-2の多重比較の結果、台湾の学生はほかの6か国の学生より有意に低かった。マレーシアの学生は中国の学生より高く、タイや台湾の学生より有意に高かった。日本の学生は中国やタイの学生より有意に高かった。

規則遵守についても、国別対象者群間に有意差が認められた（（$F(6, 1434)=19.524, p<.01$））。評定の高い順に日本＞韓国＞アメリカ＞台湾＞タイ＞中国＞マレーシアであった。多重比較の結果、日本及び韓国の学生は台湾、マレーシア、中国、タイの学生より有意に高かった。マレーシアの学生は日本、タイ、韓国、台湾より有意に低かった。

従順においても国別対象者群間に有意差が認められた（$F(6,1434)=85.170, p<.01$）。評定の高い順に、マレーシア＞アメリカ＞台湾＞中国＞タイ＞韓国＞日本の順であった。多重比較の結果、マレーシアの学生は6か国の学生より有意に高かった。アメリカの学生は韓国、中国、タイ、日本の学生より有

意に高く、マレーシアより有意に低かった。台湾の学生は韓国、中国、日本、タイの学生より有意に高くマレーシアより有意に低かった。日本の学生はほかの6か国より有意に低かった。

理想的教育観

理想的教育観については、表9-3、図9-3のとおり、5つの下位尺度（文化的視野、人材教育、社会化、自主独立、創造性）と7か国の大学生対象者群（台湾、韓国、マレーシア、中国、日本、タイ、アメリカ）の一元配置分散分析を行い、さらに、多重比較を行った。

表9-3 理想的学生観──3下位尺度の平均値と多重比較

出身国	文化的視野 平均値	標準偏差	人材教育 平均値	標準偏差	社会化 平均値	標準偏差	自主独立 平均値	標準偏差	創造性 平均値	標準偏差
台湾	0.286	0.641	0.154	0.609	−0.062	0.556	0.479	0.407	−0.235	0.626
韓国	0.240	0.570	0.079	0.684	−0.306	0.517	0.658	0.366	−0.481	0.615
マレーシア	0.038	0.580	0.312	0.635	−0.233	0.586	0.111	0.434	0.310	0.499
アメリカ	0.331	0.643	0.126	0.581	−0.864	0.608	0.474	0.406	0.008	0.677
中国	0.159	0.624	0.182	0.574	0.008	0.536	0.521	0.397	−0.516	0.659
日本	−0.095	0.633	−0.033	0.663	0.010	0.517	0.716	0.385	−0.976	0.689
タイ	−0.268	0.639	0.329	0.657	−0.349	0.581	0.317	0.505	−0.378	0.651
F値	23.531***		8.641***		43.097***		53.280***		88.739***	
多重比較	台＞マレ*** 台＞日*** 台＞タイ*** 韓＞マレ*** 韓＞日*** 韓＞タイ*** マレ＜米*** マレ＞タイ*** 米＞日*** 米＞タイ*** 中＜日*** 日＞タイ***		台＞日* 韓＜マレ*** 韓＜タイ*** マレ＞日*** 中＞日*** タイ＞日***		台＞韓*** 台＞マレ* 台＞米*** 台＞タイ*** 韓＞米*** 韓＜中*** 韓＜日*** 韓＜タイ*** マレ＞米* マレ＜中*** マレ＜日*** 米＜中*** 米＜日*** 米＜タイ*** 中＞日*** 日＞タイ***		台＜韓* 台＞マレ*** 台＜日* 台＞タイ*** 韓＞米*** 韓＞中*** 韓＞マレ*** 韓＞タイ*** マレ＜米*** マレ＜中*** マレ＜日*** マレ＜タイ*** 米＜日*** 中＜日*** 中＞タイ*** 日＞タイ***		台＞韓* 台＜マレ*** 台＜米*** 台＞中*** 台＞日*** 韓＜マレ*** 韓＜米*** マレ＞中*** マレ＞日*** マレ＞タイ*** 米＞中*** 米＞タイ*** 中＜日*** 日＜タイ***	

p<.05*、p<.01**、p<.001***

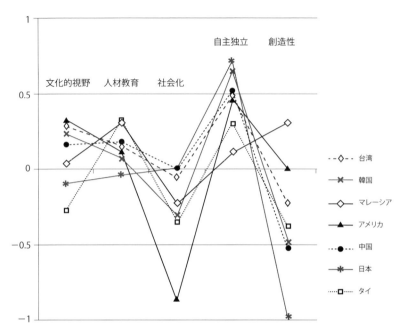

図 9-3 理想的教育観の 7 か国・地域比較

　図 9-3 のとおり、全体のパターンはマレーシア、アメリカ、日本以外のアジア 4 か国においてほぼ類似している傾向が見られた。個別の下位尺度ごとに述べると、まず、文化的視野については国別対象者群間に有意差が認められた（$F(6, 1434)=23.531, p<.01$）。評定の高い順にアメリカ＞台湾＞韓国＞中国＞マレーシア＞日本＞タイの順であった。表 9-3 の多重比較の結果、アメリカ、台湾生及び韓国の学生はマレーシア、日本、タイより有意に高かった。

　人材教育についても、国別対象者群間に有意差が認められた（$F(6, 1434)=8.641, p<.01$）。評定の高い順に、タイ＞マレーシア＞中国＞台湾＞アメリカ＞韓国＞日本であった。多重比較の結果、タイ及びマレーシアの学生は韓国、日本より有意に高かった。日本の学生は最も低くマレーシア、中国、台湾より有意に低かった。

　社会化においても、国別対象者群間に有意差が認められた（$F(6, 1434)=43.097, p<.01$）。評定の高い順に、日本＞中国＞台湾＞マレーシア＞韓国＞タイ

＞アメリカの順であった。多重比較の結果、日本、中国及び台湾の学生は、マレーシア、韓国、タイ、アメリカより有意に高かった。

　自主独立においても国別対象者群間に有意差が認められた（$F(6, 1434)$=53.280, $p<.01$）。評定の高い順に、日本＞韓国＞中国＞台湾＞アメリカ＞タイ＞マレーシアの順であった。多重比較の結果、日本及び韓国の学生は中国、台湾、アメリカ、タイ、マレーシアより有意に高かった。マレーシアはほかの6か国より有意に低かった。

　創造性についても、国別対象者群間に有意差が認められた（$F(6, 1434)$=88.7, $p<.01$）。評定の高い順にマレーシア＞アメリカ＞台湾＞タイ＞韓国＞中国＞日本の順であった。多重比較の結果、マレーシアはほかの6か国の学生より有意に高かった。アメリカはマレーシアより有意に低く、台湾、タイ、韓国、中国、日本より有意に高かった。台湾は韓国、中国、日本より有意に高く、マレーシア、アメリカより有意に低かった。

（4）考　察

　本研究は、日本における留学生の上位受入れ国であるアジア5か国・地域とアメリカ、日本を合わせた7か国・地域の大学生の教育価値観を領域ごとに国際比較し検討を行ったものである。その結果、違いの顕著な国もあるが、全体的にみると理想的教師観、理想的学生観の2領域に関しては、かなり類似した価値観を持っていることが示された。しかし、理想的教育観については、マレーシア、アメリカ、日本の3か国の大学生は、それ以外の4か国の大学生に比べ教育価値観のいくつかの次元において異なる特徴を持っていることが示された。

　まず、全体的な特徴として理想的教師観は、評定の高い順に専門性、熱意、学生尊重となっており、7か国・地域の共通性が見られた。特に最も高い専門性は、「専門分野の知識」、「博識で広い視野」、「授業方法の工夫」、「わかりやすい説明」等の項目から構成されており、こうした知識面、技術面などが教師に必要不可欠であるとともに、教師の専門的パワーの重要性を示している（渕上, 2000）。特に、学生尊重より教師主導が高いのはアメリカ

で、他のアジア6か国との違いが見られた。本調査対象者であるアメリカの学生たちは教師の役割や職務に関して教師主導や教室内でのリーダーシップへの期待が強く、アジア諸国の学生の教師への期待とはかなり異なることが示唆された。

　理想的学生観については、学生の学習意欲や規則遵守が7か国・地域に共通する傾向を示し、どの国の学生も学習意欲を最も重視し、「好奇心の旺盛さ」、「努力」、「自律した学習の進め方」など自発的で積極的な学生像が期待されていることが明らかになった。また、規則遵守と従順については7か国・地域の差異が大きく、規則遵守は日本の学生が最も高く従順は最も低かった。その一方、マレーシアの学生は全く逆で、規則遵守が最も低く従順が高かった。マレーシアについては、Hofstede（1980）のIBM調査で抽出された権力格差の次元で1位だったことからわかるように、教育場面でも教師への従順という価値がほかの6か国と比べ格段に重視されているといえる。このことは多文化の教室場面や学校文化では、学生同士、教師と学生の教室内規範やルール、マナーなど文化的価値観の相違から葛藤が生じやすい状況を示すものである。

　理想的教育観については、マレーシアの学生以外の6か国とも自主独立が最も重視され、「意欲を引き出す」、「自分で判断し行動する」という項目からわかるように、自律や独立が重視されていた。理想的学生観の学習意欲と理想的教育観の自主独立はやや意欲と自律という点で重複した内容を含んでおり、良い学生に対する期待が理想的教育観を反映していると考えられる。このことは2004年に実施された韓国留学生、中国留学生、日本人大学生の異文化間比較でも同様の傾向が見られた（加賀美, 2004）。社会化、創造性については7か国・地域の差異が大きく、アメリカの学生は突出して社会化が低かった。このことは一般的に個人主義的傾向をもつアメリカの学生の価値観を反映している結果ともいえる（Triandis, 1995）。自由意思を含む創造性については、日本の学生が最も低く、その一方で社会化の高さと連動し規範重視の価値を持っているといえる。このように、日本人学生はあまり自由を求めず規範に拘束されている保守性重視の傾向が認められた。全体として7か国・地域は共通性もあるが、マレーシア、日本、アメリカの大学生に関して

は、教育価値観の領域によって他国との相違性が浮き彫りにされた。

　次に、国ごとにその特徴を述べ考察をしていく。まず、アジア諸国とやや異なる日本の学生に焦点を当てて論じていきたい。日本の学生は教師に対しては、7か国・地域の中で最も強く専門性を強く求めており、学生の学習意欲や規則遵守を最も高く評定し、従順は最も低く、社会化や自主独立を強く求め、創造性は最も低かった。

　このことから、日本の学生は教師と学生との親密さなど情動的な関係よりは学問上の接点が重視され、教師と心理的距離を保つ傾向があるといえる。2003年のNHK放送文化研究所による中学生・高校生の生活と意識調査でも、悩みごとの相談相手として教師を選択している生徒はわずか1％であり、日本では情動的関係を満たす相手として教師は期待されていないことが示されている。また、日本の学生は集団の中で時間を厳守するなど規則遵守や社会化を重視し、自由な意思や行動を相対的に尊重しない傾向が見られた。このことは、日本の学生が自由に行動することを抑え、他者との関係の中で相手に過剰に合わせようとしている現代の若者の行動傾向とも考えられる。これは、加賀美（2004）の異文化間比較でも同様の傾向が示されたように、日本の学生は保守性と革新性という二律背反的な複合的な価値志向をもつといえる。さらに、これは個人主義志向、集団主義志向という観点からもとらえられる（Triandis, 1995）。たとえば、学習意欲や自主独立を重視し、従順や人材教育を重視しない点では、個を尊重する個人主義的志向とみられるが、規則遵守や社会化を重視し、自由意思などの創造性を相対的に重視しない点では、集団主義的志向とみられる。このように日本の学生は、7か国・地域の中では個人主義志向と集団主義志向が入り混じり、多様な価値観の軸が交差している。そのことは、日本社会が多様な教育価値観も認めるが故に、学生はその志向すべき方向性が明確に見えていない状況にいるのではないかと考えられる。

　次に、マレーシア学生は教師に対して7か国・地域の中で、専門性や教師主導を重視する傾向があり、学生の学習意欲や従順も最も高かった。一方で規則遵守や自主独立が最も低い傾向があり、このことは規則に関してはかなり柔軟に考える傾向があり、教師との関係においては上下関係を維持し受動

的態度をもつことを示している。加賀美・守谷等（2006）の研究では、マレーシアにおける日本人日本語教師の葛藤を検討した結果、宗教行事が学校教育の中で優先されることや受動的学習態度、時間厳守の感覚の不一致などが葛藤として挙げられている。このように、教師と学生の上下関係の重視や自主独立の低さはマレー系の優遇政策による受動的な学習態度と連動しているものと考えられる。一方、人材教育、創造性の重視については、マハティール前首相が2020年までに経済成長率7%を維持し、経済的にイスラム教の国として最初の先進国の地位を達成し、社会文化的に成熟したアジア的精神の先進国を建設するという国家発展構想を掲げている（杉本, 2004）ために、途上国から先進国入りしていこうとする大学生たちの使命感をあらわすものといえる。

次に、アメリカ学生について論じると、彼らは教師に対して他国の学生より教師主導と従順を重視し、リーダーシップの強い教師を期待する傾向が見られた。個と多様性を重視する国であるため（V. N. バリーロ, 1997）、文化的視野が最も高く創造性も重視しているものの、社会化は最下位で、あまりこの価値を見出していなかった。こうした自由意思を尊重し、社会化を重視しない傾向は個人主義的な傾向が背景にあることが考えられる（Triandis, 1995）。

次に、タイの学生は教師に対しては、7か国・地域の中で相対的に学生尊重が高く教師主導も重視していた。学生の学習意欲、従順も重視しており、教師と学生との情動的な関係性は双方とも期待されており、総合的に安定した上下関係を重視する傾向が見られた。これは、タイが就学前の学習活動から「国王、仏教、民族共同体」として生活空間の中でのそれらを統合するような文化規範が形成されていることによる（鈴木, 2006）ものではないかと考えられる。また、7か国・地域の中では人材育成の価値を最も高く重視し、一方、異文化交流についてはあまり重視していない傾向が見られた。このことは、2001年からタイの教育省はグローバル化による国際競争力とともに、タイ人らしさを身につけた人材育成を目指していることが関連しているのではないかと考えられる。タイ国民育成のための教育が各教育段階で強調され、タイの歴史や文化、仏教規範にかかわる教育カリキュラムが盛り込まれた（鈴木, 2006）ことにより、本調査の対象者も異文化交流よりタイ人として

のアイデンティティ形成を重視した価値志向が表れたのではないかと考えられる。

　最後に、中国・韓国・台湾の東アジアの3か国・地域の学生たちは概して類似した傾向が見られた。まず、中国の学生は学生尊重の価値を重視し教師主導の価値は最下位であった。このことから教師との権威主義的な上下関係より対等な関係が重視されている傾向が見られた。また、昨今、教師が尊敬される対象でなくなってきているという指摘もある（高, 2006）。理想的学生観に関しては、7か国・地域の中で学習意欲、従順、規則遵守ともに中間的位置であった。理想的教育観については、社会化、人材教育の価値が相対的に高いものの、創造性が相対的に低く自由な活動をあまり重視していない傾向が見られた。

　韓国の学生は、理想的教師観については東アジア諸国の中では中間的位置を占め、学生尊重や教師主導の価値はそれほど重視していない傾向が見られた。理想的学生観についても中間的位置を占めるが、学習意欲、規則遵守は相対的に重視している一方、従順は相対的に低い傾向が見られた。また、自主独立も日本の学生に次いで高いことから、日本大衆文化の開放により現代的な日本の価値も流入され影響を受けてきているため（朴・土屋, 2002）、やや日本の学生の価値観に類似していると考えられる。

　台湾の学生は学生尊重を重視する傾向が見られたが、教師主導はあまり重視していないことから、教師と学生との権威主義的な関係より融和的な関係が重視されている。理想的学生観の学習意欲は7か国・地域の中で最下位であったが、自主独立や創造性も中間的位置を占めるため、この理由については本調査結果からは明確に説明できないが、今後、質的な研究を行うことによって検討する必要があろう。理想的教育観は7か国・地域の中でほぼ中間的位置を占めるが、教育の国際化や異文化交流の価値が2位と高く国外に向かう教育関心が強いことが見て取れる。

　以上のとおり、本調査に関しては、アメリカ、日本、マレーシアの教育価値観が7か国・地域の中では非常に特徴的であり、タイと東アジアの中国、韓国、台湾は教育価値観においてかなり共通性があることが見出せた。一方、中国と韓国の大学生については、加賀美（2004）の韓国と中国の留学生、

日本人学生との異文化比較との異同も見ることができた。特に、理想的教師観の専門性、理想的学生観の学習意欲、理想的教育観の自主独立はいずれの国においても最も重視され、これは2004年の留学生との異文化間比較でも同様の傾向が示されたので、留学生が特有に持ち合わせる価値観というより大学生のもつ共通する教育価値観と言えるだろう。

しかし、2004年の留学生を含む異文化間比較調査と今回の本国の学生の国際比較調査において異なる点も見出せた。2004年の異文化間比較では、中国人留学生は教師の熱意、従順な学生、社会化、人材教育を重視した教育価値観を持っていたが、今回の国際比較調査では中国本国の学生は、理想的教師観の学生尊重を重視している一方、理想的教師観の教師主導はほかの国と比べ最も重視しておらず従順さも低かった。

一方、韓国についても2004年の異文化間比較調査では、理想的教師観の教師主導が重視されていたが、国際比較調査では、韓国本国の学生は教師主導も相対的に重視されておらず、理想的学生観の従順も重視していない傾向が示された。つまり、儒教文化を基盤とする権威重視の価値観を中国、韓国の両国の学生ともに重視していないことが明らかになった。これは本国の学生と日本に居住する留学生の特性の違いなのか、時間的経過とともに本国の社会的変化がもたらす学生の教育価値観の変化なのかは、本調査だけでは明確にその理由は説明できないが、両方を加味した解釈が妥当であろう。

さらに、日本の大学生は2004年の調査対象者の価値観と本調査対象者の価値観ではかなり共通点があることが示された。文化的価値観は社会化の過程で形成され維持されるものであるため変化しにくいこともあるが、昨今、日本社会が国内外のグローバル化で大きな変化を強いられているものの、日本人学生においては東アジア諸国の学生と比べ、時間的経過とともに教育価値観があまり変化しなかったことは日本の学生の保守的傾向を示すものといえる。

文化的価値観は、ある文化的背景をもつ人々にとっては重要であるが、別の文化的背景をもつ人々にとっては全く重要でないものを含むため、文化的背景の異なる多様な学生同士や教師と学生との間に葛藤が起きやすいことにも留意する必要がある（加賀美・大渕, 2004 ほか）。

特に、本研究結果が示す理想的教師観の教師主導については、国によって教室内の教師の社会的勢力やリーダーシップに不満をもつ学生もいれば、むしろそれを教師の役割や職務として認識し肯定的評価をする学生もいるため、異文化間コンフリクトの影響要因となるので、文化的価値観の差異を理解していくことは重要である。

　以上のとおり、グローバル社会において多文化の学生に対する教育活動を実施する上では、多様な個別の価値観とともに、エスニック集団としての価値観を交差しながら、学生個人の価値観の複合性を総合的に認識する必要がある。最後に、本研究では対象者や調査時期が限定されており、得られた結果も制約を受けているため、過度の一般化は避けたい。今後の課題としては、7か国・地域の大学生の一般的な価値観を検討するとともに、教育価値観を形成する多様なの背景要因についてインタビュー等により質的な分析を付加し総合的に検討していきたい。

第2節　結　語

　本研究は、日本留学の上位受け入れ国であるアジア5か国（中国、韓国、台湾、マレーシア、タイ）とアメリカ、日本を合わせた大学生1,441名の教育価値観(短縮版)を領域ごとに国際比較し、その異同を検討することを目的としたものである。その結果、理想的教師観、理想的学生観、理想的教育観の12下位尺度のいずれにおいても7か国間で有意差が認められた。7か国の学生の平均値の高得点に着目すると、日本学生は、「専門性」、「規則遵守」、「社会化」「自主独立」が、タイ学生は「熱意」「学生尊重」「人材教育」が最も高い傾向が見られた。アメリカ学生は「教師主導」「文化的視野」、マレーシア学生は「学習意欲」「従順」「創造性」が最も高い傾向が見られた。中国学生、韓国学生、台湾学生は突出して高い価値はなく中間的回答傾向を示していた。一方、平均値の最も低い得点に注目すると、日本学生は「熱意」、「従順」、「人材教育」、「創造性」が、アメリカ学生は「専門性」「学生尊重」「社会化」であった。マレーシア学生は「規則遵守」「自主独立」、タイ学生

は「文化的視野」、中国学生は「教師主導」、台湾学生は「学習意欲」が最も低い傾向が見られた。韓国学生は突出して低い価値はなく中間傾向を示していた。

第⓾章

大学生の一般的価値観の国際比較
—— Schwartz の価値尺度を用いて

第 1 節　7 か国・地域の大学生の一般的価値観の比較　研究 11

(1) 問題の所在と研究目的

　本研究では、留学生の多様な価値観を理解するために、留学生の上位受入れ国の大学生及び日本人大学生を対象に一般的な価値観の比較検討をすることである。

　価値観の社会心理学的研究では、Rokeach（1973）がその基礎となっており、多くの心理学者に影響を与えてきた。Rokeach は、価値観の概念を明らかにし、人生の原則（principle）を示す価値を測定するための道具を開発した。Rokeach の価値尺度（Rokeach Value Survey）は、2 種類の価値リスト（terminal values と instrumental values）から構成されている。最終的価値（terminal values）は、我々が望ましいと思う最も重要な人生の目標で、道具的価値（instrumental values）は、我々が重要だと考える人間行動のあり方、個人的な特性のことである。ここでいう価値観とは、ある行動様式や存在の最終的状態が、全く反対の行動様式または存在の最終的状態よりも、個人的または社会的に望ましいとする継続的な信念である（Rokeach, 1973）。このように価値観は人間の中核に位置し、優先順位によって人間の行動が影響されることを示している。

　Hofstede（1980）は、40 か国の IBM の社員を対象に価値観調査、因子分析を行った結果、文化に関連する 4 つの価値次元を見出した。権力格差（大

小)、個人主義・集団主義、男性らしさ・女性らしさ、不確実性の回避(高低)である。さらに、その後、Hofstede は、東洋と西洋の違いを導入し 5 番目の次元として長期志向性・短期志向性を付加している。

　Schwartz & Bilsky（1987）は、個人の価値タイプを示す研究を行い、人類が直面する普遍的なニーズが明らかにされたときにのみ、すべての価値次元が見出されるかどうか判断できると述べている。その普遍的なニーズとは、生物学的ニーズ、社会的調整のニーズ、生存・福利のニーズである。これをもとに、Schwartz（1992）は、44 か国の 97 対象群の回答の中から 56 種類の価値を抽出し、これを質問紙によって測定しようとした。これは、対象者に 56 の価値を提示し、それぞれがどれだけ人生の道標として役立っているかを尋ねるものであった。そのデータに対する最小空間解析（SSA: Guttman-Lingoes Smallest Space Analysis: それぞれの項目の平均値を多面的な空間に位置づけ、2 つの価値の統計的距離によって心理的距離の測定を行う方法）によって、Schwartz は 10 の価値タイプを見出し、これを個人レベルの価値とした。

　Schwartz の個人レベルの価値タイプとは、勢力（Power）、達成（Achievement）、快楽主義（Hedonism）、刺激（Stimulation）、自己志向（Self-Direction）、普遍主義（Universalism）、思いやり（Benevolence）、伝統（Tradition）、同調（Conformity）、安全（Security）の 10 個である。これらの個人レベルの価値タイプから、Schwartz はさらに価値観の構造や価値次元の探求を試みた。このように、価値観とは人生の道標であり、優先順位によって人間の行動が影響されることを Schwartz は示している。

　一方、中国人の価値尺度には、中国文化コネクション（Chinese Culture Connection, 1987）のものがある。中国文化コネクションは中国人や中国の文化や伝統についての基本的な 40 の価値を収集し、中国人価値尺度（Chinese Value Scale）を作成した。その価値尺度を用いて、22 か国の中国に文化的背景をもつ学生を対象に価値観を測定した。学生対象群の反応に対し因子分析を行った結果、統合、儒教的な仕事への原動力（Confusian work dynamism）、人情、道徳的規律の 4 因子が抽出された。統合は、他者への忍耐、他者との調和、連帯、競争の否定、信用、保護的などの価値で、他者との関係維持を示す因子である。儒教的な仕事への原動力は、上下関係、倹約、耐力、羞恥、

面子、伝統尊重など儒教的倫理を示す因子である。人情は、親切、忍耐、礼儀、正義感、愛国心など人間の優しさや同情を示す因子である。道徳的規律とは、中庸の徳、高潔、寡欲、環境への適応など道徳的な制限や規律を示す因子である。

多様なエスニック集団を抱えるアメリカ社会では、概してメンタル・ヘルスサービスが個人主義志向に偏っていると批判されてきた（Leong, Wagner, & Kim, 1995; Pedersen, 1987）。このような問題に対し、Kim, Atkinson, & Yang（1999）は、アジア系アメリカ人のアジアの文化的価値観の固執度を測定するために、アジア価値尺度（Asian Values Scale: AVS）の開発を試みた。彼らはヨーロッパ系アメリカ人とアジア系アメリカ人の第一世代を区別した36の項目を作成し、303名のアジア系アメリカ人に因子分析を行った。その結果、有効な24項目から規範への同調、業績による家族の承認、情動的な自己制御、集団主義、謙遜、親孝行の6因子が抽出された。

日本における体系的な文化的価値観研究は、まだ十分に行われているとはいえないが、日本に滞在する留学生の価値観調査については、Hofstede（1995）の価値観を分析軸に、漢字圏アジア、非漢字圏アジア、欧米・オセアニア、中南米、中近東、アフリカという地域ごとの留学生を対象に比較を行った関（2003）の調査がある。また、日本人教師とアジア系留学生との教育場面で起こる葛藤に関連し、中国、韓国の留学生と日本人学生、日本人教師を対象とした教育価値観の比較研究がある（加賀美, 2007 ほか）。

教育価値観とは、望ましい教育について人々が抱く信念の集合体であり、理想的教師観、理想的学生観、理想的教育観から構成される。理想的教師観とは、教師、学生、父母から見た好ましい教師観であり、理想的学生観とは教師、学生、父母から見た好ましい学生観である。また、理想的教育観とは、教育方法と教育目標を示す教育そのもののあり方を反映する教育観を意味する。加賀美（2004）は理想的教師観、理想的学生観、理想的教育観、12の下位尺度からなる45項目の教育価値観尺度、さらに31項目の短縮版教育価値観尺度を作成した。理想的教師観の下位尺度は、専門性、熱意、教師主導、学生尊重で、理想的学生観の下位尺度は、学習意欲、規則遵守、従順、理想的教育観の下位尺度は、自主独立、文化的視野、社会化、創造性、人材

教育である。さらに、この教育価値観尺度を用いて日本に滞在する中国人学生、韓国人学生、日本人教師、日本人学生の4群間で比較を試みた。群別に日本人教師は、学習意欲、自主独立、文化的視野を重視し、創造性をあまり重視しない傾向が見られた。日本人学生は、規範遵守や社会化という保守性を重視しつつ、自主独立や創造性という革新性を重視しており複合的な教育価値観を持ち合わせていた。中国人学生は熱意、従順、社会化、人材教育を重視しており、明確で整合した教育価値観を持っていた。韓国人学生は、教師主導が重視され、理想的学生観、理想的教育観では他の三群の中間に位置する傾向が見られた。

　これらの価値観研究の意義は、多文化社会で生きる人々の人生の指針ともいえる価値観を知ることによって、文化の多様性の理解に貢献できることである。文化的価値観は、ある文化背景をもつ人々にとっては重要であるが、別の文化背景をもつ人々にとっては全く重要でないものを含むため、多文化の学生に対する教育活動を実施する上では、多様な個別の価値観とともに、エスニック集団としての価値観などを交差しながら彼らの複合性を認識する必要がある。

　日本に滞在する留学生調査においては日本留学後の学生たちが対象であるため、本国の学生に比べ特有の志向性があることも考えられる（坪井, 1994）。また、本国の学生の価値観と日本滞在中の留学生の価値観ではホスト社会の影響を受けるため異なる可能性もある。そこで、本研究は留学生を対象とする上述した問題を排除するため、国外での大学生の価値観を調査することを目的とし、日本における留学生の上位受入れ国である中国、韓国、台湾、マレーシア、タイ、アメリカに、日本を加え、7か国・地域の本国の大学生を対象に、Schwartz（1992; 1994）の個人レベルの価値観に焦点を当て国別比較調査を行い分析することで、どのような相違点と共通点があるか検討することを目的とする。Schwartzの価値観尺度を採用した理由は、Schwartzは価値観を人々の望ましい、状況を超越した目標であり、人々の日常生活を導くために用いられる基本的な概念としているため、多様な国の大学生の価値観を測定するにはこの一般的な価値観（1992; 1994）に焦点を当てることが適切だと考えたからである。また、10価値タイプに分類し整理してあるので、価

値観の測定道具として使用しやすいことも理由として挙げられる。

(2) 方　法

対象者

　質問票は日本語による質問票を作成した後、中国語、韓国語、台湾語、マレー語、タイ語、英語の翻訳版を作成し、それぞれバイリンガルの翻訳者によるバックトランスレーション[1]によって翻訳の妥当性を確認した。2006年8月から2007年6月まで，台湾3校（私立大学）、韓国4校（国立大学1校、公立1校、私立大学2校）、マレーシア1校（国立大学）、中国1校（国家重点大学）、日本5校（国立大学2校、私立大学3校）、タイ2校（国立大学1校、私立大学1校）、アメリカ2校（州立大学1校、私立大学1校）の7か国18校の4年制大学を対象に質問紙を配布し回収した。配布方法は国ごとに筆者の関係する大学教員に事前に依頼し、その関係する大学で配布と回収を行った。配布数は国ごとに各300部、合計2,100部配布し、回収率は全体で68.6％であった。

　有効回答数は、台湾245名（男性109名，女性136名）、韓国251名（男性117名，女性134名）、マレーシア199名（男性155名、女性44名）、中国207名（男性40名、女性167名）、日本259名（男性114名、女性145名）、タイ174名（男性52名、女性122名）、アメリカ106名（男性54名、女性52名）の合計1,441名（男性641名、女性800名）であった。質問票には教育現場の改善が調査目的であることとプライバシーの厳守を明記した。

　対象者の全体の平均年齢は20.63歳で、台湾（20.55歳）、韓国（21.73歳）、マレーシア（19.41歳）、中国（20.58歳）、日本（20.2歳）、タイ（21.13歳）、アメリカ（20.73歳）だった。

Schwartzの個人レベルの価値尺度の測定

　Schwartz（1992; 1994）の個人レベルの価値尺度は10個の価値タイプで、56項目から構成される。それらの内容は、勢力（社会的勢力、権威、富、公的イメージの保持、社会的承認）、達成（知性、有能、成功、野心、影響）、快楽主義（喜び、人生の享受）、刺激（活気ある人生、変化に富む人生、勇気）、自己志向（自己尊重、

目標選択、創造性、好奇心、自由、独立)、普遍主義(知恵、美的世界、自然との調和、寛大さ、環境保護、平等、世界平和、社会的正義、内的調和)、思いやり(真の友情、成熟した愛、人生の意味、責任、役に立つこと、忠誠、正直、寛容、精神生活)、伝統(運命の受容、穏健さ、敬虔、超然、謙遜、伝統の尊重)、同調(従順、両親への敬い、自己鍛錬、礼儀正しさ)、安全(国の安全、社会的秩序、帰属感、好意の返報、清潔、家庭の安全、健康)である。価値観については、「あなたは以下の価値観について『人生の道しるべ』としてどの程度重要だと思いますか」と教示し56項目を評定させた(付表)。それぞれの項目については、自分の価値観と全く異なる(-1点)、全く重要でない(0点)～最高に重要である(7点)までの9件法で回答させた。

(3) 結　果

まず、Schwartzの個人レベル価値尺度のデータを個人別に標準化した。すなわち、個人別に、Schwartzの個人レベル価値尺度の56項目の平均値と標準偏差を算出し、各項目の素点を標準得点に変換した。10個の価値タイプの下位尺度を構成する項目の平均値を算出し下位尺度得点とした。

まず、全体としての7か国・地域の大学生の平均値から傾向を述べる。図10-1のとおり、10の価値タイプの平均値の低い順にみると、勢力、伝統、

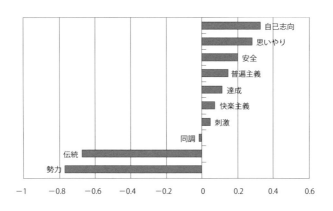

図10-1　7か国・地域の学生の全体的傾向

同調、刺激、快楽主義、達成、普遍主義、安全、思いやり、自己志向となっている。自己志向が高いのは、青年期の自己への関心が高い大学生の共通の傾向とも推測できるが、思いやりや安全といった内面的な充実や人類の普遍性を重視していることが特徴である。その一方、勢力への重視が低いのも若い学生たちの権力に対する関心の低さを表しているといえる。また、伝統重視が低いのも自由を求める青年期の学生像の表れだと推測できる。

Schwartz の個人レベルの価値観の国別比較

　上述した通り、Schwartz の個人レベル価値尺度の10価値タイプについて、一元配置分散分析を行った。さらに、分散分析で有意差があった場合にどの群とどの群に有意差があるかどうか検定するために、Bonferroni 法による多重比較[2]を行った。その結果、10価値タイプすべてにおいて、国ごとに有意差が認められた（図10-2、表10-1）。

　10個の個別の価値タイプごとに述べると、まず権威、富、社会的承認等を示す「勢力」については、国別対象者群間に有意差が認められた（$F(6, 1442)=80.743, p<.01$）。評定の高い順に、韓国＞中国＞日本＞台湾＞タイ＞アメリカ＞マレーシアであった。多重比較の結果、マレーシアの学生は最も低く、ほかの6か国の学生の平均値より有意に低かった。アメリカの学生は、中国、日本の学生より有意に低く、中国及び台湾の学生は、マレーシア、アメリカ、タイの学生より有意に高かった。韓国の学生は最も高くマレーシア、アメリカ、タイ、台湾の学生より有意に高かった。

　運命の受容や伝統の尊重を表す「伝統」においても、国別対象者群間に有意差が認められた（$F(6, 1442)=86.532, p<.01$）。評定の高い順に、タイ＞マレーシア＞日本＞アメリカ＞台湾＞韓国＞中国であった。多重比較の結果、タイの学生が最も高く、ほかの6か国の学生より有意に高かった。中国の学生においては、タイ、マレーシア、日本の学生より有意に低かった。

　従順、両親への敬い等を示す「同調」においても、国別対象者群間に有意差が認められた（$F(6, 1442)=31.747, p<.01$）。評定の高い順に、韓国＞マレーシア＞タイ＞アメリカ＞中国＞台湾＞日本であった。多重比較の結果、韓国の学生はほかの6か国の学生より有意に高かった。一方、日本の学生は、韓

国、マレーシア、タイ、アメリカの学生より有意に低かった。

　活気や変化に富む人生等を示す「刺激」においても、国別対象者群間に有意差が認められた（$F(6, 1441)=10.318, p<.01$）。評定の高い順に、台湾＞韓国＞中国＞タイ＞マレーシア＞日本＞アメリカであった。多重比較の結果、台湾と韓国の学生は、アメリカ、日本、マレーシア、タイより有意に高かった。一方、アメリカの学生は台湾、中国、韓国の学生より有意に低かった。

　喜び、人生の享受を示す「快楽主義」においても、国別対象者群間に有意差が認められた（$F(6, 1441)=41.779, p<.01$）。評定の高い順に、日本＞韓国＞マレーシア＞台湾＞アメリカ＞タイ＞中国であった。多重比較の結果、日本の学生はほかの6か国の学生より有意に高かった。韓国の学生もアメリカ、中国、タイの学生よりも高かった。中国の学生は最も低く、タイ以外の5か国

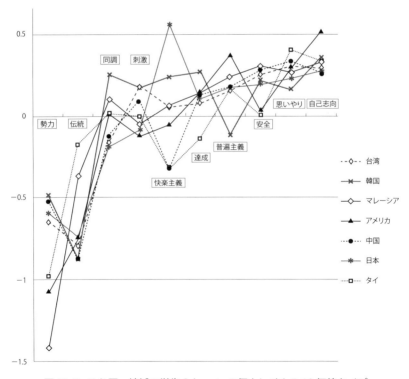

図 10-2　7か国・地域の学生 Schwartz の個人レベルの 10 価値タイプ

表 10-1　10価値タイプの国・地域毎の平均値（標準偏差）の比較

国・地域		勢力	達成	快楽	刺激	自己志向	普遍性	思いやり	伝統	同調	安全
台湾	平均値	−0.645	0.072	0.048	0.183	0.290	0.157	0.299	−0.794	−0.163	0.256
	標準偏差	0.508	0.407	0.763	0.532	0.379	0.308	0.299	0.445	0.430	0.330
韓国	平均値	−0.482	0.271	0.244	0.176	0.365	−0.111	0.165	−0.868	0.257	0.219
	標準偏差	0.584	0.454	0.743	0.586	0.340	0.361	0.291	0.376	0.424	0.341
マレーシア	平均値	−1.414	0.147	0.070	−0.053	0.332	0.243	0.269	−0.367	0.106	0.304
	標準偏差	0.565	0.328	0.637	0.446	0.335	0.278	0.284	0.352	0.383	0.266
アメリカ	平均値	−1.075	0.154	−0.048	−0.121	0.523	0.377	0.299	−0.740	0.014	0.032
	標準偏差	0.593	0.367	0.660	0.615	0.368	0.401	0.318	0.396	0.497	0.341
中国	平均値	−0.524	0.130	−0.327	0.097	0.267	0.172	0.335	−0.883	−0.123	0.278
	標準偏差	0.503	0.390	0.776	0.546	0.353	0.339	0.322	0.425	0.445	0.364
日本	平均値	−0.594	0.108	0.564	−0.084	0.272	0.175	0.233	−0.736	−0.182	0.196
	標準偏差	0.541	0.436	0.639	0.612	0.389	0.383	0.355	0.428	0.463	0.370
タイ	平均値	−0.978	−0.135	−0.314	−0.006	0.342	0.167	0.401	−0.175	0.016	0.030
	標準偏差	0.578	0.490	0.809	0.548	0.358	0.307	0.304	0.415	0.473	0.387
F値		80.743**	17.384**	41.779**	10.318**	8.091**	35.876**	12.580**	86.532**	31.747**	19.771**
多重比較		台湾<韓国** 台湾<韓国** 台湾<アメリカ** 台湾<タイ** 韓国<マレ** 韓国<アメリカ** 韓国<タイ** マレ>アメリカ** マレ>中国** マレ>日本** マレ>タイ** アメリカ<中国** アメリカ<日本** 日本>タイ**	台湾<韓国** 台湾>マレ** 台湾>タイ** 韓国>マレ** 韓国>中国** 韓国>日本** 韓国>タイ** マレ>タイ** 中国>タイ** 日本>タイ**	台湾<中国** 台湾<日本** 韓国<アメリカ** 韓国<日本** 韓国>中国** 韓国>タイ** マレ<日本** マレ>中国** マレ>タイ** アメリカ<日本** アメリカ>中国** アメリカ>タイ** 中国<日本** 日本>タイ**	台湾>マレ** 台湾>アメリカ** 台湾>日本** 韓国>マレ** 韓国>アメリカ** 韓国>日本** アメリカ<中国** 中国>日本**	台湾<アメリカ** 韓国<アメリカ** マレ<アメリカ** アメリカ>中国** アメリカ>日本** アメリカ>タイ**	台湾<韓国** 韓国<アメリカ* 韓国<中国** 韓国<日本** 韓国<タイ** マレ<アメリカ** アメリカ>中国** アメリカ>日本** アメリカ>タイ**	台湾>韓国** 韓国<マレ** 韓国<中国** マレ<タイ** 中国>タイ** 日本>タイ**	台湾>韓国** 台湾>マレ** 台湾>タイ** 韓国>マレ** 韓国>タイ** マレ<アメリカ** マレ<中国** マレ>タイ** アメリカ>タイ** 中国>タイ** 日本>タイ**	台湾<韓国** 台湾>アメリカ** 台湾>タイ** 韓国>アメリカ** 韓国>中国** マレ>中国** マレ>日本** マレ>タイ**	台湾>アメリカ** 台湾>タイ** 韓国>アメリカ** 韓国>タイ** マレ>アメリカ** マレ>タイ** アメリカ<日本* アメリカ<日本** 中国>アメリカ** 中国>タイ** 日本>タイ**

*p<.05, **p<.01

の学生より有意に低かった。タイの学生は、台湾、韓国、日本の学生より有意に低かった。

　知性、有能、成功等を示す「達成」についても、国別対象者群間に有意差が認められ（$F(6, 1441)=17.384, p<.01$）、評定の高い順に、韓国＞アメリカ＞マレーシア＞中国＞日本＞台湾＞タイであった。多重比較の結果、韓国の学生が最も高く、アメリカ以外の5か国の学生より有意に高かった。タイの学生は最も低く、ほかの6か国より有意に低かった。

　知恵、平等、世界平和、社会的正義等を示す「普遍主義」については、国別対象者群間に有意差が認められた（$F(6, 1444)=35.876, p<.01$）。評定の高い順に、アメリカ＞マレーシア＞日本＞中国＞タイ＞台湾＞韓国であった。多重比較の結果、アメリカの学生は最も高く、ほかの6か国の学生より有意に高かった。一方、韓国の学生はほかの6か国の学生より有意に低かった。日本、台湾、マレーシア、中国の学生はアメリカの学生より有意に低く、韓国の学生より有意に高かった。

　国や家族の安全、社会的秩序、健康等を示す「安全」についても、国別対象者群間に有意差が認められた（$F(6, 1442)=19.771, p<.01$）。評定の高い順に、マレーシア＞中国＞台湾＞韓国＞日本＞アメリカ＞タイであった。マレーシアの学生は最も高く、タイ、アメリカ、日本より有意に高かった。タイの学生はアメリカ以外の5か国の学生より有意に低かった。

　真の友情、正直、寛容等を示す「思いやり」についても、国別対象者群間に有意差が認められた（$F(6, 1443)=12.580, p<.01$）。評定の高い順に、タイ＞中国＞アメリカ＞台湾＞マレーシア＞日本＞韓国であった。多重比較の結果、タイの学生は韓国、日本、マレーシア、台湾より有意に高かった。韓国の学生は、日本以外の5か国より有意に低かった。

　自己尊重、自由、独立等を示す「自己志向」においても、国別対象者群間に有意差が認められた（$F(6, 1442)=8.091, p<.01$）。評定の高い順に、アメリカ＞韓国＞タイ＞マレーシア＞台湾＞日本＞中国であった。多重比較の結果、アメリカの学生は最も高く、ほかの6か国の学生より有意に高かった。

　以上の結果から、10価値タイプにおいて、7か国・地域の学生の平均値に有意差が認められ、国別の差異が認められた。最も高い得点に着目すると、

韓国の学生は、「勢力」、「達成」、「同調」が、台湾の学生は「刺激」が最も高い傾向が見られた。日本の学生は、「快楽主義」が最も高く、アメリカの学生は「自己志向」、「普遍主義」が最も高い傾向が見られた。タイの学生は「思いやり」、「伝統」が最も高く、マレーシアの学生は「安全」が最も高い傾向が見られた。中国の学生は突出した価値タイプの内容は示されず、中間的傾向を示した。以上の結果から、本調査の国別対象学生が重視する価値の特徴が見出された

一方、平均値の最も低い得点に注目すると、韓国の学生は、「普遍主義」、「思いやり」が最も低い傾向が見られた。日本の学生は「同調」、アメリカの学生は「刺激」、タイの学生は「達成」、「安全」が低い傾向が見られた。また、マレーシアの学生は「勢力」、中国の学生は「快楽主義」「自己志向」「伝統」が低い傾向が見られた。台湾の学生は、突出して低い得点はなく、中間傾向を示した。以上の結果から、本調査の国別対象学生が相対的に重視しない価値の特徴が見出された。

(4) 考察と今後の課題

本研究は、日本における留学生の上位受入れ国であるアジア5か国とアメリカ、日本を合わせた7か国・地域の大学生のSchwartzの個人レベルの10価値タイプを測定し、価値タイプごとに国際比較し検討を行ったものである。その結果、すべての価値において国ごとに平均値の違いが見られた。本研究の対象者である7か国・地域の大学生全体の価値傾向をみると、勢力や伝統を重視せず、自由や自己尊重を示す自己志向性の高い青年期の特徴と思いやり、安全など精神性や普遍性を備えた学生像が浮きぼりにされた。各国の学生の価値観については、それぞれの社会経済的状況、歴史的経緯、国の制度的目標、家族との紐帯や学校、社会からの期待や要請など様々な要因が考えられるが、以下に国別に調査結果に照らし合わせながらその特徴を考察する。

アメリカの学生は「自己志向」、「普遍主義」の平均値が高かったが、自己志向については、高い個人主義志向（Triandis, 1995）、個と多様性の価値を

重視する国である（V. N. パリーロ, 1997）ことが影響していると思われる。普遍主義は知恵や平等、世界平和、社会的正義等を指すが、世界価値観調査（2008）では、アメリカは92.8％が幸福であると答えており、また、「自分は世界市民の一員だと思う」に強く賛成が18.9％と韓国、日本、中国より高い傾向が示されている。このことからも普遍主義が高い傾向が支持されていた。

　韓国の学生は、ほかの国の学生より相対的に「勢力」、「達成」、「同調」の平均値が高く「普遍主義」、「思いやり」が低い傾向が示された。これは韓国社会の学歴主義、達成動機の高さ、個人主義的傾向を示すものと言える。たとえば、古家（2008）の日本、アメリカ、中国、韓国の4か国の大学生を対象に行った個人主義と集団主義に関する比較調査結果からも、韓国の大学生は自己を他者より優先し重視する傾向がアメリカの大学生に次いで2番目で、また、社会を生き抜く競争に対しても中国の学生に次いで2番目であるなど、この価値を重視する傾向がみられた。

　台湾の学生は「刺激」の平均値が最も高く、人生や生活の変化を重視している様子が見られた。この理由については、1987年に戒厳令解除による民主化が急速に進み、教育改革が断行された結果、権威主義的統治が生み出した弊害を除去し、制度面の改革、詰め込み型から個性重視の教育形態の転換に至ったという社会変化が考えられる（山崎, 2009）。このようなマクロレベルの社会変化が学生たちに影響を及ぼした可能性もある（守谷・蔡・呉, 2010）。

　日本の学生は、「快楽主義」の平均値が最も高く、人生の享受や楽しみを重視する傾向が見られた。本調査の対象者である大学生はゆとり教育の世代であるため、この時期に実施された学校における競争主義や詰め込み教育からの脱却を目指した学習指導要領の方針転換などが関連していることが推測できる（桐田, 2010）。また、「同調」は従順、両親への敬い、自己鍛錬などを表すが、世界価値観調査（2008）において、人生で大切だと思うことでは、日本は「礼儀正しいこと」が68.3％で、韓国、フランス、イギリス、ドイツ、アメリカ、中国と比べ最下位であった。また、「慣習に従うこと」についてもアメリカ、中国、イギリス、ドイツ、韓国に比べ52.7％と最も低い傾向が見られた。これが重視されないのは、現代の日本の若者の縦の対人関係

や両親との紐帯の希薄さの表れかもしれない。

　タイの学生は「思いやり」や「伝統」の平均値が最も高く、友情や寛容などの対人関係重視傾向や伝統の尊重を示している。それに対して、競争や社会的承認を示す「達成」、「安全」は低い傾向が見られた。タイの国民の90％以上が仏教徒であり（日本アセアンセンター，2013）、本調査対象者の生活基盤も仏教に影響を受けていると考えられる。「伝統の尊重」から見られるように、情動的な対人関係性は総合的に安定した上下関係を重視する傾向が見て取れる。これは、タイが就学前の学習活動から「国王、仏教、民族共同体」として生活空間の中でのそれらを統合するような文化規範が形成されていることによる（鈴木，2006）のではないかと考えられる。

　マレーシアの学生は「安全」の平均値が最も高く、国や家族の安全、社会的秩序、健康等を重視する傾向が見られた。一方、「勢力」が低く、権力、富や社会的承認をあまり重視しない傾向が見られた。前者に関しては、イスラム教の影響があり、上下関係が明確であることによるものと考えられる。Hofstede（1980）のIBM調査で抽出された権力格差の次元ではマレーシアが1位で、このことは権威者の命令に服従する傾向を示している。本調査の対象者もマレー系学生が多かったため、権力への服従傾向をもつとともに、マレー系の優遇政策による恩恵を受けているため受動的な態度となったのかもしれないと考えられる。

　中国の学生は、人生の享受や喜びを示す「快楽主義」、自己尊重や自由、独立など「自己志向」の平均値が低い傾向が見られた。さらに、「伝統」への重視も最も低かった。これは、高度経済成長に向けて伝統尊重の価値から脱しようとしている様子が見て取れるものの、内面的には自由、創造性はまだ低いというアンビバレントな傾向ではないかと考えられる。一方で、快楽主義はまだ社会的に容認されていないことが見て取れる。

　以上のとおり、本研究では日本の大学生と来日経験のない本国在住の6か国・地域の大学生を対象に国際比較調査を行った。当該国の大学生は自国でどのような価値観を重視しているか、また、他国と比べ相対的にどのような価値を重視しているか否かを実証データから示すことができたといえる。国による文化的価値観の差異の大きさは、人々の多様性を理解することを困難

にする可能性も含むため、文化的背景の異なる学生同士や教師と学生との間に葛藤が起きやすいことにも留意する必要がある（加賀美・大渕, 2004 ほか）。留学生教育の実践の場にいる教育者にとって「今ここにいる学生」の個人の理解とともに所属するエスニック集団の価値観を知り、その背景にある形成要因を分析することで、異文化間コンフリクトの影響要因としての文化的価値観を理解していくことが肝要であろう。また、マイノリティの学生の価値観に対しては、ときとして文化的多様性の無理解からホスト社会の人々から容易に偏見や差別の対象になりうることもあるため（加賀美, 2012）、ホスト社会の人々と心地よく生きていくことのできる大学コミュニティ、地域社会を形成する努力も継続して必要なことを指摘したい。

　以上、本研究の意義を述べたが、本研究は有意抽出であり調査時期も対象者が限定されており、得られた結果も制約を受けているため、過度の一般化は避けたい。今後の課題は、一般的価値観の背後にある関連する要因を大学生へのインタビューを通して質的に探るとともに、文献研究等で検討し社会文化的要因を解釈していく必要性もある。さらに、時系列的に調査することで、グローバル化の進行するアジア諸国やアメリカの若者の価値観の変化も同時にみるなど総合的な学生理解をしていく努力をしていきたい。

第2節　結　語

　本研究の目的は、中国、韓国、台湾、マレーシア、タイ、アメリカ、日本の大学生を対象にどのような一般的価値観を有するか、その異同を比較することである。Schwartz（1992: 1994）の個人レベル価値尺度を用いて 1,441 名を対象に分析した結果、10 価値タイプ（勢力、達成、快楽主義、刺激、自己志向、普遍主義、思いやり、伝統、同調、安全）のすべてにおいて国ごとに平均値の違いが見られた。高得点に着目すると、韓国学生は「勢力」「達成」「同調」、台湾学生は「刺激」、日本学生は「快楽主義」、アメリカ学生は「自己志向」「普遍主義」、タイ学生は「思いやり」「伝統」、マレーシア学生は「安全」であった。中国学生は突出した価値タイプは示されなかった。一方、平均値の

最も低い得点に注目すると、韓国学生は「普遍主義」「思いやり」、中国学生は「伝統」「快楽主義」「自己志向」、タイ学生は「達成」「安全」、日本学生は「同調」、アメリカ学生は「刺激」、マレーシア学生は「勢力」、台湾学生は突出して低い価値はなく中間傾向を示していた。

[注]
(1) バックトランスレーションとは、原版を翻訳したものを再度、日本語に翻訳してもらい原版の内容に等価性があるかどうか確認する手法。
(2) Bonferroni法とは多重比較法の一つで、Bonferroniの不等式により検出するもの。3つ以上の群で個々の群と群を検定する場合に、有意水準を上げずに（第一種過誤率を保ったまま）行う検定法。

■付　表

Schwartz（1994）の文化的価値観尺度の項目は以下のとおりである。
自分の価値観と、全く異なる（−1点）、全く重要でない（0点）〜最高に重要である（7点）までの9件法で回答させる。

1)	平等	（すべての人に平等な機会があること）
2)	社会的パワー	（他者を支配すること）
3)	所属感	（人が自分を気にかけてくれること）
4)	自由	（行動や意見の自由）
5)	社会的秩序	（社会の安定性）
6)	超然	（世俗から離れること）
7)	礼儀正しさ	（丁重、よいマナー）
8)	富	（財産、金）
9)	自己尊重	（自己価値感）
10)	返礼	（義理を欠かない）
11)	創造性	（独自性、想像性）
12)	活気ある人生	（刺激的な経験）
13)	伝統の尊重	（伝統的な習慣の保持）
14)	自己鍛錬	（自制、誘惑への抵抗）
15)	健康	（身体的、精神的に病気でないこと）
16)	家族の安全	（愛する人のための安全）
17)	社会的認知	（他者からの尊敬、承認）

18)	知恵	（円熟した人生観）
19)	権威	（指導や命令の権限）
20)	楽しみ	（欲求の満足）
21)	社会的公正	（不正を正し、弱者をいたわること）
22)	独立	（自信、自己充足）
23)	自然との調和	（自然との適合）
24)	穏健さ	（極端な感情と行動を避けること）
25)	忠誠	（友人や集団への忠誠）
26)	変化に富む人生	（挑戦、斬新さ、変化に富む）
27)	野心	（勤勉、向上心）
28)	寛大さ	（異なる考えや信条に耐えられる）
29)	謙遜	（慎ましさ、控えめ）
30)	勇気	（冒険やリスクを求める）
31)	影響	（人々や出来事に対して影響力をもつ）
32)	清潔	（きれいな、整然とした）
33)	両親や年長者への尊敬	（敬意を払う）
34)	目標選択	（自己目的の選択）
35)	有能	（能力のある、有効な、実力ある）
36)	精神生活	（物質的ではなく精神性の重視）
37)	運命の受容	（人生の状況に甘受すること）
38)	正直	（純粋、誠実）
39)	寛容	（他者を許す）
40)	評判	（面子の維持）
41)	服従	（従順な、義理がある）
42)	知性	（論理的、思考的）
43)	援助	（他者の福祉のために働くこと）
44)	敬虔	（宗教的信仰をもつこと）
45)	好奇心	（すべてに関心をもつこと、探索的）
46)	成功	（目標の達成）
47)	責任	（頼りになる）
48)	内的調和	（内的安らぎ）
49)	人生の享受	（食べること、セックス、レジャー）
50)	国家の安全	（敵から自国を守ること）
51)	真の友情	（親密で支えあう友人）
52)	人生の意味	（人生の目的）
53)	環境保護	（自然の保持）
54)	世界平和	（戦争や紛争からの解放）
55)	美の世界	（自然と芸術の美）
56)	成熟した愛	（深い感情的、精神的親密さ）

引用文献

Adorno, T. W., Frankel-Brunswik, E., Levinson, D. J., & Sunford, R. N. (1950) *The Authoritarian Personality*. New York, NY: Harper & Brothers.（田中義久・矢沢修次郎・小林修一訳（1980）『権威主義的パーソナリティ』青木書店）

阿久津智・小林孝郎（2000）「マレーシアの教育政策と日本語教育」本名信行・岡本佐智子編『アジアにおける日本語教育』三修社．

Allport, G. W. (1954) *The Nature of the Prejudice*. Reading, MA: Adison-Wesley.（原谷達夫・野村昭訳（1961）『偏見の心理』培風館, 226-240）

Amir, Y. (1969) Contact Hypothesis in Ethnic Relation. *Psychological Bulletin*, 71, 319-342.

青木修次（1992）「混乗船における対人的葛藤と解決」航海 114, 38-48.

東洋（1994）『日本人のしつけと教育』東京大学出版会．

東洋・柏木惠子（1989）「子供の発達と文化・社会」柏木惠子編『教育の心理学――学習・発達・教育の視点』有斐閣．

Baker, R., & Siryk, B. (1986) Exploratory Intervention with Scale Measuring Adjustment to College. *Journal of Counseling Psychology*, 33, 1, 31-38.

Berry, J. W., Kim. U., & Boski, P. (1987) Psychological Acculturation of Immigrants. In Y. Y. Kim., & W. B. Gudykunst (Eds.), *Cross-Cultural Adaptation*. Newbury Park, CA: Sage.

Berry, J. W. (1997) Immigration, Acculturation, Adaptation. *Applied Psychology: An International Review*, 46, 5-68.

Blislin, R. W. (1981) *Cross-Cultural Encounters: Face-to-Face Interaction*. New York, NY: Pergamon Press, 72-108.

Bochner, S., Mcleod, B. M., & Lin, A. (1977) Friendship Patterns of Overseas Students: A Functional Model. *International Journal of Psychology*, 12, 277-294.

Bohnstedt, G. W., & Knoke, D. (1988) *Statistics for Social Data Analysis, 2nd Ed*. Itasca, IL: F.E. Peacock Pub.（海野道郎・中村隆監訳（1990）『社会統計学――社会調査のためのデータ分析入門』ハーベスト社）

Bond, M. H. (1988) Finding Universal Dimensions of Individual Variation in Multi-Cultural Studies of Values: The Rokeach and Chinese Value Surveys. *Journal of Personality and Social Psychology*, 55, 1009-1115.

Brophy, J. E., & Good, T. H. (1974) *Teacher-Student Relationship: Cause and Consequences*. New York, NY: Holt, Rinehart and Winston.（浜名外喜男・蘭千寿・大根哲治訳（1985）『教師と生徒の人間関係』北大路書房）

文化庁（2003）「平成 15 年度 国内の日本語教育の概要」

文化庁（2016）「平成 28 年度 国内の日本語教育の概要」

Chinese Culture Connection (1987) Chinese Value and the Search for Culture-free Dimensions of

Culture. *Journal of Cross-Cultural Psychology*, 18, 143-164.
全文楽（1996）「韓国――儒教の国の現代教育」石附実編『比較国際教育学（補正版）』東信堂．146-162.
Chua, E. G., & Gudykunst, W. B. (1987) Conflict Resolution Style in Low and High Context Cultures. *Communication Research Reports*, 4, 32-37.
Church, A. T. (1982) Sojourner Adjustment. *Psychological Bulletin*, 91, 540-572.
中央教育審議会（2003）「新たな留学生政策の展開について（答申）――留学生交流の拡大と質の向上を目指して」．
Cook, S. W. (1962) The Systematic Analysis of Socially Significant Events: A Strategy for Social Research. *Journal of Social Issues*, 18, 66-84.
Cook, S. W. (1984) The 1954 Social Science Statement and School Desegregation: A Reply to Gerald. *American Psychologist*, 39, 819-832.
Cook, S. W. (1985) Experimenting on Social Issues: The Case of School Desegregation. *American Psychologist*, 40, 452-460.
Crosby, F. (1976) A Model of Egoistical Relative Deprivation. *Psychological Review*, 83, 85-113.
Crosby, F. (1982) *Relative Deprivation and Working Women*. New York, NY: Oxford University Press.
第一東京弁護士会人権擁護委員会（1990）「就学生に関する報告」1-7.
電通総研　日本リサーチセンター（2008）『世界主要国価値観データブック』同友館．
Donohue, W. (1993) *Managing Interpersonal Conflict*. Newbury Park, CA: Sage.
Falbo, T., & Peplau, L. A. (1980) Power Strategies in Intimate Relationship. *Journal of Personality and Social Psychology*, 38, 618-628.
Feather, N. T., & Peay, E. R. (1975) The Structure of Terminal and Instrumental Values: Dimensions and Clusters. *Australian Journal of Psychology*, 27, 151-164.
Friedman, I. A. (1994) Conceptualizing and Measuring Teacher-Perceived Student Behaviors: Disrespect, Sociability, and Attentiveness. *Educational and Psychological Measurement*, 54, 949-958.
淵上克義（2000）『教師のパワー――児童生徒理解の科学』ナカニシヤ出版．17-36.
藤森立男（1989）「日常生活に見るストレスとしての対人葛藤の解決過程に関する研究」社会心理学研究4. 108-116.
福島治・大渕憲一（1997）「紛争解決の方略」大渕憲一編『紛争解決の社会心理学』ナカニシヤ出版．32-58.
Fukushima, O., & Ohbuchi, K. (1996) Antecedents and Effects of Multiple Goals in Conflict Resolution. *International Journal of Conflict Management*, 7, 191-208.
Furnham, A., & Bochner, S. (1986) *Culture Shock: Psychological Reactions to Unfamiliar Environment*. London: Methuen.
Furnham, A., & Erdmann, S. (1995) Psychological and Socio-Cultural Variables as Mediators of Adjustment in Cross-Cultural Transitions. *Psychologia*, 38, 238-251.

古家聡（2008）「個人主義と集団主義に関する価値観研究——日本、アメリカ、中国、韓国の大学生を例に」異文化間コミュニケーション 11, 73-92.

Gerald, H. B. (1983) School Desegregation: The Social Science Role. *American Psychologist*, 38, 869-877.

Gudykunst, W. B., & Bond, M. H. (1997) Intergroup Relations across Cultures. In J. W. Berry, & M. H. Segall (Eds.), *Handbook of Cross-Cultural Psychology Vol.3: Social Behavior and Applications, 2nd Ed.* Needham Heights, MA: Allyn & Bacon.

Gullahorn, J. T., & Gullahorn, J. E. (1963) An Extension of the U-curve Hypothesis. *Journal of Social Issues*, 19, 33-47.

Hall, E. T. (1976) *Beyond Cultures*. Garden City, NY: Anchor Press.

浜口恵俊（1982）『間人主義の社会日本』東経選書．

濱口佳和（2001）「学級の中の攻撃行動——いじめる子供とキレる子供」心理学ワールド，5-8.

花見槇子・西谷まり（1997）「一橋大学における交流学生の受け入れ——面接調査が示すその特徴と学生・教官の評価」一橋大学留学生センター報告書．

Hargreaves, D. H. (1972) *Interpersonal Relations and Education*. London: Routledge & Kegan Paul.

久冨善之（1990）「教員文化の社会学・序」久冨善之編『教員文化の社会学的研究（普及版）』多賀出版，3-84.

Hofstede, D. (1980) *Culture's Consequence International Differences in Work Related Values*. Beverly Hills, CA: Sage.

星野命（1989）「異文化間教育とコミュニケーション」異文化間教育 3，4-16.

星野命（1999）「文脈内存在人間、コミュニティ内存在人間、文化内存在人間」コミュニテイ心理学研究 2，143-144.

星野命（2003）「異文化間教育における質的研究法」参考論文集．

法務省入国管理局（2004）平成 16 年度外国人登録者数統計．

法務省入国管理局（2018）在留外国人統計（旧登録外国人統計）2018 年 6 月末．

堀切友紀子（2011）「アメリカの教育における価値観の多様化と権威主義的傾向」平成 20年度-22 年度科学研究費補助金報告書（基盤研究（C）研究代表者：加賀美常美代）「教育価値観と葛藤解決の包括的研究——国際比較と世代間比較」17-26.

百のトラブル解決マニュアル調査研究グループ（1996）『異文化理解のための外国人留学生の百のトラブル解決マニュアル』凡人社．

井上孝代・伊藤武彦（1995）「来日 1 年目の留学生の異文化適応と健康——質問紙調査と異文化間カウンセリングの事例から」異文化間教育 9，128-142.

伊藤美奈子（1995）「教師の生徒観・教師観に関する一考察——理想の教師像による 6 タイプ間比較」神戸国際大学紀要 49，26-34.

伊藤美奈子（2000）「教師のバーンアウト傾向を規定する諸要因に関する探索的研究——経験年数・教育観タイプに注目して」教育心理学研究 48，12-20.

岩男寿美子・萩原滋（1988）『日本で学ぶ留学生——社会心理学的分析』勁草書房．
Jou, Y. H., & Fukuda, H. (1995) Effect of Social Support from Various Sources on the Adjustment of Chinese Students in Japan. *Journal of Social Psychology*, 135, 305-311.
加賀美常美代（1992）「異文化接触における不満の決定因——中国人就学生の場合」慶應義塾大学大学院社会学研究科修士論文．
加賀美常美代（1994a）「異文化接触における不満の決定因——中国人の就学生の場合」異文化間教育 8，117-126．
加賀美常美代（1994b）「中国人就学生の対日本人イメージ——接触親密度からの検討」異文化間教育学会第 15 回大会．
加賀美常美代（1995）「日本人ホスト側から見た留学生のトラブル事例」慶應義塾大学日本語・日本文化センター，日本語と日本語教育 24，133-152．
加賀美常美代（1997）「日本語教育場面における異文化間コンフリクトの原因帰属——日本語教師とアジア系留学生の認知差」異文化間教育 11，91-109．
加賀美常美代（1998）「コミュニティ心理学的発想に基づいた留学生相談の実践的展開」現代のエスプリ 377，至文堂，96-108．
加賀美常美代（1999）「大学コミュニティにおける留学生と日本人学生の異文化間接触促進のための教育的介入」コミュニティ心理学研究 2，131-146．
加賀美常美代（1999）「留学生と教育援助者のための異文化間コンフリクトの探索的研究——異文化理解のためのプロジェクト」平成 10 年度三重大学教育改善推進費個人研究成果報告書，1-36．
加賀美常美代（2000）「日本語教育場面における日本語教師の葛藤——愉快・不愉快な事柄の内容分析を中心に」三重大学留学生センター紀要 2，11-23．
加賀美常美代（2002）「留学生への相談支援体制——留学生の心とどう向き合うか」留学交流 14(11)，ぎょうせい，6-9．
加賀美常美代（2003）「多文化社会における教師と外国人学生の葛藤事例と解決行動の内容分析——コミュニティ心理学的援助へ向けて」コミュニティ心理学研究 7，1-14．
加賀美常美代（2004）「教育価値観の異文化間比較——日本人教師，中国人学生，韓国人学生，日本人学生との違い」異文化間教育 19，67-84．
加賀美常美代（2006）「教育価値観の構造の理論的考察——一般的価値観との関連」人間文化論叢 8，267-276．
加賀美常美代（2006）「異文化間コンフリクトと教育価値観の研究」平成 15 年度-17 年度科学研究費補助金（基盤研究(C)(2) 研究代表者：加賀美常美代）研究成果報告書，1-94．
加賀美常美代（2007）『多文化社会の葛藤解決と教育価値観』ナカニシヤ出版．
加賀美常美代（2013）「大学生の教育価値観の国際比較——7 カ国・地域の質問紙調査から」人文科学研究 9，157-169．
加賀美常美代（2013）「大学生の一般的価値観の国際比較—— Schwartz の価値尺度を用いた 7 カ国・地域の質問紙調査」留学生交流・指導研究 15，25-38．

加賀美常美代・箕口雅博（1997）「留学生相談におけるコミュニティ心理学的アプローチの試み――チューター制度導入後の留学生寮相談室活動の質的変化」コミュニティ心理学研究 1, 15-30.

加賀美常美代・大渕憲一（2002）「教育価値観尺度の開発――異文化間葛藤の研究に向けて」文化 66, 131-146.

加賀美常美代・大渕憲一（2004）「日本語教育場面における日本人教師と中国人及び韓国人学生の葛藤の原因帰属と解決方略」心理学研究 74, 531-539.

加賀美常美代・大渕憲一（2006）「教育価値観に関する異文化間比較――短縮版尺度開発と包括次元の探索」文化 69(3・4), 96-111.

加賀美常美代・守谷智美・佐藤真紀・高橋織恵（2006）「マレーシアにおける日本語教師の葛藤」2006年度異文化間教育学会第27回大会抄録集, 92-93.

加賀美常美代（2012）「グローバル社会における多様性と偏見」加賀美常美代・横田雅弘・坪井健・工藤和宏編著『多文化社会の偏見・差別――形成のメカニズムと提言のための教育』明石書店, 12-36.

金沢吉展（1992）『異文化とつき合うための心理学』誠信書房.

加藤十八・加瀬豊司・大野達郎・石井政一（1987）「日本とアメリカにおける教師の教育意識」異文化間教育 1, 98-112.

川喜田二郎（1967）『発想法』中公新書.

Kelley, H. H. (1987) Toward a Taxonomiy of Interpersonal Conflict Process. In O. Stuart, & S. Spacapan (Eds.), *Interpersonal Processes*. New York, NY: Sage. 122-147.

Keller, M., Edelstein, W., Schmid, C., Fang, F., & Fang, G. (1998) Reasoning about Responsibilities and Obligations in Close Relationship: A Comparison across Two Cultures. *Developmental Psychology*, 34, 731-741.

見田宗介（1966）『価値意識の理論――欲望と道徳の社会学』弘文堂.

Kim, B. S. K., Atkinson, D. R., & Yang, P. H. (1999) The Asian Values Scale: Development, factor analysis, validation, and reliability. *Journal of Counseling Psychology*, 46, 342-352.

Kim, Y. Y. (1989) International Adaptation. In M. K. Asante, & W. B. Gudykunst (Eds.), *Handbook of International and Intercultural Communication*. Newbury Park, CA: Sage. 275-294.

桐田清秀（2010）「戦後日本教育政策の変遷――教育課程審議会答申とその効果」花園大学社会福祉学部研究紀要 18, 121-140.

Kluckhohn, C. (1951) Values and Value-Orientations in the Theory of Action: An Exploration in Definition and Classification. In T. Parsons, & E. Shils (Eds.), *Toward a General Theory of Action*. Cambridge, MA: Harvard University Press.

小林哲也（1983）『異文化に育つ子どもたち』有斐閣選書, 2-29.

国分良成（1995）『アジア時代の検証 中国の視点から』朝日選書.

近藤裕（1981）『カルチャー・ショックの心理――異文化とつきあうために』創元社.

高向山（2006）「後期多面注力の就学前教育」池田充裕, 山田千明編著『アジアの就学前教育』明石書店.

Kroeber, A. L., & Kluckhohn, C. (1952) *Cluture: A Critical Review of Concepts and Definitions*. Cambridge, MA: Harvard University Press.

黒田勝弘（1999）『韓国人の歴史観』文春新書.

Landis, D., & Boucher, J. (1987) Themes and Models of Conflict. In J. Boucher, D. Landis, & K. Clark (Eds.), *Ethnic Conflict*. Newbury Park, CA: Sage.

李德奉（1998）「韓国における家庭のしつけ」児童心理 52, 1068-1078.

Leong, F. T. L., & Chou, E. L. (1996) Counseling International Students. In P. B. Pedersen, J. G. Draguns, W. J. Lonner, and J. E. Trimble (Eds.), *Counseling across Culture, 4th Ed*. Thousand Oaks, CA: Sage.

Leong, F. T. L., Wagner, N. S., & Kim, H. H. (1995) Group counseling expectations among Asian American students: The role of culture-specific factors. *Journal of Counseling Psychology*, 42, 217-222.

Leung, K. (1987) Some Determinations of Reactions to Procedural Models for Conflict Resolution: A Cross-National Study. *Journal of Personality and Social Psychology*, 53, 898-908.

Lewis, J. A., & Lewis, M. T. (1977) *Community Counseling: A Human Service Approach*. New York, NY: John Willy & Sons.

任昶淳（1996）「韓国における外国語の中の日本語教育の現状と展望」世界の日本語教育——日本語教育事情報告編 4, 39-46.

Lysggard, S. (1955) Adjustment in a Foreign Society: Norwegian Fulbright Grantees Visiting the United States. *International Social Science Bulletin*, 7, 45-51.

Markus, H. R., & Kitayama, S. (1991) Culture and Self: Implications for Cognition, Emotion, and Motivation. *Psychological Review*, 98, 224-253.

Maslow, A. H. (1954) *Motivation and Personality*. New York, NY: Harper and Row.

松原達哉・石隈利紀（1993）「外国人留学生相談の実態」カウンセリング研究 26, 146-155.

Matsumoto, D. (2000) *Culture and Psychology*. Pscific Grove, CA: Brooks Cole Publising Co.

箕口雅博（1998）「中国帰国者へのコミュニティ心理学的接近」現代のエスプリ 377, 165-178.

箕浦康子（1984）『子供の異文化体験』思索社.

箕浦康子（1987）「異文化接触研究の諸相」文化と人間の会編『異文化とのかかわり』川島書店, 7-36.

箕浦康子（1997）「文化心理学における意味」柏木恵子・北山忍・東洋編『文化心理学——理論と実証』東京大学出版会, 44-55.

箕浦康子（1998）「日本人学生と留学生——相互作用のためのアクション・リサーチ」科学研究費補助金研究報告書.

箕浦康子（1999）『フィールドワークの技法と実際——マイクロ・エスノグラフィー入門』ミネルヴァ書房.

水野治久・石隈利紀（1998）「アジア系留学生の被援助志向性と適応に関する研究」カウンセリング研究 31, 1-9.

水野治久（2003）『留学生の被援助志向性に関する心理学的研究』風間書房.
文部科学省高等教育局留学生課（2004）「我が国の留学生制度の概要――受入及び派遣 平成15年度」.
文部科学省（2008）「留学生30万人計画」骨子.
　http://www.mext.go.jp/b_menu/houdou/20/07/08080109.htm.
守谷智美・蔡馨宜・呉孟嬉（2011）「台湾における若者の価値観とその背景」平成20年度-22年度科学研究費補助金報告書（基盤研究（C）研究代表者：加賀美常美代）「教育価値観と葛藤解決の包括的研究――国際比較と世代間比較」77-90.
Moskowitz, G. (1976) The Classroom Interaction of Outstanding Foreign Language Teachers. *Foreign Language Annuals*, 9, 135-157.
Ng, S. H., Akhtar-Hossain, A. B. M., Ball, P., Bond, M. H., Hayashi, K., Lim, S. P., O'Driscoll, M. P., Sinha, D., & Yang, K. S. (1982) Human Values in Nine Countries. In R. Rath, J. B. P. Sinha,& H. S. Asthana(Eds.), *Diversity and Unity in Cross-Cultural Psychology*. Lisse, The Netherlands: Swets & Zeitlinger, 196-205.
NHK世論調査部（1984）「中学生・高校生の意識」日本放送協会.
NHK放送文化研究所編（2003）『NHK中学生・高校生の生活と意識調査――楽しい今と不確かな未来』NHK出版.
Oberg, K. (1960) Cultural Shock：Adjustment to New Cultural Environment. *Practical Anthropology*, July-August, 117-182.
大畑裕嗣（1995）「異文化接触の心理学――その現状と理論」渡辺文夫編『韓国と日本人』川島書店，25-31.
大渕憲一（1997）『紛争解決の社会心理学』ナカニシヤ出版.
大渕憲一・福島治（1997）「葛藤解決における多目標――その規定因と方略選択に対する効果」心理学研究68, 155-162.
Ohbuchi, K., & Fukushima, O., Tedeschi, J. T. (1999) Cultural Values in Conflict Management: Goals orientation, Goal Attainment, and Tactical Decision. *Journal of Cross-Cultural Psychology*, 30, 51-71.
Ohbuchi, K., Imazai, K., Sugawara, I., Tyler, T. R., & Lind, E.A. (1997) Goal and Tactics in Within- and Between-Culture Conflicts. *Tohoku Psychologica Folia*, 56, 1-13.
大渕憲一・小嶋かおり（1998）「対人葛藤の原因と対人関係――比較文化的分析」文化61，東北大学文学会，66-80.
大渕憲一・小嶋かおり（1999）「対人葛藤における方略選択――動機的認知的要因」行動科学38, 19-28.
大渕憲一・潮村公弘（1993）「日本人滞米者の市民生活における異文化葛藤――対人葛藤経験の内容分析」文化57, 東北大学文学会，119-145.
大渕憲一・菅原郁夫・T. R. Tyler・E. A. Lind（1995）「葛藤における多目標と解決方略の比較文化的研究――同文化葛藤と異文化葛藤」東北大学文学部研究年報45, 187-202.
Ohbuchi, K., & Takahashi, Y. (1994) Cultural Styles of Conflict. *Journal of Applied Social*

Psychology, 24, 1345-1366.

大橋敏子・近藤祐一・秦喜美恵・堀江学・横田雅弘（1993）『外国人留学生とのコミュニケーション・ハンドブック』アルク．

岡村佳代・田中詩子（2011）「日本における現代の大学生の教育価値観」平成 20 年度-22 年度科学研究費補助金報告書（基盤研究(C)研究代表者：加賀美常美代）「教育価値観と葛藤解決の包括的研究──国際比較と世代間比較」51-61．

岡山県留学生交流推進協議会（1993）「岡山県内在住留学生の生活実態調査報告書」．

奥山洋子（2000）「韓・日同国人女子大学生同士の初対面の会話──質問及び自己開示の時間帯による分析を中心に」日本學報 45, 117-131．

Orford, J. (1992) *Community Psychology: Theory and Practice*, New York, NY: John Wiley & Sons, Ltd.（山本和郎監訳（1997）『コミュニティ心理学──理論と実践』ミネルヴァ書房）

大塚豊（1996）「中国──変動する社会主義体制のなかで」石附実編『比較国際教育学（補正版）』東信堂．163-181.

大和田滝恵（1997）「現代中国における初期人間形成──子育ての実態と育児書の意図」恒吉僚子・S. ブーコック編『育児の国際比較──子供と社会と親たち』NHK ブックス，181-200．

Pedersen, P. (1987) Ten frequent assumptions of cultural bias in counseling. *Journal of Multicultural Counseling and Development*, 15, 16-24

Pettigrew, T. (1998) Intergroup Contact Theory. *Annual Review of Psychology*, 49, 65-85.

朴エスター・朴貞玉（2011）「韓国における若者の価値観とその背景」平成 20 年度-22 年度科学研究費補助金報告書（基盤研究(C)研究代表者：加賀美常美代）「教育価値観と葛藤解決の包括的研究──国際比較と世代間比較」38-50．

朴順愛・土屋礼子（2002）『日本大衆文化と日韓関係──韓国若者の日本イメージ』三元社．

Rahim, M. A. (1986) Referent Role Styles of Handling Interpersonal Conflict. *Journal of Social Psychology*, 126, 79-86.

Rohner, R. P. (1984) Toward A Conception of Culture for Cross-Cultural Psychology. *Journal of Cross-Cultural Psychology*, 15, 111-138.

Rokeach, M. (1973) *The Nature of Human Values*. New York, NY: Free Press.

Rubin, J. Z., Pruitt, D. G., & Kim, S. H. (1994) *Social Conflict: Escalation, Stalemate, and Settlement, 2nd Ed.* New York, N Y: McGraw-Hill.

斉藤耕二（1993）「アカルチュレーションの心理学」中西晃編『国際教育論』創友社．

坂野永里（1999）「学習者から見たいい教師像──日米学習者の比較」関西外国語大学留学生別科日本語教育論集 9, 75-83．

坂田稔（1978）「教育のコミュニケーション」石川弘義編『日常コミュニケーションの社会心理学』ブレーン社．196-213．

佐野勝男・萩原滋・高根定信・南隆男（1977）「日本人の異文化への適応・同化過程の比較社会学的研究」組織行動研究 3, 71-87．

佐藤郡衛（1990）「教員の指導観の実証分析——日米中学校教員比較調査を通して」久冨善之編『教員文化の社会学的研究（普及版）』多賀出版，85-145.

Schramm, W. (1954) How Communication Works. In W. Schramm (Ed.), *The Process and Effects of Mass Communication*. Urbana, IL: University of Illinois Press, 4-8.

Schwartz, S. H., & Bilsky, W. (1987) Toward A Universal Psychological Structure of Human Values. *Journal of Personality and Social Psychology*, 53, 550-562.

Schwartz, S. H. (1992) Universals in the Content and Structure of Values: Theoretical Advances and Empirical Test in 20 Countries. In M. Zanna (Ed.), *Advances in Experimental Social Psychology, vol.25*. New York, NY: Academic Press, 1-65.

Schwartz, S. H. (1994) Beyond Individualism and Collectivism: New Cultural Dimensions Value. In U. Kim, H. C. Triandis, C. Kagitcibasi, S. C. Choi, & G. Yoon (Eds.), *Individualism and Collectivism: Theory, Method, and Application*. Thousand Oaks, CA: Sage, 85-119.

Schwartz, S. H., & Sagiv, L. (1995) Identifying Culture-Specifics in the Content and Structure of Values. *Journal of Cross-Cultural Psychology*, 26, 92-116.

Scodel, A., & Mussen, P. (1953) Social Perception of Authoritarians and Nonauthoritarians. *Journal of Abnormal and Social Psychology*, 48, 181-184.

関正昭（1993）「日本語教育の「禁領域」」異文化間教育 7，153-162.

関道子（2003）「北海道大学に学ぶ留学生と日本人大学院生の教育の価値観」北海道大学留学生センター紀要 7，86-109.

関本照夫（1988）「文化の違いを見る目の違い」『東京大学公開講座 異文化への理解』東京大学出版会，139-168.

Sherif, M. (1956) Experiments in Group Conflict. *Scientific American*, 195, 54-58.

Sherif, M. (1962) *Intergroup Relations and Leadership*. New York, NY: Wiley.

Sherif, M. (2003) Managing Conflict and Negotiating Face. In W. B. Gudykunst, & Y. Y. Kim (Eds.), *Communicating with Strangers: An Approach to Intercultural Communication, 4th Ed*. New York, NY: McGrow-Hill, 295-323.

Shelif, M., Harvey, O. J., White, B. J., Hood, W., & Shelif, C. (1961) *Intergroup Conflict and Cooperation: The Robbers Cave Experiment*. Norman, OK: University of Oklahoma.

潮村公弘・大渕憲一（1994）「アメリカにおける日本人留学生の対人葛藤——異文化葛藤経験の内容分析」文化 58，東北大学文学会，31-56.

白土悟（1998）「留学生問題と留学生アドバイジング」『留学生交流ボランティアのための基礎ノート』.

周玉慧（1995）「受け取ったサポートと適応に関する因果モデルの検討——在日中国系留学生を対象として」心理学研究 66，33-40.

Sillars, A. L. (1980) Attribution and Communication in Roommate Conflicts. *Communication Monograph*. 47, 180-200.

Sillars, A. L., & Wimot, W. W. (1994) Communication Strategies in Conflict and Mediation. In J. A. Daly, & J. M. Wiemann (Eds.), *Strategic Interpersonal Communication*. Hillsdale, NJ: Lawrence

Erlbaum, 163-190.

Slavin, R. E. (1985) Cooperative Learning: Applying Contact Theory in Deseregated Schools. *Journal of Social Issues*, 41, 45-62.

Smith, P. B., & Schwartz, S. H. (1997) Values. In J. W. Berry, M. H. Segall, & S. C. Kagitcibasi (Eds.), *Handbook of Cross-Cultural Psychology, Vol.3: Social Behavior and Applications, 2nd Ed.* Needham Heights, MA: Allyn & Bacon, 78-118.

Smith, P. B., & Bond, M. H. (1998) *Social Psychology across Cultures, 2nd Ed.*（笹尾敏明・磯崎三喜年訳（2003）『グローバル化時代の社会心理学』北大路書房）

Stephan, W. G., & Brigham. J. C. (1985) Intergroup Contact: Introduction. *Journal of Social Issues*, 41, 1-8.

須田康之（1999）「異文化間におけるテクストの受容――「狼と7匹の子やぎ」の読みの比較」教育社会学研究 64，183-203.

杉本均（2004）『マレーシアにおける国際教育関係』東信堂.

鈴木康郎（2006）「タイ――グローバル化時代における伝統文化の保持と揺れる学力観」池田充裕、山田千明編『アジアの就学前教育』明石書店.

Takai, J. (1991) Host Contact and Cross-Cultural Adjustment of International Students in Japan: Assessment Instruments and Some Descriptive Statistics. 広島大学教育研究センター大学論集 20，195-228.

高井次郎（1994）「日本人との交流と在日留学生の異文化適応」異文化間教育 8，106-116.

高松里・白土悟（1997）「コミュニティ心理学から見た留学生指導――九州大学留学生センターの事例から」九州大学留学生センター紀要 8，75-88.

高見澤孟（1996）『はじめての日本語教育――日本語教授法入門』アスク講談社.

高野陽太郎・櫻坂英子（1997）「"日本人の集団主義" と "アメリカ人の個人主義" ――通説の再検討」心理学研究 68，312-327.

田中共子・高井次郎・南博文・藤原武弘（1990）「在日外国人留学生の適応に関する研究 3――新渡日留学生の半年間におけるソーシャル・ネットワーク形成と適応」広島大学留学生センター紀要 1，77-95.

田中共子（1991）「在日留学生の文化的適応とソーシャル・スキル」異文化間教育 5，98-110.

田中共子（1993）「「留学生」相談の領域」学生相談研究 14，280-287.

田中共子（2000）『留学生のソーシャル・ネットワークとソーシャル・スキル』ナカニシヤ出版.

Tanaka, T., Takai, J., Kohyama, T., & Fujihara, T. (1994) Adjustment Patterns of International Students in Japan. *International Journal of Intercultural Relations*, 18, 55-75.

田尾雅夫・久保真人（1996）『バーンアウトの理論と実際――心理学的アプローチ』誠信書房.

Thomas, K. W. (1976) Conflict and Conflict Management. In M. D. Dunnette (Ed.), *The Handbook of Industrial and Organizational Psychology*, Chicago, IL: Rand McNally.

Thomas, K., & Althen, G. (1989) Counseling the Foreign Students. In P. B. Pedersen, J. G. Draguns, W. J. Lonner, & J. E. Trimble (Eds.), *Counseling across Culture, 3rd Ed*. Honolulu, HL: University of Hawaii Press, 205-241.

Thomas, K., & Harrell, T. (1994) Counseling Student Sojourners: Revising the U-Curve of Adjustment. In G. Althen (Ed.), *Learning across Cultures*. NAFSA: Association of International Educators.

Ting-Toomey, S. (1994) Managing Intercultural Conflict Effectly. In L. Samovar, & R. Porter (Eds.), *Intercultural Communication: A Reader, 7th. Ed*. Belmont, CA: Sage.

Ting-Toomey, S. (1998) Intercultural Conflict Styles. In. Y. Y. Kim, & W. B. Gudykunst (Eds.), *Theories in Intercultural Communication*. Newbury Park, CA: Sage.

Ting-Toomey, S. & Oetzel, J. G. (2003) *Managing Intercultural Conflict Effectly*. Thousand Oaks, CA: Sage.

塘利枝子（1995）「日英の教科書に見る家族」発達心理学研究 6，1-16.

Triandis, H. C., & Vassiliou, V. (1967) Frequency of Contact and Stereotyping. *Journal of Personality and Social Psychology*, 17, 3, 316-328.

Triandis, H. C., Vassiliou, V., Vassiliou, G., Tanaka, Y., & Shanmugan, A. V. (1972) *The Analysis of Subjective Culture*. New York, NY: Wiley.

Triandis, H. C. (1975) Cultural Training, Cognitive, Complexity and Inter-Personal Attitudes. *Cross-Cultural Perspective on Leaning*. Halsted Press.

Triandis, H. C. (1979) Introduction to Handbook of Cross-Cultural Psychology. In H. C. Triandis, & W. W. Lambert (Eds.), *Handbook of Cross-Cultural Psychology*. Boston, MA: Allyn and Bacon.

Triandis, H. C. (1995) *Individualism and Collectivism*. Boulder, CO: Westview Press.（H. C. トリアンデイス　神山貴弥・藤原武弘編訳（2002）『個人主義と集団主義——二つのレンズを通して読み解く文化』北大路書房）

坪井健（1994）「国際比較からみた日本の学生」『国際化時代の日本の学生』学文社．

土屋順一・土屋千尋（1997）「日本語教育の現場に見る不適応事例」井上孝代編『留学生の発達援助——不適応の実態と対応』多賀出版，47-67.

恒吉僚子・S. ブーコック（1997）『育児の国際比較——子供と社会と親たち』日本放送出版会.

Tylor, E. B. (1871) *Primitive Culture*. London: John Murray & Co.

上原麻子（1992）「外国人留学生の日本語上達と適応に関する基礎的研究」平成 2 年度科学研究費補助金（一般研究(C)研究報告書）

ヴィンセント・N・パリーロ（1997）『多様性の国アメリカ——変化するモザイク』富田虎男訳，明石書店．

渡辺文夫（1995）『異文化接触の心理学——その現状と理論』川島書店.

渡辺直登・久村恵子（1999）『メンター／メンターリング入門』プレスタイム．

Wittenman, H. (1992) Analyzing Interpersonal Conflicts: Nature of Awareness, Type of Initiating Events, Situational Perception and Management Styles. *Western Journal of Communication*, 56,

248-280.

山本和郎・原裕視・箕口雅博・久田満編（1995）『臨床・コミュニティ心理学——臨床心理学的援助の基礎知識』ミネルヴァ書房.

山本多喜司（1986）「異文化環境への適応に関する環境心理学的研究」昭和60年度科学研究費補助金（一般研究(B)研究報告書）

山崎瑞紀（1993）「アジア系留学生の滞日態度の形成要因に関する研究」心理学研究64, 215-223.

山崎直哉（2009）『戦後台湾教育とナショナル・アイデンティティ』東進堂.

Ying, Y., & Liese, L. H. (1991) Emotional Well-being of Taiwan Students in the U.S.: An Examination of Pre-to Post-Arrival Differential. *International Journal of Intercultural Relations*. 15, 345-366.

横田雅弘（1990）「自己開示からみた留学生と日本人学生の友人関係」一橋論叢105, 629-647.

横田雅弘（1991）「留学生と日本人学生の親密化に関する研究」異文化間教育5, 81-97.

横田雅弘（1998）「留学生と日本人学生の異文化間教育」現代のエスプリ377, 至文堂, 109-118.

全国福祉協議会（1987）入郷随俗.

おわりに

　日本はかつてないほどに在留外国人が増加し、多文化社会になってきた。それに伴い留学生の量的拡大も進行しており、日本語学習をする人々も増えてきた。本研究ではますます多文化し、異文化接触が多いと思われる日本語教育場面において、教師と外国人留学生の間に生ずる葛藤問題を社会心理学的に解析することを目的としている。日本における異文化間葛藤、特に、日本人日本語教師と外国人留学生の葛藤を扱う研究は、この領域ではこれまでほとんど行われてこなかった上、教師自身の葛藤対処や問題解決に至る研究も僅少なため、再び、この時期に改訂版である本書を刊行することができたことを喜ばしく思っている。

　本書は、葛藤解決行動の背景要因として教育価値観に注目し、その理論的分析と測定尺度の開発を試みた。さらに、異文化接触、価値観、葛藤解決など多様なテーマを扱いながら、それぞれについて文献調査を行い、それらを連結しながら研究枠組みの構築をはかってきた。発展研究として、教育価値観と一般的価値観の7か国・地域の大学生の国際比較研究も実施した。

　このように、葛藤解決と教育価値観という視点からみた本書は、筆者がここ30年近く、異文化間教育や大学院教育の現場に身を置きながら、追い続けてきた関心事の一つでもある。グローバル社会の中で日本人住民と外国人住民がともに生きていくために、どのように葛藤を認知し解決していけばよいか、文化と文化の狭間にある人（留学生、帰国生、外国籍児童、文化的背景の異なる家族…）と取り巻く人々への教育支援や社会心理的支援に少しでも貢献できればという願いが根底にある。

　本書は、また、異文化接触の社会心理学的な実証研究として、2005年2月に東北大学へ博士学位論文として提出した研究成果を土台に、2006年度科学研究費補助金研究成果公開促進費の交付を得て、2007年3月にナカニシヤ出版から『多文化社会における葛藤解決と教育価値観』として上梓した

ものを改訂したものである。『多文化社会における葛藤解決と教育価値観』は、数年後、出版社の在庫切れとなったため、研究室の大学院生や大学院進学を志望する方々をはじめとして、葛藤と教育価値観に関心をもつ方々の問い合わせがあったものの、長い間、重版がかなわなかった。幸い、明石書店社長である大江道雅氏のご好意で改訂版をお引き受けしていただいたものの、筆者の本務先の職務事情で改訂版が遅くなってしまったという経緯がある。そのような状況の中、本書がようやく刊行できたことは幸運なことと思う。

　本務であるお茶の水女子大学では、2001 年からこの 18 年間、筆者は修士課程と博士課程の大学院生の研究指導も行ってきた。異文化間教育、異文化間心理学を専門とし、留学生・帰国生・外国籍児童生徒、国際結婚家族、海外居住者等、文化の狭間にある人々を対象に、心理教育支援、学習動機、学習困難、異文化間交流、異文化受容態度、偏見とその低減、文化的アイデンティティ、日本イメージ、キャリア形成などテーマはさまざまで、指導した大学院生は 50 数名に及ぶ。その中で本研究の葛藤や教育価値観などのテーマの一部を土台として、適用し発展させ、修士論文や博士論文に至った大学院修了生もいる。特に教育価値観研究は、本研究で扱う対象以外でもさまざまな対象者、さまざまな内容や文脈で研究が発展的に行われている。たとえば、修士論文では、山中弘子（2010）「理系大学生の教育価値観と就業動機との関連――日本とフィンランドの比較」、數野彩（2018）「ベトナム人留学生の教育価値観と日本語教師に対する意識」、俵加奈子（2018）「子どもに対する親の期待は親の教育価値観や文化的志向性とどのような関連があるか――日系ペルー人の家庭内文化継承に着目して」が、博士論文では、文吉英（2017）「日韓における母親の養育態度に関する研究――教育価値観、子どもへの期待に着目して」等がある。

　多文化社会における葛藤解決についても、2015-2018 年度科学研究費補助金による『多文化就労場面の元留学生の異文化間コンフリクトと影響要因』の共同研究が進行中であるが、すでに論文化された文献は次のとおりである。

守谷智美・池田聖子・和田薫子・加賀美常美代（2017）「多文化就労場面における台湾人元留学生の異文化間葛藤と葛藤解決方略」『台湾日本語文學報』42、134-155

岡村佳代・文吉英・加賀美常美代（2016）「多文化就労場面における韓国人元留学生の異文化間葛藤と解決方略」『高等教育と学生支援』7、106-119

小松翠・黄美蘭・加賀美常美代（2017）「多文化就労場面における中国人元留学生の異文化間葛藤と解決方略」『人文科学研究』13、お茶の水女子大学，41-54

田中詩子・山中弘子・加賀美常美代（2017）「多文化就労場面における日本人社員の異文化間葛藤と解決方略」『人文科学研究』13、お茶の水女子大学、91-104

加賀美常美代・小松翠・黄美蘭・岡村佳代（2018）「多文化就労場面における日本人社員の葛藤解決方略と規定要因──労働価値観、外国人社員への就労意識に着目して」『人文科学研究』14、お茶の水女子大学、155-167

　以上のとおり、多文化社会における就労場面においても、元留学生社員の葛藤解決について、引き続き発展的な研究が進められているが、異文化間教育場面においても、今後も葛藤解決と教育価値観研究がさらなる発展がなされていくことが期待される。

　本書の改訂に際して、再度、謝意を表したい。この10数年にわたり、本研究において多くの質問紙調査やインタビューを実施した際に、ご協力を賜った国内外の大学生や日本語教育機関の留学生の皆様、また、留学生教育に携わる教育機関の先生方にこころより感謝を申し上げたい。

　最後になってしまい大変恐縮であるが、本書の改訂版の出版を快く引き受けてくださった明石書店の大江道雅社長、きめ細かく編集作業をしてくださった秋耕社の小林一郎氏にこころより感謝を申し上げたい。

2018年12月

加賀美常美代

索　引

2 次元モデル ……………………… 32
2 要因分散分析 …………………… 82
5 段階尺度 ………………………… 73
10 価値タイプ …………………… 192

Bonferroni ……………………… 174
F スケール ……………………… 155
Shwartz …………………………… 5
U カーブ仮説 …………………… 18
W カーブ仮説 …………………… 18

【あ】
アイデンティティ ……………… 31
アジア価値尺度 ………………… 191
アジア系留学生 …………………… 4
アジア的精神 …………………… 184
アメリカ ……………………… 5, 173
アルバイト先での不満 ………… 23
安全 ……………………………… 49
意思不疎通 ……………………… 41
依存 …………………………… 162
一元配置分散分析 ………… 174, 195
一般的価値観 …………………… 5, 57
一般的価値次元 ……………… 72, 104
一般的価値尺度 ………………… 4
異文化 ………………………… 162
異文化間葛藤 ……………… 3, 39, 140
異文化間葛藤研究 ………………… 4
異文化間ギャップ ……………… 41
異文化間コンフリクト ………… 202
異文化間比較 …………………… 94
異文化受容態度 ………………… 18
異文化接触 ……………………… 16
異文化適応 …………………… 4, 17
意味体系 ………………………… 36

因子構造 ………………………… 72
因子分析 ………………………… 43
永続的な信条 …………………… 42
エスニック集団 ……………… 192
オブリミン斜交回転 …………… 74
思いやり ………………………… 49
親孝行 ………………………… 191

【か】
海外留学促進 …………………… 14
解決行動 ……………………… 123
解決行動のメカニズム ………… 3
解決不可 ……………………… 120
解決への積極的感情 ………… 124
外国 …………………………… 162
下位尺度 ……………… 80, 82, 174
下位尺度得点 …………………… 99
懐柔 ……………………………… 33
外集団 ………………………… 162
外集団成員 …………………… 155
階層制 …………………………… 50
階層制対平等主義 ……………… 51
階層的重回帰分析 …………… 135
外的帰属度 ……………………… 35
概念 ……………………………… 42
回避 ……………………… 39, 119
回避的 …………………………… 33
回避方略 ………………………… 33
開放性 …………………………… 64
快楽 ……………………………… 49
下位領域 ………………………… 64
学習意欲 …………………… 64, 76
学習意欲の欠如 ……………… 111
学習機能 ………………………… 37
学習困難 ……………………… 111

学生観	4, 54	帰属過程	123
学生集団	5	規則遵守	76
学生尊重	76	帰属要因	123, 132
学生の抗議	111	規定因は帰属	127
学生要因	129	規範への同調	191
学内支援ネットワーク・システム	27	教育意識	53
価値意識	53	教育価値観	3, 57
価値観	3, 42	教育価値観尺度	4, 72
価値次元	43, 57	教育価値観尺度（短縮版）	72, 89
価値尺度	43	教育価値観尺度の開発	4
価値タイプ	48	教育価値観の国際比較	170
価値判断	155	教育価値観の第1の領域	54
価値リスト	43	教育価値観の第2の領域	55
葛藤	3, 31, 38, 39, 41, 109, 126, 127, 140, 144, 161, 163	教育価値観の第3の領域	55
		教育価値観の領域	53
葛藤相手	34	教育価値次元	104
葛藤解決	3	教育観	4, 54
葛藤解決方略	3, 5, 30, 32, 34, 37, 38, 40, 42, 59, 125, 127, 157, 158	教育方法の有効性	129
		教師観	4, 53
葛藤原因	34	教師教育	157
葛藤シナリオ	129, 141	教師主導	76
葛藤事例	4, 108	教師像	35, 88
葛藤事例内容	111	教室内規範違反	111
活動性	36	教室場面以外の問題	111
葛藤対処	31	教師のパワー	86
葛藤内容	123	教師要因	129
葛藤の顕在化	39	共生	28
葛藤の生起過程	31	強制選択法	93
葛藤を潜在化	39	業績による家族の承認	191
カテゴリー化	73	協調	127
可変性	36	協調的解決	165
カルチャー・アシミュレーター	25	協調方略	144
カルチャー・ショック	4, 17	共通性	58
関係的問題	31	共有機能	36
韓国	5, 173	国別対象者群間	196
韓国人学生	4, 81	国別比較調査	167
慣習	3	グローバル化	3
感情的自律	50	経済問題	21
間接・一方向方略	33	権威者	140
間接・双方向方略	32	権威主義的な態度	155
間接方略	32	原因	34
危機事例	25	原因帰属	3, 35

索引　221

原因帰属様式	35	自己実現的価値	100
言語の問題	21	自己主張	111
謙遜	191	自己超越	49
権力格差	43	自己批判的	35
攻撃方略	35	自己利益への関心	33
交互作用	132	自集団	155
公正	39	自主独立	76
肯定的機能	32, 165	指導方法	64
行動様式	42	シナリオ	132
行動様式の体系	36	シナリオ法	4, 127
高文脈文化	37	支配	50, 51
項目収集	63	支配性	52
コーホート分析	167	支配的	33
国際化	65	自罰的な感情	120
国際比較研究	4	私費留学生	15
国費留学生	15	自文化	18
個人主義	43	自文化化	53
個人主義社会	37	社会化	53, 65, 76
個人主義・集団主義	43	社会経済・制度的側面	41
個人レベル	49	社会貢献	65
個人レベル価値尺度	194	社会貢献的価値	101
個人レベルの価値	48, 49	社会心理学的課題	29
個と多様性	184	社会的アイデンティティ	31
個別次元	72	社会的関係性	129
コミュニケーション方略	30	社会規範遵守	64
混乗船	40	社会的調整のニーズ	48
		社会的発達	53
【さ】		社会的不確実性	139
最終的価値	43	社会的マナー	40
最終的状態	42	社会文化的要因	202
最小空間解析	190	社会理念の伝達	65
在留外国人数	3	就学生	15
在留資格	15	自由記述	40
時間厳守の感覚	184	宗教的価値観	115
刺激	49	自由主義的価値	101
次元モデル	32	従順	76
自己概念	38	従属変数	135
自己帰属	139	集団間葛藤	31
自国	162	集団間接触	16
自己高揚	49	集団間の境界線	163
自己志向	49, 195	集団主義	38, 191
自己志向性	199	集団主義社会	37

周辺化	19
主観文化	36
授業スタイル	3
儒教的な仕事への原動力	46
授業不参加	111
主成分分析	74
主張	39, 111
主張の方略	35
受動的な学習態度	184
上位因子構造	72
上位因子分析	99
消極的方略	127
常識・ルールの不遵守	41
情動	120, 123
情動的な自己制御	191
情熱	64
譲歩的	33
女性らしさ	43
自律	38, 51
自律性	52, 65
事例収集	41
人格	64
人材教育	76
人種隔離政策	19
信条	42
人生の原則	43
信念の集合体	57
心理の問題	21
人類の普遍性	195
ステップワイズ法	96
ステレオタイプ	31
ストレス反応	17
精神性	199
生存・福利のニーズ	48
成長促進的な意義	165
青年期	195
生物学的ニーズ	48
勢力	49
勢力関係	40
世界価値観調査	200
積極的方略	127
接触仮説	4, 19
接触親密度	23
説得	119
潜在能力の開発	65
選択や評価の指標	42
専門教育	41
専門教育における葛藤	41
専門性	64, 76
専門性パワー	86
専門的ヘルパー	27
相互依存性	39
相互作用状況	129
創造性	76
相対的欠乏（剝奪）理論	23
相対的重要性	42
相談内容	21
双方向性	32
ソーシャル・サポート	26
ソーシャル・スキル	27
ソーシャル・ネットワーク	25

【た】

タイ	5, 173
第一次集団	27
大学コミュニティ	27
大学のグローバル化促進	14
対決	119, 127
対決的な強制方略	33
対決方略	144
第三次集団	27
第三者（学生）介入	120
第三者（教師）介入	120
対象者	132
対象者群	82
対人葛藤	31, 39
第二次集団	27
体面	32
対立の図式	162
対話（協調）	119
台湾	5, 173
妥協的	33
他者利益への関心	33
多重比較	174

達成	49	同文化内	122
多文化クラス	122	独自性	58
多文化社会	3	独立	38
多文化接触	28	独立性	64
多目標理論	38	独立変数	135
多様性	164	トラブル事例	24
単一的教育価値観	87		
短縮版教育価値観尺度	4	【な】	
男性らしさ	43	内集団	162
地域社会への定住化	14	内的帰属傾向	35
秩序	39	内的帰属度	35
知的自律	50	内的要因	127
中核	42	内発的動機づけ	57
中間的教育価値観	87	内面的な充実	195
中国	5, 173	内容	31
中国帰国者	25	内容分析	39
中国人学生	4, 81	二項対立	163
中国人価値尺度	46	日本	173
調和	38, 39, 50	日本語学習者	3
直接・一方向方略	32	日本語学校	15
直接性	32	日本語教師	81
直接・双方向方略	32	日本人学生	4, 81
直接方略	32	日本人学生チューター	27
低文脈文化	37	日本人教師	4
敵意帰属	35	日本人ホスト側	24
手続き的問題	31	人間関係維持	39
典型例	109	人間関係の調整	32
伝達機能	37	人情	46
伝統	49	認知的不一致	31
伝統（権威）主義的価値	101	熱意	76
同化	19, 162	望ましい学生観	57
道具的価値	43	望ましい教育観	57
統合	18, 46	望ましい教師観	57
統合的	33	望ましい結末の状態	42
統合的方略	35		
当事者	164	【は】	
同調	49	ハイリスク期	24
動的	36	バックトランスレーション	95
道徳的規律	46	バックトランスレーション法	131
同文化	162	バリマックス回転	74
同文化葛藤	139, 140	判別分析	96
同文化葛藤間	39	東日本大震災	3

非関与	33
被差別感	40, 140
非専門家	27
否定・あいまい	33
否定的な感情	120
標準化	194
評定尺度法	93
評定法	4
平等主義	50, 51
平等性	52
不可解な感情	120
不確実性の回避	43
複合性	192
複合的教育価値観	87
複合的システム	36
服従	33
服従（受容）	120
服従と回避	127
服従方略	144
仏教規範	184
物質文化	36
普遍主義	49
普遍性	199
普遍的なニーズ	48
プリテスト	146
文化	36
文化移動	37
文化学習	16
文化化複合体	16
文化の価値	37
文化の価値仮説	38
文化の価値観	38, 43, 122
文化的価値観の固執度	191
文化的価値研究	157
文化的機能仮説	38
文化的強制	162
文化的視野	76
文化的集団	18
文化的多様性	202
文化的同化訓練法	25
文化要因	129
文化レベル	49
文化レベルの価値	49
分散分析	94, 132
分析	33
分析方法	4
分離	19
分類法	32
変化への開放	49
偏見	20
包括次元	72
包括的因子	99
包括的価値次元	4
包括的次元	99
包括的上位因子	99
方略	133
暴力行為	111
保護	162
保守	38
保守主義	49, 50, 51
保守性	52
ホスト国の学生	172
ホスト社会	23
ホスト文化	18
ボランティア・ヘルパー	27
翻訳の妥当性	95

【ま】

マイノリティ	20
マジョリティ	20
マレーシア	5, 173
明白な不正行為	111
メンタル・ヘルスサービス	191
問題解決方略	33

【や】

役割帰属	35
役割的ヘルパー	27
優遇政策	184
友人機能分化モデル	27
友人集団	27
優先順位	42
ゆとり教育	200

【ら】

リーマンショック……………………………… 3
利己心帰属………………………………… 35
理想的学生観……………………………… 62, 76
理想的教育観……………………………… 62, 76
理想的教師観……………………………… 62, 76
利他心帰属………………………………… 35
留学生………………………………………… 3
留学生受入れ………………………………… 3
留学生受入10万人計画 ………………… 14
留学生研究…………………………………… 4
留学生30万人計画 ……………………… 14
留学生数の量的拡大……………………… 15
留学生政策…………………………………… 4
留学生の就職支援………………………… 14
流動性……………………………………… 36

領域横断の上位因子……………………… 99
量的拡大……………………………………… 3
理論的カテゴリー………………………… 62
理論的分析………………………………… 62
類型モデル………………………………… 18, 32

【わ】

話題操作…………………………………… 33

【著者略歴】

加賀美常美代（かがみ・とみよ）

慶応義塾大学文学部卒業、慶應義塾大学大学院社会学研究科修士課程修了。社会学修士。東北大学大学院文学研究科博士後期課程修了。文学博士（心理学）。三重大学専任講師を経て、現在、お茶の水女子大学基幹研究院教授。お茶の水女子大学附属中学校校長兼務（2015-2018年度）。異文化間教育学会元理事長（2013-2016年度）、現在、異文化間教育学会理事、多文化間精神医学会評議員、日本学術会議連携会員（24期）。専門は異文化間心理学、異文化間教育、コミュニティ心理学。

［主な著書］『多文化社会における葛藤解決と教育価値観』（単著、ナカニシヤ出版、2007）、『多文化社会の偏見・差別——形成のメカニズムと低減のための教育』（共編著、明石書店、2012年）、『多文化共生論——多様性理解のためのヒントとレッスン』（編著、明石書店、2013年）,『アジア諸国の子どもたちは日本をどのようにみているか——韓国・台湾における歴史・文化・生活にみる日本イメージ』（編著、明石書店、2013年、『異文化間教育学大系2巻——文化接触のダイナミズム』（共編著、明石書店、2016年）等。

異文化間葛藤と教育価値観
——日本人教師と留学生の葛藤解決に向けた社会心理学的研究

2019年1月31日　初版第1刷発行

著　者　　加賀美常美代
発行者　　大　江　道　雅
発行所　　株式会社　明石書店
〒101-0021 東京都千代田区外神田 6-9-5
電話　03（5818）1171
FAX　03（5818）1174
振替　00100-7-24505
http://www.akashi.co.jp

組　版　　有限会社秋耕社
装　丁　　明石書店デザイン室
印刷・製本　モリモト印刷株式会社

（定価はカバーに表示してあります）　　ISBN 978-4-7503-4782-0

JCOPY 〈(社)出版者著作権管理機構 委託出版物〉
本書の無断複写は著作権法上での例外を除き禁じられています。複写される場合は、そのつど事前に、(社)出版者著作権管理機構（電話 03-3513-6969、FAX 03-3513-6979、e-mail : info@jcopy.or.jp）の承諾を得てください。

多文化共生論
多様性理解のためのヒントとレッスン

加賀美常美代 編著

四六判／並製／352頁　◎2,400円

多文化化が進む日本において、ホスト社会の人々と多様性のある人々の双方が、居心地良く共に生きるために必要なものは何か。問題解決へ向かう新たな協働活動を生み出すための視点と思考を、マイノリティ支援の豊富な事例を踏まえて概説。

◆ 内容構成 ◆

- 第1章　多文化共生とは何か——コミュニティ心理学的視座から多様性を考える［加賀美常美代］
- 第2章　日本の外国人の抱える問題　［田渕五十生］
- 第3章　中国帰国者の抱える問題——1世、2世、3世に求められる支援とは［島崎美穂］
- 第4章　地域社会と多文化共生——新宿の小学校事例を中心として　［善元幸夫］
- 第5章　外国につながる子どもたちの困難・サポート・対処行動からみる現状［岡村佳代］
- 第6章　地域日本語教育とコーディネーターの重要性——共生社会の構築へ向けて［野山広］
- 第7章　国際結婚家族で母語を身につけるバイリンガル——社会言語学と言語発達の視点から捉える　［藤田ラウンド幸世］
- 第8章　国際結婚の解消——身近な法律問題　［吉野晶］
- 第9章　難民認定申請者（Asylum seekers）の生活とこころ　［野田文隆］
- 第10章　多文化共生と障害の文化モデル——一人ひとりへの合理的配慮［長瀬修］
- 第11章　企業と研修生——共生に向けた日本語支援の視点から　［守谷智美］
- 第12章　大学コミュニティにおける多文化共生　［加賀美常美代・小松翠］
- 第13章　海外の日本人駐在家族と移動する子どもたち　［岡村郁子］
- 第14章　韓国における多文化化する家族とその子どもたち　［朴エスター］

〈価格は本体価格です〉

多文化社会の偏見・差別
形成のメカニズムと低減のための教育

加賀美常美代、横田雅弘、坪井 健、工藤和宏 編著
異文化間教育学会 企画

四六判／並製／228頁　◎本体価格2000円+税

偏見はどのように形成され、人を苦悩させるのか、そして偏見低減のためにどのような可能性と実践があるのか？　偏見形成のメカニズムに関する実証データや行動観察、当事者の語りを考慮し、社会心理学の理論とヒューマンライブラリーを中心とした教育実践を詳解する。

◆ 内 容 構 成 ◆

第1部　多文化社会における偏見形成

第1章　グローバル社会における多様性と偏見（加賀美常美代）
第2章　幼児の前偏見の生成と低減の可能性（佐藤千瀬）
第3章　差別の体験がどのように当事者を苦しめるか
　　　　――ライフストーリー
　　3-1　ユニークフェイス（手塚章太朗）
　　3-2　異文化体験と障がいをもつ家族との関係（坂田麗子）

第2部　偏見低減の理論と方法

第4章　偏見低減のための理論と可能性（浅井暢子）
第5章　大学における偏見低減のための教育実習とその効果
　　　　（加賀美常美代・守谷智美・村越彩・岡村佳代・黄美蘭・冨田裕香）
第6章　ヒューマンライブラリーとは何か（横田雅弘）
　　　　――その背景と開催への誘い
第7章　大学におけるヒューマンライブラリーの実践（坪井健）
　　　　――駒澤大学坪井ゼミの取り組みから
第8章　偏見低減に向けた地域の取り組み（工藤和宏）
　　　　――オーストラリアのヒューマンライブラリーに学ぶ

〈価格は本体価格です〉

異文化間教育学大系【全4巻】

異文化間教育学会【企画】

◎A5判／上製／◎各巻3,000円

第1巻 異文化間に学ぶ「ひと」の教育
小島勝、白土悟、齋藤ひろみ【編】

海外子女、帰国児童生徒、留学生、外国人児童生徒など異文化間教育学が対象としてきた「人」とその教育に焦点をあてる。

第2巻 文化接触における場としてのダイナミズム
加賀美常美代、徳井厚子、松尾知明【編】

家族、小・中・高等学校、大学、外国人学校、地域など異文化間教育が展開する場に焦点をあて、これまで蓄積してきた成果をレビュー。

第3巻 異文化間教育のとらえ直し
山本雅代、馬渕仁、塘利枝子【編】

アイデンティティ、差別・偏見、多文化共生、バイリンガルなど異文化間教育学会が主要な研究主題にしてきたもの取り上げる。

第4巻 異文化間教育のフロンティア
佐藤郡衛、横田雅弘、坪井健【編】

異文化間教育学の大系化や学的な自立の試み、新しい方法論や研究の試みなどを取り上げ、新たな異文化間教育学の手がかりを探る。

〈価格は本体価格です〉

アジア諸国の子ども・若者は日本をどのようにみているか
韓国・台湾における歴史・文化・生活にみる日本イメージ
加賀美常美代編著
◎2400円

自分の"好き"を探究しよう!
お茶の水女子大学附属中学校「自主研究」のすすめ
お茶の水女子大学附属中学校編
◎1600円

異文化間教育 文化間移動と子どもの教育
佐藤郡衛著
◎2500円

異文化間を移動する子どもたち 帰国生の特性とキャリア意識
岡村郁子著
◎5200円

言語教育における言語・国籍・血統
在韓「在日コリアン」日本語教師のライフストーリー研究
田中里奈著
◎5000円

多文化共生のための異文化コミュニケーション
原沢伊都夫著
◎2500円

対話で育む多文化共生入門
ちがいを楽しみ、ともに生きる社会をめざして
倉八順子著
◎2200円

多文化教育がわかる事典 ありのままに生きられる社会をめざして
松尾知明著
◎2800円

多文化教育の国際比較 世界10カ国の教育政策と移民政策
松尾知明著
◎2300円

多文化共生のためのテキストブック
松尾知明著
◎2400円

多文化共生キーワード事典【改訂版】
多文化共生キーワード事典編集委員会編
◎2000円

多文化共生政策へのアプローチ
近藤敦編著
◎2400円

まんが クラスメイトは外国人 20の物語
「外国につながる子どもたちの物語」編集委員会編
◎1200円

まんが クラスメイトは外国人 入門編 はじめて学ぶ多文化共生
「外国につながる子どもたちの物語」編集委員会編
◎1200円

移民政策のフロンティア 日本の歩みと課題を問い直す
移民政策学会設立10周年記念論集刊行委員会編
◎2500円

自治体がひらく日本の移民政策 人口減少時代の多文化共生への挑戦
毛受敏浩編著
◎2400円

〈価格は本体価格です〉

「移民国家日本」と多文化共生論
多文化都市・新宿の深層
川村千鶴子編著 ◎4800円

多文化社会日本の課題
多文化関係学からのアプローチ
多文化関係学会編 ◎2400円

多文化ソーシャルワークの理論と実践
外国人支援者に求められるスキルと役割
石河久美子著 ◎2600円

地球時代の日本の多文化共生政策
南北アメリカ日系社会との連携を目指して
浅香幸枝編著 ◎2600円

多文化社会の教育課題
学びの多様性と学習権の保障
川村千鶴子編著 ◎2800円

多様性を拓く教師教育
多文化時代の各国の取り組み
OECD教育研究革新センター編著　斎藤里美監訳
布川あゆみ、本田伊克、木下江美、三浦綾希子、藤浪海訳 ◎4500円

思春期ニューカマーの学校適応と多文化共生教育
実用化教育支援モデルの構築に向けて
潘英峰著 ◎5200円

ヨーロッパにおける移民第二世代の学校適応
スーパー・ダイバーシティへの教育人類学的アプローチ
山本須美子編著 ◎3600円

世界と日本の移民エスニック集団とホスト社会
日本社会の多文化化に向けたエスニック・コンフリクト研究
山下清海編著 ◎4600円

移民の子どもと格差
学力を支える教育政策と実践
OECD編著　斎藤里美監訳
布川あゆみ、本田伊克、木下江美訳 ◎2800円

移民の子どもと学校
統合を支える教育政策
OECD編著　斎藤里美監訳
三浦綾希子、大西公恵、藤浪海訳 ◎3000円

現代アメリカ移民第二世代の研究
移民排斥と同化主義に代わる「第三の道」
アレハンドロ・ポルテスほか著
村井忠政訳者代表 ◎8000円

トランスナショナル移民第二世代のノンフォーマル教育
女性トルコ移民による内発的な社会参画
丸山英樹著 世界人権問題叢書86 ◎6000円

国際理解教育ハンドブック
グローバル・シティズンシップを育む
日本国際理解教育学会編著 ◎2600円

教師と人権教育
公正、多様性、グローバルな連帯のために
オードリー・オスラー、ヒュー・スターキー著
藤原孝章、北山夕華監訳 ◎2800円

社会情動的スキル
学びに向かう力
経済協力開発機構(OECD)編著
ベネッセ教育総合研究所企画・制作
無藤隆、秋田喜代美監訳 ◎3600円

〈価格は本体価格です〉